# 煤炭企业网络安全工作指南

中国煤炭工业协会信息化分会 等 编

中国矿业大学出版社
· 徐州 ·

**图书在版编目(CIP)数据**

煤炭企业网络安全工作指南 / 中国煤炭工业协会信息化分会等编. —徐州 ：中国矿业大学出版社，2022.9

ISBN 978-7-5646-5541-9

Ⅰ.①煤… Ⅱ.①中… Ⅲ.①煤炭企业—网络安全—安全管理—中国—指南 Ⅳ.①F426.21-62

中国版本图书馆CIP数据核字(2022)第165481号

**书　　名**　煤炭企业网络安全工作指南
**编　　者**　中国煤炭工业协会信息化分会 等
**责任编辑**　李士峰　章　毅
**出版发行**　中国矿业大学出版社有限责任公司
（江苏省徐州市解放南路　邮编221008）
**营销热线**　(0516)83884103　83885105
**出版服务**　(0516)83995789　83884920
**网　　址**　http://www.cumtp.com　**E-mail**：cumtpvip@cumtp.com
**印　　刷**　苏州市古得堡数码印刷有限公司
**开　　本**　787 mm×1092 mm　1/16　**印张** 21.5　**字数** 330千字
**版次印次**　2022年9月第1版　2022年9月第1次印刷
**定　　价**　78.00元

**本书联合编制单位：**

（排名不分先后）

中国煤炭工业协会信息化分会

国家工业信息安全发展研究中心

国能信息技术有限公司

华为技术有限公司

中兴通讯股份有限公司

新华三技术有限公司

北京天融信网络安全技术有限公司

深信服科技股份有限公司

# 本书编委会

# 序

21世纪初开始，以新能源、新材料、新一代信息技术等为主要标志的新技术迅速崛起，人类社会迎来了第四次工业革命以及新一次的信息革命。随着物联网、大数据、云计算、人工智能、5G通信等新一代信息技术与实体经济深度融合，全球经济社会新格局正在全方位重塑，正逐步由工业经济向数字经济加速转型。网络空间已成为继陆、海、空、天四大主权空间之后的第五大主权空间；数据成为继土地、劳动力、资本、技术之后的第五大生产要素。

技术进步带来经济高速发展的同时，人类社会所面临的安全形势也发生了深刻变化。特别是网络安全领域，安全边界不断延伸，安全问题交织复杂，安全风险日益加大，不仅威胁着个人安全、企业安全、行业安全、地区安全，甚至关系到国家安全。

党的十八大以来，以习近平同志为核心的党中央高度重视互联网的发展和网络安全工作。习近平总书记多次在讲话中指出："没有网络安全就没有国家安全，没有信息化就没有现代化。"网络安全成为国家安全的重要组成部分。党的十八大报告明确提出"高度关注海洋、太空、网络空间安全。"网络安全上升至国家战略。2017年6月1日，《中华人民共和国网络安全法》正式施行，确立了网络安全领域的基本原则、基本制度。在党的十九大报告中，明确提出建设"网络强国"总要求。2021年3月，我国发布《中华人民共和国国民经济和社会发展第十四个五年规划和2035年远景目标纲要》，对数字经济、数字生态、国家安全、能源资源安全等各领域网络安全工作做出了明确要求。同年，《中华人民共和国数据安全法》《关键信息基础设施安全保护条例》《中华人民共和国个人信息保护法》颁布施行，网络安全相关立法进程进一步加快。经过20多年的建设与发展，我国逐步形成了较为完善的法律、政策、标准体系，国家网络安全保障能力大幅提升。

煤炭是我国的主体能源，煤炭安全稳定供给关乎国家能源安全命脉，关乎我国经济社会健康稳定发展。“富煤、贫油、少气”是我国的国情，以煤为主的能源结构短期内难以根本改变。2021年，全国煤炭产量41.3亿吨，煤炭消费量仍占全国一次能源消费总量的56.0%。近年来，在习近平“四个革命、一个合作”能源安全新战略指引下，煤炭集约开发布局进一步优化，科技创新引领能力持续提升，清洁高效利用步伐加快，市场化改革稳步推进，矿区生态文明建设成效显著，煤矿安全生产形势持续稳定好转，现代化煤炭产业体系建设取得了积极进展。同时也要看到，煤炭行业改革发展面临许多新任务、新挑战。随着“碳达峰、碳中和”战略实施，煤炭行业既承担保供责任又面临降碳减排压力，推动煤炭绿色低碳转型任重道远。

我国煤炭行业信息化建设起步于1984年，经过30余年的建设与发展，各类信息技术与煤炭工业各领域深度融合，使煤炭生产方式发生深刻变革，生产技术水平和效率大幅提升，安全保障能力显著增强，企业管理决策和战略管控能力、抵御风险和市场竞争能力明显提高。煤炭行业在5G应用等领域走在了各工业行业前列，一批优秀项目入列国家级试点示范，国家能源投资集团有限责任公司、中国中煤能源集团有限公司、山东能源集团有限公司、陕西煤业化工集团有限责任公司等一批大型骨干企业数字化转型取得成效，煤炭信息技术产业生态加速构建。特别是2020年2月，国家发展和改革委员会、国家能源局、应急管理部等八部门联合印发了《关于加快煤矿智能化发展的指导意见》，加速了煤炭工业数字化、智能化发展进程。但总体上看，煤炭工业两化融合发展不平衡、不协调、不充分问题突出，通用信息技术在煤矿特色场景应用落地仍面临困难，传统企业体制机制、基础保障能力等问题突出；特别是行业网络安全意识整体淡薄，网络安全基础保障能力不足，人才队伍建设发展滞后，工业控制系统安全风险高，局部网络安全事件频发等问题，给煤炭工业安全健康可持续发展，以及企业数字化转型和煤矿智能化建设都带来了新的风险与挑战。

“十四五”是我国开启全面建设社会主义现代化国家新征程的第一个五年。在习近平新时代中国特色社会主义思想指引下，在“数字中国”和“双碳”目标驱动下，煤炭工业正在向着更安全、更高效、更智能、更绿色的高质量发展目标奋勇前进。面对新形势、新任务、新挑战，全行业应坚定不移地走两化融合发展道路，全面改造和提升煤炭全生产流程、全产业链、全价值链、全生命周期的信息化、数字化、网络化、智能化水平，构建新型产业生态，进一步增强网络安全意识和技能，完善网络安全保障体系，提升网络安全防护能力，将网络安全摆在同生产安全同等重要的地位，意气风发向着全面建成社会主义现代化强国的第二个百年奋斗目标迈进。

中国煤炭工业协会信息化分会会长　王如桥

2022 年 6 月

# 前　言

党的十八大以来，党中央、国务院高度重视网络安全和信息化工作。2012年12月以来，习近平总书记在网络安全和信息化方面有20多次重要论述，并多次对网络安全和信息化工作做出重要批示。习近平总书记在原中央网络安全和信息化领导小组第一次会议上指出“没有网络安全就没有国家安全，没有信息化就没有现代化”。习近平总书记在“4·19”讲话中强调网络安全和信息化工作是“十三五”时期的重头戏。党的十八届五中全会提出实施网络强国战略，实施“互联网+”行动计划，发展分享经济，实施国家大数据战略。

2021年3月，我国发布《中华人民共和国国民经济和社会发展第十四个五年规划和2035年远景目标纲要》，共提及“网络安全”14次，涉及数字经济、数字生态、国家安全、能源资源安全等多个领域，提出了网络安全新发展的重点思路和重点工作，为网络安全健康发展提出了政策保障和创新思路。2021年6月，我国数据安全领域的基础性法律《中华人民共和国数据安全法》正式发布，并于2021年9月1日起施行。2021年7—8月，《关键信息基础设施安全保护条例》《中华人民共和国个人信息保护法》相继发布，推动开启我国关键信息基础设施保护、个人信息立法保护的新格局。此外，《数据安全管理条例》《商用密码管理条例》已列入国务院2021年度立法工作计划行政法规制修订名单。

国家大力完善网络安全政策体系的同时，能源行业成为其中的重点领域之一。2020年2月，国家发展和改革委员会、国家能源局、应急管理部等八部门联合印发《关于加快煤矿智能化发展的指导意见》，强调同步推进网络安全和煤矿智能化发展；2021年6月，国家能源局、国家矿山安全监察局联合印发《煤矿智能化建设指南(2021年版)》，强调逐步推进核心装备控制系统国产化安全可信、自主可控，同时要求智能化煤矿应开展网络、信息和系统等安全建设；2021年12月，国务院印发《“十四五”数字经济发展规划》，强调加快能源领域数字化转型，加快推动智慧能源建设应用，支持开展常态化安全风险评估，加强网络安全等级保护和密码应用安全性评估；2022年1月，国家发展和改革委员会、国家能源局联合印发《“十四五”现代能源体系规划》，强调加强网络安全关键技术研究，推动建立能源行业、企业网络安全态势感知和监测预警平台，提高风险分析研判和预警能力。

本书包括绪论、政策环境、行业现状、对策建议、典型案例及附录等几部分主要内容。绪论：阐述了网络安全的内涵及类型，网络安全和信息化的辩证关系。政策环境：回顾并梳理了党的十八大以来，党中央、国务院完善网络安全政策法规体系的阶段和过程；阐述了其他主要国家近年来网络安全政策动向变化；逐年汇总了2016年以来国家及有关部门、行业组织颁布实施的网络安全相关法律法规、政策文件、战略规划及标准规范等，让读者从宏观角度全方位了解国家政策导向；列举了近年来各国爆发的重大网络安全事件案例及国内煤炭行业网络安全事件案例，让读者能够切身感受到网络安全的重要性和网络事件破坏的严重性；分析了全球网络安全发展态势、特征并做出了趋势预测。行业现状：分析了煤炭行业网络安全的特点，梳理了近年来煤炭行业网络安全领域发展的现状与存在的问题，阐述了煤炭行业网络安全形势与风险挑战。对策建议：从治理与管理对策、技术要求、运营要求及方案建议等四个方面，系统阐述了煤炭行业如何构建网络安全工作支撑体系，并从煤炭企业设备、控制、网络、云、数据、应用和物理环境等不同方面，介绍了煤炭企业开展网络安全建设的技术建议、工作要点及解决方案。典型案例：收录了15家重点煤炭企业和3座煤矿开展网络安全规划、规范编制、顶层设计、体系建设，以及工控、云、数据、网络、工业互联网平台等网络安全应用典型案例。附录：收录了习近平总书记关于网络安全与信息化重要论述内容，供读者学习参考。

本书内容实现了宏观政策与行业实际相结合，技术理论与现场实践相结合，问题分析与对策建议相结合。国家工业信息安全发展研究中心、国能信息技术有限公司、华为技术有限公司、中兴通讯股份有限公司、新华三技术有限公司、北京天融信网络安全技术有限公司、深信服科技股份有限公司等单位参与了本书内容的撰写工作，提供了大量基础数据和素材资料，为本书的出版做出了重要贡献；部分大型煤炭集团信息化部门对行业网络安全专项调研工作给予了大力支持和配合，提供了翔实可靠的典型案例材料，并提出了宝贵的修改意见，在此一并表示感谢。由于本书为煤炭行业首次出版，可参考的行业前期素材有限，加之笔者研究水平、撰写时间有限，书中疏漏之处在所难免，敬请广大读者予以批评指正。欢迎与我们开展交流合作，提出意见和建议，提供优秀案例，以便再版时补充、修改、完善有关内容。

编　者

2022年6月

# 目 录

# 1 绪　论

## 1.1 网络安全的内涵及类型

### 1.1.1 网络安全的概念

网络安全是指网络系统的硬件、软件及其系统中的数据受到保护，不受偶然的或者恶意的原因而遭到破坏、更改、泄露，系统连续、可靠、正常地运行，网络服务不中断。它是一门涉及计算机科学、网络技术、通信技术、密码技术、信息安全技术、应用数学、数论、信息论等多种学科的综合性学科。

### 1.1.2 网络安全的类型

网络安全包括意识形态安全、数据安全、技术安全、应用安全、资本安全、渠道安全和攻防安全等七个方面。

意识形态安全是指在互联网时代通过各种方式维护马克思主义在国家思想政治体系中的主导地位，继续走中国特色社会主义道路。意识形态都是通过一定的信息表达出来的，而特定的信息在一定程度上又负载着一定的意识形态。

数据安全是指保证数据的完整性、真实性、保密性等，数据不会通过互联网泄露、被窃取、被篡改等。

技术安全是指保证人们使用的互联网接入、通信等技术手段和网络路由器等软硬件设备是安全的。

应用安全是指基于互联网的各种信息系统、应用程序能够正常运行，人们可以正常地使用这些应用系统或应用程序。

资本安全是指中国大型互联网企业应由中国人或中资企业控股，避免境外资本控制中国互联网行业。

渠道安全是指信息化基础设施（包括固定网络和无线网络）是安全的，保证网络通畅，通信质量好，避免被自然灾害损坏或人为恶意破坏等。

攻防安全是指自身的网络系统能够抵御黑客的网络攻击，同时能够根据需要有组织地发动网络攻击，实现攻防兼备。

## 1.2 信息化和信息技术革命

### 1.2.1 信息化概述

信息化的概念起源于20世纪60年代的日本，由学者梅棹忠夫提出，而后被译成英文传播到西方。西方社会普遍使用"信息社会"和"信息化"的概念是20世纪70年代后期才开始的。

我国在1997年召开了首届全国信息化工作会议，对信息化和国家信息化定义为：信息化是指培育、发展以智能化工具为代表的新的生产力并使之造福于社会的历史过程；国家信息化就是在国家统一规划和组织下，在农业、工业、科学技术、国防及社会生活各个方面应用现代信息技术，深入开发、广泛利用信息资源，加速实现国家现代化进程。实现信息化就要构筑和完善6个要素（开发利用信息资源，建设国家信息网络，推进信息技术应用，发展信息技术和产业，培育信息化人才，制定和完善信息化政策）的国家信息化体系。

信息化代表了信息技术被高度应用，信息资源被高度共享，从而使得人的智能潜力以及社会物质资源潜力被充分发挥，个人行为、组织决策和社会运行趋于合理化的理想状态。同时信息化也是信息技术（IT）产业发展与信息技术在社会经济各部门扩散的基础之上的，不断运用信息技术改造传统的经济、社会结构从而通往如前所述的理想状态的一段持续的过程。

简单地说，信息化就是信息通信技术（ICT）在各行各业、各个领域的广泛应用。目前,信息化发展水平已经成为衡量一个国家现代化程度的重要标志。《“十四五”国家信息化规划》中指出,信息化进入加快数字化发展、建设数字中国的新阶段。

#### 1.2.1.1 特征

信息化的主要特征是数字化、网络化、可视化和智能化。数字化是指把许多复杂多变的信息转变为可以度量的数字、数据,再把它们转变为一系列二进制代码,用计算机进行处理。网络化是指各种通信工具和传播媒介通过计算机联结成统一的网络。可视化是指把复杂、枯燥的数字用图形图像的方式表达出来,便于人们理解。智能化是指计算机能自动识别、处理数据和信息,把数据加工成信息,把信息加工成知识。

#### 1.2.1.2 类型

从空间范围来看,信息化的类型包括全球信息化、国家信息化、区域信息化、城市信息化、农村信息化、社区信息化等。

从业务领域来看,信息化的类型包括政府信息化、经济信息化、社会信息化等。其中,政府信息化包括电子党务、电子政务,经济信息化包括农业信息化、工业信息化、服务业信息化,社会信息化包括教育信息化、科技信息化、医疗卫生信息化等。

#### 1.2.1.3 体系框架

信息化的体系框架由信息基础设施、信息通信技术应用和信息化发展环境构成。

信息基础设施,包括通信网络(如光纤、无线网络)、硬件设备(如服务器、存储器、路由器)、机房等。

信息通信技术应用,包括信息通信技术在政治、经济、社会领域的应用,其中:信息通信技术在政治领域的应用包括电子党务、电子政务;信息通信技术在经济领域的应用包括行业信息化(如煤炭行业信息化、钢铁行业信息化、医药行业信息化等)、企业信息化、农业信息化、电子商务等;信息通信技术在社会领域的应用包括教育信息化、医疗卫生信息化、社会保障信息化等。

信息化发展环境，包括信息化组织机构、政策法规、管理制度、标准规范、资金投入、人才队伍、信息安全等。

1.2.1.4 认识误区

目前，许多人对信息化价值的认识还比较模糊，既存在“信息化万能论”，又存在“信息化无用论”。一些人认为信息化可以“包治百病”，夸大信息技术的作用，从技术的角度考虑问题。另外一些人则没有认识到信息化的作用，认为信息化建设投入了大量资金，却看不到什么效果。

西方发达国家是在工业化基本完成的情况下开始信息化建设的。为此，一些人认为我国工业化还没有完成，现在还没有必要开展信息化建设。还有一些人只是把信息化作为一种技术手段，没有意识到信息化引发行政管理、生产方式和商业模式的变革。许多人从技术的角度思考信息化，而不是从实际需求的角度思考信息化。

2007 年 10 月，党的十七大报告中正式将信息化列入“五化”（即工业化、信息化、城镇化、市场化、国际化的战略任务），提出了“两化融合”的概念，开始走上信息化和工业化融合发展道路。

1.2.1.5 政府和市场的边界

界定信息化建设过程中政府和市场的边界，要视信息化建设类型而定。党委、政府、人大、政协、军队的信息化建设资金应主要由国家财政来负担。在某些非核心领域，可以通过 BOT（build-operate-transfer，即建设-经营-转让）、PPP（public-private partnership，即公共私营合作制）等方式吸收民间资本投入。

经济、社会领域信息化建设资金应主要由企事业单位来负担。在某些公益性领域（如建设公共服务平台等），政府部门可以给予适当的资金支持。

在推进两化融合、行业信息化、企业信息化过程中，政府主管部门的主要责任是进行政策引导，提升各级党政领导在信息化促进经济发展方面的意识，使企业负责人认识到信息化的价值。行业协会的作用是贯彻政府方针政策，制定行业规划和路径，编制标准规范，开展行业示范，促进新技术、新模式等在行业应用落地。

### 1.2.2 信息技术革命

目前,人类已经历了以电子计算机为核心的第一次信息技术革命和以互联网为核心的第二次信息技术革命,正迎来以物联网、云计算、移动互联网、大数据、人工智能、区块链、元宇宙等新一代信息技术为核心的第三次信息技术革命。

#### 1.2.2.1 物联网

物联网(internet of things,IoT)是不同传感器之间按约定的协议进行信息交换和通信,以实现物品的智能化识别、定位、跟踪、监控和管理的一种网络。简单地说,物联网就是通过传感器联网以实现物与物之间的通信。

#### 1.2.2.2 云计算

云计算(cloud computing)是一种可以随时随地方便地、按需地通过网络访问可配置计算资源(如网络、服务器、存储、应用程序和服务)的共享池的模式,这个池可以通过最低成本的管理或与服务提供商交互来快速配置和释放资源。之所以称为“云计算”,是因为互联网的标识是云状图。

云计算与电力行业的“发电—输电—用电”过程类似,软硬件集中部署在云计算中心/平台(就像“发电站”),用户使用云计算中心/平台的资源(就像“用电”),而互联网就是“输电线”。对于许多硬件设备和软件,就像不需要每家每户配备发电机而可以直接买电一样,用户也不需要这些硬件设备和软件而可以直接使用云计算中心/平台的资源。

按照云计算资源的使用方式,可以将云计算分为公共云、私有云和混合云。

所谓公共云,是指多个用户共用一个云服务提供商的 IT 资源。每个用户根据自己占用、消耗 IT 资源的多少,向云服务提供商支付费用。公共云比较适用于中小企业、微型企业、政府基层单位和个人用户。

所谓私有云,是指政府或企事业单位建设一个云计算中心或云服务平台供自己使用,不对外开放,不向外单位提供云计算服务。私有云适用于大型企业集团、国家部委、省和地市一级政府,采用虚拟化等技术,对传统计算中心、数据中心进行升级改造。

所谓混合云，是指公共云和私有云的混合体。混合云的一部分资源公用，对外开放；一部分资源私用，不对外开放。混合云适用于IT资源有富余的单位，在满足自身应用的同时，把多余IT资源给外单位。

按照服务类型，可以将云计算分为IaaS（基础设施即服务）、PaaS（平台即服务）、SaaS（软件即服务）三类。

IaaS是指云计算服务提供商把服务器、存储设备、网络设备等硬件设备资源打包成服务提供给用户使用。在IaaS模式下，用户无须自己购买硬件设备，而是通过付费来使用云计算服务提供商的硬件设备。因此，IaaS适用于中小企业、微型企业、政府基层单位和个人用户。

PaaS是指云计算服务提供商为用户提供应用软件开发、测试运行等环境。在PaaS模式下，许多用户可以在这个公共平台上开发、测试、运行自己的软件。迈阿密市政府通过使用Windows Azure平台，实现了“311”非紧急业务的高效响应。

SaaS是指云计算服务提供商或软件企业通过互联网为用户提供所需的软件。用户无须自行购买软件，而只需要以服务费的形式支付软件的使用费，在线使用软件。目前，越来越多的软件企业开展软件产品服务化工作，即把原来销售的软件改为让用户付费后在线使用软件。SaaS适用于基层政府部门。由于不需要一次性支付软件购置费，不需要雇用IT人员进行运行维护，SaaS在一定程度上降低了基层政府部门的信息化门槛。

#### 1.2.2.3 移动互联网

随着4G和5G网络的覆盖、智能手机的普及以及WiFi（无线保真）热点的不断增多，移动互联网快速发展。WiFi是一种可以将个人电脑、手持设备（如平板电脑、手机）等终端以无线方式互相连接或帮助用户访问互联网的技术。

工业和信息化部发布数据显示，截至2022年4月，中国建成全球规模最大的5G网络，累计开通5G基站161.5万个，占全球5G基站的60%以上；5G网络用户已经达到4.5亿，占全球5G网络用户的70%以上。

#### 1.2.2.4 大数据

大数据(big data)是指无法在一定时间内用常规软件工具对其内容进

行抓取、管理和处理的数据集合。大数据的特征可以用“5V+1C”概括，即variety（差异性）、volume（体量）、velocity（速度）、vitality（时效性）、visualization（可视化）和complexity（复杂性）。

在大数据中，数据种类繁多，数据结构、数据格式差异很大，既有结构化的数据，也有非结构化的数据（如音频、视频）。大数据的容量一般都很大，许多数据集是TB、PB级的。大数据的时效性很强，处理大数据的速度必须要快，否则等处理完了就没有意义了。例如，无人机在飞行过程中必须实时分析战场信息，快速发现目标并发动攻击。可视化使数据看起来很直观，能够帮助人们从大量的数据中发现规律，也方便与其他人进行沟通和交流。处理大数据的难度比较大，需要有新的方法来满足异构数据统一导入和实时数据处理的需求。

#### 1.2.2.5 人工智能

人工智能（artificial intelligence，AI），是研究、开发用于模拟、延伸和扩展人的智能的理论、方法、技术及应用系统的一门新的技术科学。

人工智能是计算机科学的一个分支，它企图了解智能的实质，并生产出一种新的能以人类智能相似的方式做出反应的智能机器，该领域的研究包括机器人、语言识别、图像识别、自然语言处理和专家系统等。

#### 1.2.2.6 区块链

区块链的概念于2008年由一位自称中本聪的人第一次提出。

狭义区块链是按照时间顺序，将数据区块以顺序相连的方式组合成的链式数据结构，并以密码学方式保证的不可篡改和不可伪造的分布式账本。广义区块链是利用块链式数据结构验证与存储数据，利用分布式节点共识算法生成和更新数据，利用密码学的方式保证数据传输和访问的安全，利用由自动化脚本代码组成的智能合约来编程和操作数据的全新的分布式基础架构与计算范式。

区块链，就是一个又一个区块组成的链条。每一个区块中保存了一定的信息，它们按照各自产生的时间顺序连接成链条。这个链条被保存在所有的服务器中，只要整个系统中有一台服务器可以工作，整条区块链就是安全的。这些服务器在区块链系统中被称为节点，它们为整个区块链系统提供存储空间和算力支持。如果要修改区块链中的信息，必须征得半数以上节点的同意并修改所有节点中的信息，而这些节点通常掌握在不同的主体手中，因此篡改区块链中的信息是一件极其困难的事。相比于传统的网络，区块链具有两大核心特点：一是数据难以篡改，二是去中心化。基于这两个特点，区块链所记录的信息更加真实可靠，可以帮助解决人们互不信任的问题。

#### 1.2.2.7 虚拟现实

虚拟现实（virtual reality，VR），是20世纪发展起来的一项全新的实用技术。虚拟现实技术囊括计算机、电子信息、仿真技术，其基本实现方式是计算机模拟虚拟环境从而给人以环境沉浸感。从理论上来讲，虚拟现实技术是一种可以创建和体验虚拟世界的计算机仿真系统，它利用计算机生成一种模拟环境，使用户沉浸到该环境中。虚拟现实技术就是利用现实生活中的数据，通过计算机技术产生的电子信号，将其与各种输出设备结合使其转化为能够让人们感受到的现象，这些现象可以是现实中真真切切的物体，也可以是我们肉眼所看不到的物质，通过三维模型表现出来。因为这些现象不是我们直接所能看到的，而是通过计算机技术模拟出来的现实中的世界，故称为虚拟现实。

#### 1.2.2.8 数字孪生

数字孪生（digital twin），又被译为数字映射，是充分利用物理模型、传感器更新、运行历史等数据，集成多学科、多物理量、多尺度、多概率的仿真过程，在虚拟空间中完成映射，从而反映相对应的实体装备的全生命周期过程。数字孪生是一种超越现实的概念，可以被视为一个或多个重要的、彼此依赖的装备系统的数字映射系统。

#### 1.2.2.9 元宇宙

元宇宙（metaverse）一词诞生于1992年的科幻小说《雪崩》，小说描绘了一个庞大的虚拟现实世界。

元宇宙是利用科技手段进行链接与创造的，与现实世界映射与交互的虚拟世界，具备新型社会体系的数字生活空间。元宇宙本质上是一个虚拟时空的集合，由一系列的增强现实(AR)、虚拟现实(VR)和互联网(internet)所组成，表示"超越宇宙"的概念：一个平行于现实世界运行的虚拟空间，被认为是互联网的下一个阶段。

### 1.2.3 新一代信息技术应用带来的网络安全问题

众所周知，技术是把"双刃剑"。物联网、云计算、移动互联网、大数据等新一代信息技术在改变信息化建设方式、促进应用创新等的同时，也带来了许多网络安全问题。

(1) 物联网。物联网给网络安全带来的最大问题就是网络安全问题从虚拟世界向现实世界扩散，并且可能出现"网络杀人"犯罪行为。随着物联网的发展，越来越多的设备接入互联网，网络安全问题正逐渐蔓延到人类社会的各个角落。

(2) 云计算。云计算给网络安全带来的最大问题就是网络安全问题从分散向集中转变，影响由局部向全局转变。以前网络信息系统是分散部署的一个网络信息系统被黑客攻击，只影响这个系统的用户。如果把许多网络信息系统都部署在一个云计算平台上，一旦云计算平台被黑客攻击或被计算机病毒感染，就会影响该平台的所有用户。在云计算时代，网络安全责任主体发生了变化。在以前，网络安全的主要责任在用户。在云计算时代，网络安全的主要责任在云计算服务提供商。因此，必须尽快制定相关的法律法规，对云计算服务提供商的责任、云计算服务质量和安全保障做出明确规定。

(3) 移动互联网。近年来，我国移动互联网恶意程序的数量继续大幅增长，恶意程序的制作、发布、预装、传播等初步形成一条完整的利益链条，亟待有关政府部门加强监管，加大惩处力度。

(4) 大数据。大数据给网络安全带来的最大问题就是数据泄露，个人隐私被侵犯。在大数据时代，网络泄密事件越来越多，造成的经济损失也越来越大。

(5) 人工智能。人工智能技术的好处很多，但带来的挑战也很多。如果安全和伦理问题得不到妥善解决，在网络安全领域采用人工智能可能会给社会带来重大问题。针对人工智能系统的新的攻击形式在性质上与传统的网络攻击不同，以一种指数级的、有时无法衡量的方式增加了连接系统的攻击面。人工智能对网络安全格局的影响是：① 扩大了现有威胁。计算硬件的扩散，通过云计算能力的不断增加和成本的降低，以及大多数可以促进模型训练和潜在恶意活动的工具的开源，使得恶意行为者的范围正在扩大。② 引入了新的威胁。人工智能不受人类能力限制的特点，可以让行动者执行原本不可行的攻击，如深度造假、破解验证码、蜂拥式攻击等。③ 改变了威胁的典型特征。针对人工智能系统的攻击也经常以窃取信息或破坏系统为目的，但以更微妙的形式和更长远的方向精心设计，这一目标主要可以通过不同类型的攻击来实现，如数据中毒、篡改分类模型、后门和人工智能模型的逆向工程等。

### 1.2.4 信息社会

人类社会可以划分为农业社会、工业社会和信息社会，或者农业时代、工业时代和信息时代三个发展阶段。农业社会、工业社会和信息社会的主要区别如表 1-1 所列。

**表 1-1 农业社会、工业社会和信息社会的主要区别**

| | 农业社会 | 工业社会 | 信息社会 |
|---|---|---|---|
| 生产方式 | 手工劳动 | 机械化生产 | 网络化生产 |
| 生产资料 | 土地 | 机械设备 | 数据、信息、知识 |
| 生产资料占有方式 | 独占独享 | 独占独享 | 共享 |
| 生产工具 | 锄头、镰刀等农具 | 机器 | 电子计算机、互联网 |
| 劳动者 | 以农民为主 | 以工人为主 | 以知识分子为主 |
| 生产单元 | 家庭 | 工人/企业 | 小微企业/自由职业者+互联网平台 |
| 所有制 | 私有制 | 私有制+公有制 | 私有制+公有制 |
| 生产中个体之间的关系 | 人身依附关系（奴隶和奴隶主、农民和地主） | 雇佣关系 | 合伙/合作关系 |
| 产品类型 | 农产品 | 工业产品 | 数字化产品、服务 |

表 1-1(续)

| | 农业社会 | 工业社会 | 信息社会 |
|---|---|---|---|
| 分配方式 | 按劳分配 | 按劳分配 | 按需分配<br>知识作为分配要素之一 |
| 交换方式 | 实物交换 | 实体货币(金银、纸币) | 电子货币/虚拟货币 |
| 消费方式 | 食品消费 | 工业产品消费 | 信息消费 |
| 信息/知识传播方式 | 口头/书籍 | 纸质书籍 | 电子书、网络传播 |
| 信息/知识传播范围 | 很小范围(村/镇/县) | 较大范围(省市、全国) | 很大范围(全球) |
| 信息/知识传播工具 | 口/烽火 | 邮政/电话/电报/电视 | 互联网 |
| 信息/知识传播速度 | 很慢(以年计) | 较快(以天计) | 很快(以秒计) |
| 信息/知识的所有权 | 家庭 | 企业 | 社会 |
| 政治制度 | 统治 | 管理 | 治理 |
| 生活空间 | 物理空间(以平面为主,范围小) | 物理空间(三维空间、范围大) | 物理空间+网络虚拟空间(多维空间、超大范围) |
| 战争方式 | 使用冷兵器(刀剑) | 使用热兵器(枪支、坦克、战斗机、军舰等) | 信息战、网络战 |

## 1.3 网络安全和信息化的辩证关系

### 1.3.1 网络安全是信息化的基石

没有网络安全,信息化发展得越快,造成的危害可能越大。互联网的发展应用带来了网络攻击、网络恐怖、网络窃密、网络诈骗等一系列安全问题,国家网络安全形势日益严峻,积极应对威胁、有效防范风险是网络时代维护国家安全、社会稳定和公共利益的重要使命。

要全天候、全方位感知网络安全态势。知彼知己,才能百战不殆。没有意识到风险是最大的风险。网络安全具有很强的隐蔽性,一个技术漏洞、安全风险可能隐藏几年都发现不了,结果是“谁进来了不知道,是敌是友不知道,干了什么不知道”,长期“潜伏”在里面,一旦有事问题就严重了。

感知网络安全态势是最基本、最基础的工作。维护网络安全,要知道风险在哪里,是什么样的风险,什么时候发生风险。要全面加强网络安全检查,摸清家底,认清风险,找出漏洞,通报结果,督促整改。要建立统一高效的网络安全风险报告机制、情报共享机制和研判处置机制,准确把握网络安全风险发生的规律、动向、趋势。

增强网络安全防御能力和威慑能力。网络安全的本质在对抗,对抗的本质在攻防两端的能力较量。要落实网络安全责任制,制定网络安全标准,明确保护对象、保护层级、保护措施。哪些方面要重兵把守、严防死守,哪些方面由地方政府保障、适度防范,哪些方面由市场力量防护,都要有本清清楚楚的账。人家用的是飞机、大炮,我们这里还用大刀、长矛,那是不行的,攻防力量要对等。要以技术对技术,以技术管技术,做到"魔高一尺、道高一丈"。

### 1.3.2 信息化是网络安全的动力

没有信息化的发展,经济社会的发展将会滞后,网络安全也没有保障,已有的安全甚至会丧失。

## 1.4 统筹推进网络安全和信息化

### 1.4.1 坚持"四个统一"

习近平总书记在原中央网络安全和信息化领导小组第一次会议上指出,网络安全和信息化是一体之两翼、驱动之双轮,必须统一谋划、统一部署、统一推进、统一实施。

网络安全是一个复杂的系统工程,与政治、经济、文化、社会军事等各个领域的安全相互交融,相互影响,涉及技术、管理、法律、外交等多个方面,需要加强统筹协调。网络安全工作涉及方方面面,维护网络安全不仅是政府部门的职责,也是国家重点行业、网络运营单位、网络安全企业以及广大公民的共同责任。企业是创新的主体,是维护网络安全的重要力量,在国家网络安全工作当中发挥着不可替代的作用。各方要深入交流，畅所欲言，为做好网络安全工作献计献策。

信息系统在新建、改建、扩建时应当同步建设信息安全设施，保障信息安全与信息化建设相适应。出于信息和信息系统的应用类型、范围等条件的变化及其他原因，安全保护等级需要变更的，应当根据等级保护的管理规范和技术标准的要求，重新确定信息系统的安全保护等级。

### 1.4.2 以安全保发展，以发展促安全

网络安全和信息化是相辅相成的。安全是发展的前提，发展是安全的保障，安全和发展要同步推进。“以安全保发展、以发展促安全”的要求，充分体现了马克思主义辩证法，体现了科学发展观。做好网络安全和信息化工作，要处理好安全和发展的关系，做到协调一致、齐头并进，以安全保发展、以发展促安全，努力建久安之势、成长治之业。

加快构建关键信息基础设施安全保障体系。金融、能源、电力、通信、交通等领域的关键信息基础设施是经济社会运行的神经中枢，是网络安全的重中之重，也是可能遭到重点攻击的目标。“物理隔离”防线可被跨网入侵，电力调配指令可被恶意篡改，金融交易信息可被窃取，这些都是重大风险隐患。不出问题则已，一出问题就可能导致交通中断、电力瘫痪、金融紊乱等，具有很大的破坏性和杀伤力。我们必须深入研究，采取有效措施，切实做好国家关键信息基础设施安全防护。

要立足开放环境维护网络安全。维护网络安全要正确处理开放和自主的关系，树立全球视野和开放心态，在坚持自主创新的基础上，学习借鉴国际先进经验和技术成果，最大程度利用网络空间发展潜力，借助“他山之石”提升我国网络安全发展水平。通过积极有效的国际交流、合作、互动，建立多边、民主、透明的国际互联网治理体系，共同构建和平、安全、开放、合作、有序的网络空间，携手构建网络空间命运共同体。

互联网领域发展变化非常快，新技术新应用带来的新问题、新挑战层出不穷。要加强技术创新，密切跟踪技术发展演进，同步做好安全防护。在物联网安全、区块链安全、人工智能安全、5G 安全等方面加大研究力度，提早

谋划，预先布局，有效防范不断变化的安全风险。

网络空间的竞争归根到底是人才的竞争。要加强网络安全学院、专业、学科建设，支持高校、企业及社会开展网络安全教育培训，通过多种方式大力培养网络安全人才；加快网络安全人才与创新基地建设、形成网络安全人才培养、技术创新、产业发展的良好生态，为维护网络安全提供有力智力支撑、人才保证和产业动力。

## 1.5 树立正确的网络安全观

要树立正确的网络安全观，必须认清网络安全的主要特点。当今网络安全的主要特点如下：

一是网络安全是整体的而不是割裂的。在信息时代，网络安全对国家安全牵一发而动全身，同许多其他方面的安全都有着密切关系。

二是网络安全是动态的而不是静态的。信息技术的变化越来越快，过去分散独立的网络变得高度关联、相互依赖，网络安全的威胁来源和攻击手段不断变化，那种依靠装几个安全设备和安全软件就想永保安全的想法已不合时宜，需要树立动态、综合的防护理念。

三是网络安全是开放的而不是封闭的。只有立足开放环境，加强对外交流、合作、互动、博弈，吸收先进技术，网络安全水平才会不断提高。

四是网络安全是相对的而不是绝对的。没有绝对安全，要立足基本国情保安全，避免不计成本追求绝对安全，否则不仅会背上沉重的负担，甚至可能顾此失彼。

五是网络安全是共同的而不是孤立的。网络安全为人民，网络安全靠人民，维护网络安全是全社会的共同责任，需要政府、企业、社会组织、广大网民共同参与，共筑网络安全防线。

# 2 政策环境

## 2.1 政策动向

### 2.1.1 国家政策导向

2002年11月，党的十六大报告中首次出现“互联网”相关内容。党的十八大以来，以习近平同志为核心的党中央高度重视互联网的发展和网络安全工作。党的十八大报告中明确提出“高度关注海洋、太空、网络空间安全。”2016年10月，中共中央政治局就实施网络强国战略进行第三十六次集体学习。习近平总书记在主持学习时强调：“加快推进网络信息技术自主创新……朝着建设网络强国目标不懈努力”。在党的十九大报告中，有八处提到互联网，囊括网络文化、网络安全、网络管理等多个方面，并明确提出建设“网络强国”总要求。2021年3月，我国发布《中华人民共和国国民经济和社会发展第十四个五年规划和2035年远景目标纲要》，共提及“网络安全”十四次，涉及数字经济、数字生态、国家安全、能源资源安全等多个领域，提出了网络安全新发展的重点思路和重点工作，为网络安全健康发展提出了政策保障和创新思路。

在此过程中，我国网络安全管理体制不断健全，网络安全法律法规体系日益完善，网络安全监管力度不断加大，网络安全与新技术的融合程度不断加深，对能源等涉及国家安全的重点领域保障力度不断加大。

(1) 我国网络安全管理体制做出重大调整。一是于2014年2月设立了中央网络安全和信息化领导小组，由习近平总书记亲自担任组长，中央网络安全和信息化领导小组办公室为中央网络安全和信息化领导小组的办事机构。2018 年 3 月，中共中央印发《深化党和国家机构改革方案》，将中央网络安全和信息化领导小组改为中央网络安全和信息化委员会。二是成立国家互联网信息办公室，全面负责互联网信息内容管理工作，并负责监督管理执法。

(2) 我国网络安全法律法规体系日益完善。截至目前，我国已出台涉及网络与数据安全的法律、行政法规、部门规章、规范性文件等共计 200 多部，形成了覆盖网络安全等级保护、关键信息基础设施安全保护、网络关键设备和网络安全专用产品管理、国家网络安全事件管理、密码管理、跨境活动网络安全管理、数据安全管理、个人信息保护等领域的网络安全法律法规体系。综合来看，可以大致将我国网络安全法律法规体系发展情况分为四个阶段：

第一阶段是网络安全法律监管奠基阶段（1990—1999 年），该阶段的法律法规构成了我国网络安全法律监管的雏形，但总体呈现出碎片化、分散化的特点。第二阶段是网络安全顶层制度强化升级阶段（2000—2007 年），该阶段我国对网络安全的重视程度提高，一些全局性的政策法规逐步出台，但大多停留在原则指导层面，尚未形成完善的体系。第三阶段是网络安全法律监管优化扩充阶段（2008—2015 年），该阶段有若干信息安全等级保护指导文件陆续出台，国家标准也相继落地实施，电信、金融、电力等行业出台了相关的部门规章及工作文件，推动了等级保护制度的建设，等级保护 1.0 标准体系形成。第四阶段是网络安全法律监管体系全面建立阶段（2016 年至今），《中华人民共和国网络安全法》开启了我国网络安全监管和数据治理的新纪元。自此，我国逐步进入多层次、广覆盖的网络安全法律监管体系构建阶段。特别是 2021 年以来，一系列法律法规密集出台，已初步构筑起一个完善的法律法规体系。如 2021 年 6 月，我国数据安全领域的基础性法律《中华人民共和国数据安全法》正式发布，并于 2021 年 9 月 1 日起施行，数据分类分级保护、风险评估、安全审查等相关工作机制也将逐步出台。2021 年 7—8 月，《关键信息基础设施安全保护条例》《中华人民共和国个人信息保护法》相继发布，推动开启我国关键信息基础设施保护、个人信息立法保护的新格局，为产业发展指明了方向。此外，《数据安全管理条例》《商用密码管理条例》已列入国务院2021年度立法工作计划行政法规制修订名单。

(3) 我国网络安全监管范围和力度持续升级。2019年,作为网络安全等级保护制度的相关配套标准陆续发布,等级保护进入了2.0时代。网络安全等级保护2.0标准从要求上发生了明显的变化,覆盖范围增大,从传统信息系统覆盖到云计算、物联网、工业控制系统领域等,安全防护从被动防护向主动防护的能力转变,加大组织安全投入,培养安全人才建立通报预警等机制。同时,国家不断加大网络安全执法力度,推进网络综合治理体系建设。2020年7月,工业和信息化部发布《关于开展纵深推进App侵害用户权益专项整治行动的通知》,督促相关企业强化App个人信息保护,净化App应用空间。仅2021年上半年,已连续发布五期关于侵害用户权益行为的App通报,涉及748款App。2020年8月,教育部、国家新闻出版署、中央网络安全和信息化委员会办公室等六部门联合发布《关于联合开展未成年人网络环境专项治理行动的通知》,通过联合开展网络环境专项治理行动,整治影响未成年人健康成长的不良网络社交行为、低俗有害信息和沉迷网络游戏等问题,为未成年人成长营造健康的网络环境。2021年5月,国家互联网信息办公室部署开展2021年"清朗"系列专项行动,组织开展治理网上历史虚无主义等八项专项行动,"重拳"整治网络违法违规问题。2021年7月,国家互联网信息办公室连续发布公告,要求"滴滴出行"App下架整改并对"滴滴出行""运满满""货车帮""BOSS直聘"等App实施网络安全审查,审查期间将停止新用户注册。网络空间安全整治措施系统性推进。

(4) 网络安全与新兴技术融合创新。2020年4月,工业和信息化部办公厅发布《关于深入推进移动物联网全面发展的通知》,提出加强移动物联网安全防护和数据保护,夯实移动物联网基础安全。2020年10月,工业和信息化部、应急管理部联合印发《"工业互联网+安全生产"行动计划(2021—2023年)》,要求不断完善工控安全监测网络等网络安全措施,构建"工业互联网+安全生产"支撑体系。2021年2月,工业和信息化部、交通运输部、国家标准化管理委员会三部门联合印发《国家车联网产业标准体系建设指南(智能交通相关)》,指导智能交通领域标准制修订,其中包括证书密钥管理、网络安全防护等两类网络安全标准。2021年5月,工业和信息化部、中央网络安全和信息化委员会办公室联合印发《关于加快推动区块链技术应用和产业发展的指导意见》，提出加强区块链基础设施和服务安全防护能力建设，常态化开展区块链技术对重点领域安全风险的评估分析。

（5）能源行业网络安全成为重点保障领域。2020年，全国工业控制安全事件涉及的行业中，能源行业位居第二，占16.1%，如图2-1所示。为保障能源行业网络安全，国家有关部门出台一系列政策。2020年2月，国家发展和改革委员会、国家能源局、应急管理部等八部门联合印发《关于加快煤矿智能化发展的指导意见》，强调同步推进网络安全和煤矿智能化发展，推进煤炭生产企业建立安全、共享、高效的煤矿智能化大数据应用平台。2021年6月，国家能源局、国家矿山安全监察局联合印发《煤矿智能化建设指南（2021年版）》，强调逐步推进核心装备控制系统国产化安全可信、自主可控；同时要求智能化煤矿应开展网络、信息和系统等安全建设，参照相关标准，能够实现从角色到用户、从系统到功能模块等访问权限的统一认证，对于监测监控系统、传感系统、工业自动化系统、软件系统等应用平台，各业务系统之间既要满足按需访问、又实现安全隔离，满足信息安全要求。2021年7月，国务院发布《关键信息基础设施安全保护条例》，强调国家采取措施，优先保障能源、电信等关键信息基础设施安全运行；能源、电信行业应当采取措施，为其他行业和领域的关键信息基础设施安全运行提供重点保障。2021年12月，国务院印发《“十四五”数字经济发展规划》，再次强调加快能

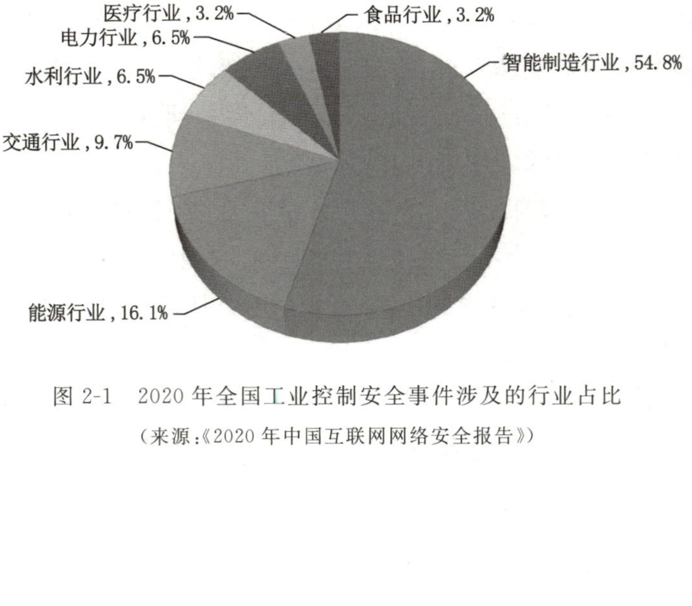


图2-1　2020年全国工业控制安全事件涉及的行业占比

（来源：《2020年中国互联网网络安全报告》）

源领域数字化转型，加快推动智慧能源建设应用，加强电信、金融、能源、交通运输、水利等重要行业领域关键信息基础设施网络安全防护能力，支持开展常态化安全风险评估，加强网络安全等级保护和密码应用安全性评估。2022年1月，国家发展和改革委员会、国家能源局联合印发《“十四五”现代能源体系规划》，强调加强电力、油气行业关键信息基础设施安全保护能力建设，加强网络安全关键技术研究，推动建立能源行业、企业网络安全态势感知和监测预警平台，提高风险分析研判和预警能力。

### 2.1.2 其他国家政策动态

#### 2.1.2.1 美国：为维护领导者地位持续深化战略布局

美国为保持其在未来科技领域的领先地位，持续调整其网络安全战略布局。

(1) 顶层路线方面

2021年3月，白宫发布《临时国家安全战略纲要》，将提升网络安全作为美国政府首要任务，鼓励私营部门与各级政府合作，同时加大基础设施投入，保卫美国免受恶意网络活动侵害。2021年5月，拜登签署《改善国家网络安全行政令》，提出预防、检测、评估和处置网络安全事件是国家和经济安全的重中之重。

(2) 组织机构调整方面

2021年1月，美国国务院批准设立新的网络空间安全和新兴技术局(CSET)，负责与美国盟友和伙伴国开展合作，推动网络空间安全和新兴技术相关工作。该项调整直接体现美国保障新技术安全和加强国际合作的网络安全战略重点。

(3) 新技术领域安全方面

美国将人工智能、能源、量子信息科学、通信和网络技术、半导体和太空技术作为关键和新兴技术，不断强化上述领域的网络安全治理。2020年9月，白宫发布《太空网络安全指令》，提出保护太空系统免受网络威胁和网络攻击的建议和最佳实践。2021年2月，美国国家网络安全卓越中心发布《5G网络安全实践指南》草案，作为5G网络安全实践指南的第一册，旨在帮助 5G 网络运营商和用户减轻 5G 网络安全风险。

(4) 网络安全能力方面

一方面,美国持续推动网络安全架构演进。2021 年 2 月,美国国家安全局发布《拥抱“零信任”安全模型》,敦促整个国防部及其承包商对敏感系统实施“零信任”。2021 年 9 月,美国管理和预算办公室发布《联邦“零信任”战略》草案,指导、牵引、推动政府机构将其网络安全架构从传统架构向“零信任”架构转变。

另一方面,美国开始通过网络安全成熟度模型认证法规来加强其网络安全能力。2020 年 12 月,美国国防部公布了首批需要通过网络安全成熟度模型认证(CMMC)的 15 个项目,要求国防部承包商需通过独立的第三方 CMMC 审核,确保其具备与业务相当的网络安全级别。

(5) 国际合作方面

美国加强与盟友和伙伴国在网络安全方面的合作,促进情报共享。2020 年 10 月,新美国安全中心提出建立民主技术政策联盟框架,强调需要在理念相近的国家间进行广泛长期的多边合作,利用多边出口管制措施等方法维护技术竞争优势。2021 年 2 月,美国网络安全与基础设施安全局(CISA)发布了《CISA 全球参与》,提出通过加强国际合作以增强关键基础设施的安全性和韧性。

#### 2.1.2.2 欧盟:升级安全战略为数字化转型保驾护航

为全面提升在数字经济领域的竞争优势,维护自身的“数字主权”,欧盟多措并举促进其网络安全战略升级。一是提升网络安全核心战略地位。“2030 年欧洲数字化转型愿景”及欧盟新型研究与创新项目“地平线欧洲”等战略计划均将网络安全作为其发展重点板块。2021 年 3 月,欧盟理事会通过《欧盟数字十年网络安全战略》,旨在增强欧洲抵御网络威胁的应变能力。二是推动出台新技术应用的安全保障措施。2020 年 11 月,欧盟网络安全局(ENISA)发布《物联网安全准则》,提供涵盖物联网供应链,包括硬件、软件和服务在内的整个物联网生命周期安全指南。2021 年 4 月,欧盟委员会发布人工智能规则提案和协调计划,要求确保欧盟市场 AI 系统的安全性。三是不断完善数据安全保障措施。2020 年 11 月,欧盟委员会提出《数据治理法规》，以促进欧盟内部数据共享。2021 年 4 月，欧盟网络安全局发布报告《欧盟数字战略自主的网络安全研究方向》，确定了七个关键研究领域，以加强欧盟数字自治。

### 2.1.2.3 日本：提出“网络安全立国”的目标

2003 年 10 月，日本经济产业省制定《信息安全综合战略》，提出建设“事故前提型社会系统”，强化公共对策以实现“高信赖性”，通过强化内阁的功能整体推进信息安全。2010 年 5 月，日本政府发布《保护国民信息安全战略》，旨在保护民众日常生活正常运转不可或缺的关键基础设施的安全，降低民众在使用信息技术时所面临的风险。2013 年 6 月，日本政府发布《网络安全战略》，提出了创建“领先世界的强大而有活力的网络空间”，实现“网络安全立国”的目标。日本政府又于 2015 年 9 月、2018 年 7 月和 2022 年 2 月先后发布三版《网络安全战略》，致力于数字改革和网络安全的同时推进，确保向公共空间化和相互关联而发展的整个网络空间的安全，以保证“自由、公正、安全的网络空间”。2014 年 11 月，日本国会众议院表决通过《网络安全基本法》，规定电力、金融等重要社会基础设施运营商、网络相关企业、地方自治体等有义务配合网络安全相关举措或提供相关情报。为保障国家网络安全，日本还不断健全相关组织机构。2005 年，日本成立了隶属于信息技术安全局的“国家信息安全中心”。2014 年，日本成立了以内阁官房长官为首的“网络安全战略本部”，协调各政府部门的网络安全对策，与日本国家安全保障会议、IT 综合战略本部等其他相关机构加强合作。2015 年，日本政府组建了国家网络安全中心。

### 2.1.2.4 英国：不断完善网络安全立法，鼓励青年人加入网络安全事业

英国的网络安全管理机构包括国家网络安全办公室和网络安全行动中心等，其中国家网络安全办公室直接对首相负责。2000 年，英国制定《通信监控权法》，规定在法定程序条件下，为维护公众的通信自由和安全以及国家利益，可以动用皇家警察和网络警察。2010 年，英国国防部成立了网络作战集团，主要负责英军网络战相关训练及行动规划，并协调军地技术专家对军事网络目标进行安全防护。2014 年，英国政府通过《紧急通信与互联网数据保留法案》，允许警察和安全部门获得电信及互联网公司用户数据。同

年，英国情报机构政府通信总部授权牛津大学、伦敦大学等6所大学提供训练未来网络安全专家的硕士文凭。2015年，英国还推出了“网络安全学徒计划”，鼓励青年人加入网络安全事业。2016年，英国颁布史上最严协助执法的《调查权法案》，旨在进一步理清执法机构在通信及通信数据拦截、获取、留存及设备干扰等方面的权力。2022年1月25日，英国政府发布了《政府网络安全战略2022—2030》，旨在树立英国作为网络大国的权威，具体规定了政府在面对不断变化的网络风险时将如何建立和保持其弹性。2022年3月17日，英国政府公布新版《网络安全法案》，以“更好地监管互联网上内容”的承诺，打造更加安全的网络空间。

#### 2.1.2.5 澳大利亚：频繁部署加快网络安全战略谋划

为维护国家安全，澳大利亚加快完善网络安全举措。一是强化整体网络安全战略。2020年8月，澳大利亚政府发布《2020年网络安全战略》，依据该战略，澳大利亚政府将投资16.7亿美元用于加强网络安全和执法能力，协助行业加强自我保护，并增强社区对保护在线安全的理解。2021年4月，澳大利亚政府发布《国际网络和关键技术参与战略》，用于指导澳大利亚在网络和关键技术问题上的国际参与决策，帮助其拥抱巨大创新机会并减轻或避免相关风险。二是加速推进云安全布局。2020年7月，澳大利亚网络安全中心和数字转型局发布新版《云安全指南》，为政府和整个行业安全使用云服务提供支撑。三是重视小企业网络安全。2021年2月，澳大利亚网络安全中心更新《小企业网络安全指南》，旨在帮助小型企业保护自己，免受传统的网络安全事件影响。四是持续更新在线安全法案。2021年2月，澳大利亚更新《在线安全法案2021》，保护网络空间中澳大利亚公民，尤其是儿童的在线安全。

#### 2.1.2.6 韩国：摸索应对网络威胁，构建自由、安全的网络空间

21世纪以来，韩国不断摸索应对网络威胁的正确方式。自2003年以来，韩国相继成立了应对互联网入侵中心、国家网络安全中心、网络安保秘书室、网络作战司令部等网络安全相关部门。2019年4月2日，韩国青瓦台国家安保室发布《国家网络安全战略》，这是韩国在网络安全领域出台的第一部战略文件。2019年9月3日，韩国政府发布《国家网络安全基本规划》，

包含了在各个政府部门层面落实国家网络安全战略的具体方案。在《国家网络安全战略》中，韩国规划了“构建自由、安全的网络空间，作为国家安保和经济发展的后盾并为世界和平做出贡献”的网络安全战略蓝图，提出了“平稳遂行国家主要职能”“周全应对网络攻击”“坚实构建网络安全基础”三大国家网络安全目标，并指出了“尊重国民隐私权等基本权利”“以法治主义为基础展开活动”“构建参与＋合作的遂行体制”三点原则。此外，为实现三大国家网络安全目标，《国家网络安全战略》中提出了六大网络安全战略课题，具体包括提高国家重点基础设施安全、提高网络攻击应对能力、基于信任和合作实施管理、建立网络安全产业发展基础、构建网络安全文化和引领网络安全国际合作。政府为支持六大网络安全战略课题，将各个机构落实的计划归类为 18 个重点课题、100 个细分课题，并到 2022 年分阶段推进。

#### 2.1.2.7 新加坡：提升网络安全水平，开启新发展蓝图

新加坡不断完善网络安全防范体系，为“智慧国家”战略愿景提供坚强助力。在安全规划方面，2020 年 10 月，新加坡启动《新加坡更安全的网络空间总体规划（2020 年）》，提出了三大战略目标及保护核心数字技术设施、实施 5G 网络安全计划等 11 项安全措施。在数据安全及个人信息保护方面，2020 年 11 月，新加坡更新《个人数据保护法》（Personal Data Protection Act，PDPA），引入了强制性数据泄露通知制度，并对数据泄露处以更严厉的罚款。2021 年 3 月，新加坡个人数据保护委员会更新《PDPA 下的数据泄露管理和通知指南》，通过数据泄露管理计划来识别和防范数据泄露。在网络安全技术方面，2021 年 1 月，新加坡金融管理局发布修订后的《技术风险管理指南》，为金融机构提供风险缓解策略，帮助其适应新兴技术和网络威胁领域的快速变化。在国际合作方面，2021 年 8 月，新加坡与美国达成三项协议，双方将扩大金融、国防领域网络安全合作，通过加强信息共享、研究和培训等，解决全球网络安全问题。

### 2.1.3 国家法律法规、政策文件及标准规范介绍

#### 2.1.3.1 法律法规及政策文件

（1）2016 年印发施行情况

①《国务院关于深化制造业与互联网融合发展的指导意见》

【印发日期:2016 年 5 月 13 日】

国务院印发的《国务院关于深化制造业与互联网融合发展的指导意见》,成为指导我国制造业与互联网融合,推进建设制造业强国的又一项重要文件。该意见明确了 7 项主要任务,包括:打造制造企业互联网“双创”平台,推动互联网企业构建制造业“双创”服务体系,支持制造企业与互联网企业跨界融合,培育制造业与互联网融合新模式,强化融合发展基础支撑,提升融合发展系统解决方案能力,提高工业信息系统安全水平。

②《关于加强国家网络安全标准化工作的若干意见》

【印发日期:2016 年 8 月 12 日】

经原中央网络安全和信息化领导小组同意,原中央网络安全和信息化领导小组办公室、原国家质量监督检验检疫总局、国家标准化管理委员会联合印发了《关于加强国家网络安全标准化工作的若干意见》,对加强网络安全标准化工作做出部署。该意见提出:要建立统一权威的国家标准工作机制,原则上不制定网络安全地方标准;建立重大工程、重大科技项目标准信息共享机制,推动国家网络安全相关重大工程或科研项目成果转化为国家标准,并在项目考核指标和专业技术资格评审中明确标准要求,充分发挥标准对产业的引领和拉动作用;坚持“急用先行”原则,推进急需重点标准制定;加快开展关键信息基础设施保护、网络安全审查、大数据安全、个人信息保护、新一代通信网络安全、互联网电视终端产品安全、网络安全信息共享等领域的标准研究和制定工作。

③《信息化和工业化融合发展规划(2016—2020 年)》

【印发日期:2016 年 10 月 12 日】

工业和信息化部印发的《信息化和工业化融合发展规划(2016—2020 年)》以制约当前我国两化融合发展的关键问题为出发点和落脚点,充分考虑未来发展形势,聚焦融合重点,突出体系建设,注重夯实融合发展基础,着力培育互联网时代制造业的新产品、新技术、新模式、新业态,在此基础上明确了“十三五”时期两化融合的指导思想、发展目标、主要任务、重点工程以及保障措施等内容,是“十三五”期间两化融合发展的行动纲领。该规划围绕“以激发制造业创新活力、发展潜力和转型动力”主线，聚焦“制造业双创体系、新产品、新模式、新业态、新生态以及新基础”发展重点，设置了 7 项主要任务、6 大重点工程以及 5 个方面的保障措施。

④《工业控制系统信息安全防护指南》

【印发日期：2016 年 10 月 17 日】

为提升工业企业工业控制系统信息安全防护水平，保障工业控制系统安全，工业和信息化部印发了《工业控制系统信息安全防护指南》。该指南涵盖工业控制系统设计、选型、建设、测试、运行、检修、废弃各阶段防护工作要求，坚持企业的主体责任及政府的监管、服务职责，聚焦系统防护、安全管理等安全保障重点，要求工业控制系统应用企业以及从事工业控制系统规划、设计、建设、运维、评估的企事业单位从安全软件选择与管理、配置和补丁管理、边界安全防护、物理和环境安全防护、身份认证、远程访问安全、安全监测和应急预案演练、资产安全、数据安全、供应链管理、落实责任共 11 个方面做好工业控制系统信息安全防护工作。

⑤《国家网络空间安全战略》

【印发日期：2016 年 12 月 27 日】

国家互联网信息办公室印发的《国家网络空间安全战略》，是为贯彻落实习近平主席关于推进全球互联网治理体系变革的“四项原则”和构建网络空间命运共同体的“五点主张”，阐明中国关于网络空间发展和安全的重大立场，指导中国网络安全工作，维护国家在网络空间的主权、安全、发展利益而制定的。

⑥《煤矿安全监控系统升级改造技术方案》

【印发日期：2016 年 12 月 29 日】

为提高煤矿安全监控系统准确性、灵敏性、可靠性、稳定性和易维护性，增强煤矿安全保障能力，原国家煤矿安全监察局印发了《煤矿安全监控系统升级改造技术方案》。该方案对煤矿安全监控系统升级改造进行了详细规定，促进了安全监测监控新技术新装备的推广应用，提高了安全监控系统技术性能和安全可靠性，提高了煤矿安全预测预警水平，充分发挥了安全监控系统在煤矿安全生产中的重要作用，提升了井下日常安全生产技术保障水平。

(2)2017年印发施行情况

①《国家网络安全事件应急预案》

【印发日期:2017年1月10日】

为建立健全国家网络安全事件应急工作机制,提高应对网络安全事件能力,预防和减少网络安全事件造成的损失和危害,保护公众利益,维护国家安全、公共安全和社会秩序,原中央网络安全和信息化领导小组办公室印发了《国家网络安全事件应急预案》。该预案主要包括组织机构与职责、监测与预警、应急处置、调查与评估、预防工作和保障措施等内容,兼顾了管理和处置要求,明确了中央、国家各部门、各省(自治区、直辖市)网信部门在网络安全事件预防、监测、报告和应急处置工作中的职责,提出了特别重大网络安全事件的应急响应流程,既有指导性又有可操作性,既是各地区、各部门、各单位开展网络安全应急工作的依据,又是国家层面组织各地区、各部门应对特别重大网络安全事件应急处置行动的方案。

②《关于促进移动互联网健康有序发展的意见》

【印发日期:2017年1月】

为深入贯彻落实习近平总书记网络强国战略思想,促进我国移动互联网健康有序发展,中共中央办公厅、国务院办公厅联合印发了《关于促进移动互联网健康有序发展的意见》。该意见从推动移动互联网创新发展、强化移动互联网驱动引领作用、防范移动互联网安全风险等几个方面,为促进我国移动互联网健康有序发展提出了意见。

③《中华人民共和国网络安全法》

【施行日期:2017年6月1日】

2016年11月7日,中华人民共和国第十二届全国人民代表大会常务委员会第二十四次会议通过《中华人民共和国网络安全法》,自2017年6月1日起施行。为了保障网络安全,维护网络空间主权和国家安全、社会公共利益,保护公民、法人和其他组织的合法权益,促进经济社会信息化健康发展,制定该法。

④《网络产品和服务安全审查办法(试行)》

【施行日期:2017年6月1日】

为提高网络产品和服务安全可控水平，防范网络安全风险，维护国家安全，国家互联网信息办公室发布了《网络产品和服务安全审查办法（试行）》。该办法分别从审查范围、审查内容、审查机构、网络产品和服务提供者的权利和义务，以及法律责任等方面逐步搭建了网络产品和服务安全审查的基本制度框架，构建了网络产品和服务安全审查的基本制度框架，是《中华人民共和国网络安全法》确立的网络安全整体制度建设的重要组成部分。该办法于2020年6月1日废止。

⑤《工业控制系统信息安全事件应急管理工作指南》

【施行日期：2017年7月1日】

为指导做好工业控制系统信息安全事件应急管理相关工作，保障工业控制系统信息安全，工业和信息化部印发了《工业控制系统信息安全事件应急管理工作指南》。该指南适用于工业和信息化主管部门、工业企业开展工业控制系统信息安全应急管理工作，对工业控制系统信息安全风险监测、信息报送与通报、应急处置、敏感时期应急管理等工作提出了一系列管理要求，明确了责任分工、工作流程和保障措施。该指南中提出的安全要求和管理方法覆盖了工业控制系统规划、设计、建设、运行、维护等全生命周期，为加强工业控制系统信息安全管理奠定了坚实基础。

⑥《工业控制系统信息安全防护能力评估工作管理办法》

【施行日期：2017年9月1日】

工业和信息化部印发的《工业控制系统信息安全防护能力评估工作管理办法》，以我国两化融合发展时期工业控制系统信息安全保障需求和工业控制系统信息安全防护工作推进为出发点和落脚点，密切结合工业控制系统信息安全防护能力评估工作实际，以规范针对工业企业开展的工业控制系统信息安全防护能力评估活动为重点，加强工业控制系统信息安全防护能力评估机构、人员和工具管理，明确工业控制系统信息安全防护能力评估工作程序。该办法与《工业控制系统信息安全防护指南》和《工业控制系统信息安全事件应急管理工作指南》共同构建了工业控制系统信息安全管理体系。

⑦《推进互联网协议第六版（IPv6）规模部署行动计划》

【印发日期:2017 年 11 月】

中共中央办公厅、国务院办公厅联合印发的《推进互联网协议第六版(IPv6)规模部署行动计划》,是我国在面临全球网络信息技术加速创新变革、信息基础设施快速演进升级的历史机遇的情况下,加快推进 IPv6 规模部署,构建高速率、广普及、全覆盖、智能化的下一代互联网的重要文件。该计划提出了用 5～10 年的时间形成下一代互联网自主技术体系和产业生态,建成全球最大规模的 IPv6 商业应用网络的行动目标,从互联网应用服务升级、网络基础设施改造、应用基础设施改造、强化网络安全保障、突破关键前沿技术等方面进行了部署。

(3) 2018 年印发施行情况

①《关于推动资本市场服务网络强国建设的指导意见》

【印发日期:2018 年 3 月 30 日】

为进一步发挥资本市场服务实体经济的能力,促进网信企业规范发展,推动网信事业和资本市场共同发展,中央网络安全和信息化委员会办公室、中国证券监督管理委员会联合印发了《关于推动资本市场服务网络强国建设的指导意见》,支持符合条件的网信企业利用资本市场做大做强。该意见提出:指导网信企业提高网络与信息安全意识,建立保障措施;指导网信企业提高信息披露质量,提高规范运作水平。

②《工业互联网发展行动计划(2018—2020 年)》

【印发日期:2018 年 5 月 31 日】

为深入实施工业互联网创新发展战略,推动实体经济与数字经济深度融合,工业互联网专项工作组印发了《工业互联网发展行动计划(2018—2020 年)》。该计划提出了"到 2020 年年底,初步建成工业互联网基础设施和产业体系"的行动目标,并从网络基础设施、工业互联网标识解析体系、工业互联网平台体系、安全保障体系等方向制定了 10 项重点行动。

③《推动企业上云实施指南(2018—2020 年)》

【印发日期:2018 年 7 月 23 日】

工业和信息化部印发了《推动企业上云实施指南(2018—2020 年)》,支持企业上云,以推动企业加快数字化、网络化、智能化转型,加快软件和信息技术服务业发展，促进互联网、大数据、人工智能与实体经济深度融合。该指南提出了“科学制定部署模式、按需合理选择云服务、稳妥有序推进企业上云”，为企业上云的部署模式、云服务分类及选择等推进上云的相关问题进行了详细说明和指导，对云平台服务商支撑服务能力也进行了要求。

(4) 2019 年印发施行情况

①《工业互联网综合标准化体系建设指南》

【印发日期：2019 年 1 月 25 日】

工业和信息化部、国家标准化管理委员会联合发布了《工业互联网综合标准化体系建设指南》，以发挥标准在工业互联网产业生态体系构建中的顶层设计和引领规范作用，推动相关产业转型升级，加快制造强国和网络强国建设步伐。该指南明确：到 2020 年，初步建立工业互联网标准体系；到 2025 年，制定 100 项以上标准，重点推进支撑行业应用的标准化工作，基本建成统一、综合、开放的工业互联网标准体系，涵盖工业互联网关键技术、产品、管理及应用需求。

②《加强工业互联网安全工作的指导意见》

【印发日期：2019 年 7 月 26 日】

工业和信息化部、教育部、人力资源和社会保障部等十部门联合印发了《加强工业互联网安全工作的指导意见》，提出：到 2020 年年底，工业互联网安全保障体系初步建立；到 2025 年，制度机制健全完善，技术手段能力显著提升，安全产业形成规模，基本建立起较为完备可靠的工业互联网安全保障体系。

(5) 2020 年印发施行情况

①《中华人民共和国密码法》

【施行日期：2020 年 1 月 1 日】

《中华人民共和国密码法》是中国密码领域的综合性、基础性法律，以规范密码应用和管理，促进密码事业发展，保障网络与信息安全，维护国家安全和社会公共利益，保护公民、法人和其他组织的合法权益。

②《关于加快煤矿智能化发展的指导意见》

【印发日期：2020 年 2 月 25 日】

为统一思想、凝聚共识，贯彻党中央、国务院关于人工智能的决策部署，推动智能化技术与煤炭产业融合发展，提升煤矿智能化水平，促进我国煤炭工业高质量发展，国家发展和改革委员会、国家能源局、应急管理部等八部门联合印发了《关于加快煤矿智能化发展的指导意见》。该意见是我国开展煤矿智能化建设的重要指导文件，明确了煤矿智能化建设的指导思想、原则、目标、主要任务和保障措施。

③《网络信息内容生态治理规定》

【施行日期：2020 年 3 月 1 日】

国家互联网信息办公室发布的《网络信息内容生态治理规定》，对我国境内的网络信息内容生态治理活动进行了规范。该规定以网络信息内容为主要治理对象，以建立健全网络综合治理体系、营造清朗的网络空间、建设良好的网络生态为目标，明确了网络信息内容生产者、服务平台、服务使用者、网络行业组织、监督管理部门等网络信息内容生态治理参与者的行为要求及法律责任。

④《工业和信息化部关于工业大数据发展的指导意见》

【印发日期：2020 年 4 月 28 日】

工业和信息化部印发的《工业和信息化部关于工业大数据发展的指导意见》，顺应大数据与工业深度融合发展趋势，通过促进工业数据汇聚共享、深化数据融合创新、提升数据治理能力、加强数据安全管理，打造资源富集、应用繁荣、产业进步、治理有序的工业大数据生态体系。该意见对我国工业大数据发展进行了全面部署，进一步促进大数据与工业深度融合发展，提出了 6 个方面 18 项重点任务。

⑤《工业和信息化部办公厅关于深入推进移动物联网全面发展的通知》

【印发日期：2020 年 4 月 30 日】

工业和信息化部办公厅印发的《工业和信息化部办公厅关于深入推进移动物联网全面发展的通知》，对移动物联网的网络建设、连接规模、模组价格、终端迁移、应用发展等提出了具体任务和目标要求，提出了加快移动物联网网络建设、加强移动物联网标准和技术研究、提升移动物联网应用广度和深度、构建高质量产业发展体系、建立健全移动物联网安全保障体系等

5 个方面 11 项具体任务，推动了移动互联网产业的全面、健康、快速发展。

⑥《贯彻落实网络安全等级保护制度和关键信息基础设施安全保护制度的指导意见》

【印发日期：2020 年 7 月 22 日】

为深入贯彻落实网络安全等级保护制度和关键信息基础设施安全保护制度，健全完善国家网络安全综合防控体系，有效防范网络安全威胁，有力处置网络安全事件，严厉打击危害网络安全的违法犯罪活动，切实保障国家网络安全，公安部印发了《贯彻落实网络安全等级保护制度和关键信息基础设施安全保护制度的指导意见》。该意见提出了"网络安全等级保护定级备案、等级测评、安全建设和检查等基础工作深入推进；网络安全保护'实战化、体系化、常态化'和'动态防御、主动防御、纵深防御、精准防护、整体防控、联防联控'的'三化六防'措施得到有效落实"的目标要求。

⑦《工业互联网创新发展行动计划(2021—2023 年)》

【印发日期：2020 年 12 月 22 日】

为深入实施工业互联网创新发展战略，推动工业化和信息化在更广范围、更深程度、更高水平上融合发展，工业互联网专项工作组印发了《工业互联网创新发展行动计划(2021—2023 年)》。该计划结合当前产业发展实际和技术产业演进趋势，确立了未来三年我国工业互联网发展目标。另外，该计划提出了 5 方面、11 项重点行动和 10 大重点工程，着力解决工业互联网发展中的深层次难点、痛点问题，推动产业数字化，带动数字产业化。其中，安全保障强化行动被列为 11 项重点任务之一。

(6) 2021 年印发施行情况

①《互联网用户公众账号信息服务管理规定》

【施行日期：2021 年 2 月 22 日】

国家互联网信息办公室发布的《互联网用户公众账号信息服务管理规定》共 23 条，包括公众账号信息服务平台信息内容和公众账号管理主体责任、公众账号生产运营者信息内容生产和公众账号运营管理主体责任、真实身份信息认证、分级分类管理、行业自律、社会监督及行政管理等条款。该规定要求，公众账号信息服务平台要履行企业主体责任，建立公众账号分级分类管理、生态治理、著作权保护、信用评价等制度，切实维护平台内容安全、账号安全、数据安全和个人信息安全。

②《中华人民共和国国民经济和社会发展第十四个五年规划和2035年远景目标纲要》

【印发日期：2021年3月11日】

2021年3月11日，第十三届全国人民代表大会第四次会议通过了《关于国民经济和社会发展第十四个五年规划和2035年远景目标纲要的决议》。该纲要共19篇、65章，阐释了中国未来5年会重点衡量的内容。其中，“网络安全”被提及14次，涉及数字经济、数字生态、国家安全、能源资源安全4大领域。网络安全已成为国家、社会发展面临的重要议题，建设“安全中国”也将成为“十四五”规划中的战略重点和发展方向。

③《反间谍安全防范工作规定》

【施行日期：2021年4月26日】

2021年3月12日，国家安全部部务会议审议通过《反间谍安全防范工作规定》，自2021年4月26日起施行。该规定指出要采取反间谍技术安全防范措施，防范、制止境外网络攻击、网络入侵、网络窃密等间谍行为，保障网络和信息核心技术、关键基础设施和重要领域信息系统及数据的安全。

④《常见类型移动互联网应用程序必要个人信息范围规定》

【施行日期：2021年5月1日】

国家互联网信息办公室秘书局、工业和信息化部办公厅、公安部办公厅等四部门联合印发的《常见类型移动互联网应用程序必要个人信息范围规定》，明确了39类常见类型App的必要个人信息范围，其中13类App无须个人信息即可使用基本功能服务。

⑤《煤矿智能化建设指南(2021年版)》

【印发日期：2021年6月5日】

国家能源局、国家矿山安全监察局联合印发的《煤矿智能化建设指南(2021年版)》是基于我国现阶段煤矿智能化建设现状、智能化技术与装备研发应用实际确定的技术指导性文件，提出了煤矿智能化建设的原则、目标、技术架构和建设内容，为智能化煤矿建设提供技术路径与方向指引。该指南明确了煤矿智能化建设的总体要求、总体设计、建设内容以及保障措施，并详细说明了井工煤矿、露天煤矿、选煤厂智能化建设的建设目标、总体设计、建设内容。

⑥《中华人民共和国数据安全法》

【施行日期：2021 年 9 月 1 日】

2021 年 6 月 10 日，第十三届全国人民代表大会常务委员会第二十九次会议通过《中华人民共和国数据安全法》，自 2021 年 9 月 1 日起施行。作为我国数据安全领域的基础性法律，该法涵盖总则、数据安全与发展、数据安全制度、数据安全保护义务、政务数据安全与开放、法律责任、附则等方面，旨在规范数据处理活动，保障数据安全，促进数据开发利用，保护个人、组织的合法权益，维护国家主权、安全和发展利益。

⑦《网络产品安全漏洞管理规定》

【施行日期：2021 年 9 月 1 日】

工业和信息化部、国家互联网信息办公室、公安部联合印发了《网络产品安全漏洞管理规定》。该规定主要目的是维护国家网络安全，保护网络产品和重要网络系统的安全稳定运行；规范漏洞发现、报告、修补和发布等行为，明确网络产品提供者、网络运营者以及从事漏洞发现、收集、发布等活动的组织或个人等各类主体的责任和义务；鼓励各类主体发挥各自技术和机制优势，开展漏洞发现、收集、发布等相关工作。该规定的出台将推动网络产品安全漏洞管理工作的制度化、规范化、法治化，提高相关主体漏洞管理水平，引导建设规范有序、充满活力的漏洞收集和发布渠道，防范网络安全重大风险，保障国家网络安全。

⑧《关键信息基础设施安全保护条例》

【施行日期：2021 年 9 月 1 日】

国务院发布的《关键信息基础设施安全保护条例》，内容涵盖总则、关键信息基础设施认定、运营者责任义务、保障和促进、法律责任、附则等诸多方面，旨在保障关键信息基础设施安全，维护网络安全。该条例提出，要履行个人信息和数据安全保护责任，建立健全个人信息和数据安全保护制度。

⑨《物联网新型基础设施建设三年行动计划(2021—2023年)》

【印发日期:2021年9月10日】

“十四五”时期是物联网新型基础设施建设发展的关键期,为统筹谋划未来三年物联网新型基础设施建设,工业和信息化部、中央网络安全和信息化委员会办公室、科学技术部等八部门联合印发了《物联网新型基础设施建设三年行动计划(2021—2023年)》。该计划坚持问题导向和需求导向,以支撑制造强国和网络强国建设为目标,打造支持固移融合、宽窄结合的物联网接入能力,加速推进全面感知、泛在连接、安全可信的物联网新型基础设施。该计划提出了4大行动12项重点任务。

⑩《关于加强网络文明建设的意见》

【印发日期:2021年9月】

中共中央办公厅、国务院办公厅联合印发的《关于加强网络文明建设的意见》,内容包括总体要求、加强网络空间思想引领、加强网络空间文化培育、加强网络空间道德建设、加强网络空间行为规范、加强网络空间生态治理、加强网络空间文明创建、组织实施8个部分。该意见指出,要加强《中华人民共和国个人信息保护法》《中华人民共和国数据安全法》贯彻实施,加快制定修订并实施《中华人民共和国文化产业促进法》《中华人民共和国广播电视法》《中华人民共和国网络犯罪防治法》《未成年人网络保护条例》《互联网信息服务管理办法》等法律法规。

⑪《关于加强互联网信息服务算法综合治理的指导意见》

【印发日期:2021年9月17日】

为加强互联网信息服务算法综合治理,促进行业健康有序繁荣发展,国家互联网信息办公室、中央宣传部、教育部等九部门联合印发了《关于加强互联网信息服务算法综合治理的指导意见》。该意见为互联网信息服务算法综合治理提供了重要法治保障,着眼于管理好、使用好、发展好算法应用,引导算法应用公平公正、透明可释,充分保障网民合法权益。

⑫《物联网基础安全标准体系建设指南(2021版)》

【印发日期:2021年9月23日】

为进一步发挥标准对物联网基础安全的规范和保障作用,加快网络强国建设步伐，工业和信息化部办公厅印发了《物联网基础安全标准体系建设指南（2021版）》。该计划提出了物联网基础安全标准体系，包括总体安全、终端安全、网关安全、平台安全、安全管理等5大类标准，其中物联网基础安全标准主要是指物联网终端、网关、平台等关键基础环节的安全标准。

⑬《中华人民共和国个人信息保护法》

【施行日期：2021年11月1日】

2021年8月20日，第十三届全国人民代表大会常务委员会第三十次会议通过《中华人民共和国个人信息保护法》，自2021年11月1日起施行。该法涵盖总则、个人信息处理规则、个人信息跨境提供的规则、个人在个人信息处理活动中的权利、个人信息处理者的义务、履行个人信息保护职责的部门、法律责任、附则等方面，旨在保护个人信息权益，规范个人信息处理活动，促进个人信息合理利用。同时，该法的制定标志着我国个人信息保护立法体系进入新的阶段。

⑭《提升全民数字素养与技能行动纲要》

【印发日期：2021年11月】

中央网络安全和信息化委员会印发的《提升全民数字素养与技能行动纲要》，围绕丰富优质数字资源供给、提升高品质数字生活水平、提升高效率数字工作能力、构建终身数字学习体系、激发数字创新活力、提高数字安全保护能力、强化数字社会法治道德规范等7个方面对提升全民数字素养与技能做出安排部署。其中，提高数字安全保护能力方面要求提高全民网络安全防护能力、强化个人信息和隐私保护。强化个人信息和隐私保护方面要求加大个人信息和隐私保护相关法律法规的普及宣传力度，提高全民个人信息和隐私保护意识。

⑮《"十四五"大数据产业发展规划》

【印发日期：2021年11月15日】

工业和信息化部印发了《"十四五"大数据产业发展规划》。其中，"十四五"期间大数据产业发展的重要任务之一是筑牢数据安全保障防线，包括完善数据安全保障体系和推动数据安全产业发展。

⑯《"十四五"软件和信息技术服务业发展规划》

【印发日期:2021年11月15日】

工业和信息化部印发的《“十四五”软件和信息技术服务业发展规划》,共设置了5个主要任务、8个专项行动、5个保障措施,在充分衔接继承软件和信息技术服务业“十三五”规划目标任务的基础上,紧密结合软件产业高质量发展要求,以破解当前我国软件产业发展的关键问题为出发点和落脚点,充分考虑与现有政策配套协同,明确“十四五”时期软件和信息技术服务业的发展形势、总体要求、主要任务以及保障措施等内容,指导未来5年软件和信息技术服务业发展。

⑰《“十四五”信息化和工业化深度融合发展规划》

【印发日期:2021年11月17日】

工业和信息化部印发的《“十四五”信息化和工业化深度融合发展规划》,立足新时期融合发展的历史方位,在衔接继承两化融合“十三五”规划目标任务的基础上,紧密结合推进制造业数字化、网络化、智能化的发展要求,以解决当前我国两化深度融合发展的关键问题为出发点和落脚点,充分考虑与现有政策配套协同,明确“十四五”时期两化深度融合的发展形势、总体要求、主要任务、重点工程以及保障措施等内容,指导未来5年两化深度融合发展。

⑱《国家安全战略(2021—2025年)》

【印发日期:2021年11月18日】

2021年11月18日,中共中央政治局召开会议,审议通过了《国家安全战略(2021—2025年)》,指出:新形势下维护国家安全,必须牢固树立总体国家安全观,加快构建新安全格局;必须坚持把政治安全放在首要位置,统筹做好政治安全、经济安全、社会安全、科技安全、新型领域安全等重点领域、重点地区、重点方向国家安全工作;加快提升生物安全、网络安全、数据安全、人工智能安全等领域的治理能力。

⑲《工业互联网综合标准化体系建设指南(2021版)》

【印发日期:2021年11月24日】

工业和信息化部、国家标准化管理委员会联合印发的《工业互联网综合标准化体系建设指南(2021版)》,是工业互联网标准体系领域的指导性文件，明确了2025年以前工业互联网标准体系的建设目标，提出了工业互联网标准体系结构和框架，指出了基础共性标准、网络标准、边缘计算标准、平台标准、安全标准和应用标准6方面重点建设内容。

⑳《“十四五”数字经济发展规划》

【印发日期：2021年12月12日】

国务院印发了《“十四五”数字经济发展规划》，对“十四五”时期，应对新形势新挑战，把握数字化发展新机遇，拓展经济发展新空间，推动我国数字经济健康发展，提出了明确要求。该规划提出，要着力强化数字经济安全体系，增强网络安全防护能力，提升数据安全保障水平，切实有效防范各类风险。

㉑《“十四五”国家信息化规划》

【印发日期：2021年12月】

中央网络安全和信息化委员会印发了《“十四五”国家信息化规划》，对我国“十四五”时期信息化发展做出部署安排。该规划是“十四五”国家规划体系的重要组成部分，是指导各地区、各部门信息化工作的行动指南。该规划指出，要强化数据安全保障，做到：加强数据收集、汇聚、存储、流通、应用等全生命周期的安全管理，建立健全相关技术保障措施；建立数据分类分级管理制度和个人信息保护认证制度，强化数据安全风险评估、监测预警、检测认证和应急处置，加强对重要数据、企业商业秘密和个人信息的保护，规范对未成年人个人信息的使用；等等。

(7) 2022年印发施行情况

①《“十四五”现代能源体系规划》

【印发日期：2022年1月29日】

国家发展和改革委员会、国家能源局联合印发的《“十四五”现代能源体系规划》中强调，要提升能源网络安全管控水平，做到：完善电力监控系统安全防控体系，加强电力、油气行业关键信息基础设施安全保护能力建设；加强网络安全关键技术研究，推动建立能源行业、企业网络安全态势感知和监测预警平台，提高风险分析研判和预警能力；等等。

②《网络安全审查办法》

【施行日期:2022 年 2 月 15 日】

国家互联网信息办公室、国家发展和改革委员会、工业和信息化部等十三部门联合修订发布的新版《网络安全审查办法》,将网络平台运营者开展数据处理活动影响或者可能影响国家安全等情形纳入网络安全审查范围,并明确要求掌握超过 100 万用户个人信息的网络平台运营者赴国外上市必须申报网络安全审查,主要目的是进一步保障网络安全和数据安全,维护国家安全。

③《互联网信息服务算法推荐管理规定》

【施行日期:2022 年 3 月 1 日】

国家互联网信息办公室、工业和信息化部、公安部等四部门联合发布的《互联网信息服务算法推荐管理规定》,明确要求算法推荐服务提供者应当落实算法安全主体责任,建立健全用户注册、信息发布审核、算法机制机理审核、安全评估监测、安全事件应急处置、数据安全保护和个人信息保护等管理制度,制定并公开算法推荐相关服务规则,配备与算法推荐服务规模相适应的专业人员和技术支撑。

2.1.3.2 标准规范

(1) 2016 年实施情况

表 2-1 列举了 2016 年实施的部分标准规范。

**表 2-1 2016 年实施的部分标准规范**

| 标准号 | 标准名称 | 发布日期 | 实施日期 |
|---|---|---|---|
| GB/T 20277—2015 | 信息安全技术 网络和终端隔离产品测试评价方法 | 2015-05-15 | 2016-01-01 |
| GB/T 20279—2015 | 信息安全技术 网络和终端隔离产品安全技术要求 | 2015-05-15 | 2016-01-01 |
| GB/T 31495.1—2015 | 信息安全技术 信息安全保障指标体系及评价方法 第 1 部分:概念和模型 | 2015-05-15 | 2016-01-01 |
| GB/T 31495.2—2015 | 信息安全技术 信息安全保障指标体系及评价方法 第 2 部分:指标体系 | 2015-05-15 | 2016-01-01 |

表 2-1(续)

| 标准号 | 标准名称 | 发布日期 | 实施日期 |
|---|---|---|---|
| GB/T 31495.3—2015 | 信息安全技术 信息安全保障指标体系及评价方法 第3部分:实施指南 | 2015-05-15 | 2016-01-01 |
| GB/T 31499—2015 | 信息安全技术 统一威胁管理产品技术要求和测试评价方法 | 2015-05-15 | 2016-01-01 |
| GB/T 31500—2015 | 信息安全技术 存储介质数据恢复服务要求 | 2015-05-15 | 2016-01-01 |
| GB/T 31501—2015 | 信息安全技术 鉴别与授权 授权应用程序判定接口规范 | 2015-05-15 | 2016-01-01 |
| GB/T 31502—2015 | 信息安全技术 电子支付系统安全保护框架 | 2015-05-15 | 2016-01-01 |
| GB/T 31503—2015 | 信息安全技术 电子文档加密与签名消息语法 | 2015-05-15 | 2016-01-01 |
| GB/T 31504—2015 | 信息安全技术 鉴别与授权 数字身份信息服务框架规范 | 2015-05-15 | 2016-01-01 |
| GB/T 31506—2015 | 信息安全技术 政府门户网站系统安全技术指南 | 2015-05-15 | 2016-01-01 |
| GB/T 31507—2015 | 信息安全技术 智能卡通用安全检测指南 | 2015-05-15 | 2016-01-01 |
| GB/T 31508—2015 | 信息安全技术 公钥基础设施 数字证书策略分类分级规范 | 2015-05-15 | 2016-01-01 |
| GB/T 31509—2015 | 信息安全技术 信息安全风险评估实施指南 | 2015-05-15 | 2016-01-01 |
| GB/T 32213—2015 | 信息安全技术 公钥基础设施 远程口令鉴别与密钥建立规范 | 2015-12-10 | 2016-08-01 |
| GA 1278—2015 | 信息安全技术 互联网服务安全评估基本程序及要求 | 2015-10-26 | 2016-01-01 |

(2) 2017年实施情况

表2-2列举了2017年实施的部分标准规范。

表 2-2 2017年实施的部分标准规范

| 标准号 | 标准名称 | 发布日期 | 实施日期 |
|---|---|---|---|
| GB/T 20276—2016 | 信息安全技术 具有中央处理器的IC卡嵌入式软件安全技术要求 | 2016-08-29 | 2017-03-01 |
| GB/T 22186—2016 | 信息安全技术 具有中央处理器的IC卡芯片安全技术要求 | 2016-08-29 | 2017-03-01 |

**表 2-2(续)**

| 标准号 | 标准名称 | 发布日期 | 实施日期 |
| --- | --- | --- | --- |
| GB/T 32905—2016 | 信息安全技术 SM3 密码杂凑算法 | 2016-08-29 | 2017-03-01 |
| GB/T 32907—2016 | 信息安全技术 SM4 分组密码算法 | 2016-08-29 | 2017-03-01 |
| GB/T 32914—2016 | 信息安全技术 信息安全服务提供方管理要求 | 2016-08-29 | 2017-03-01 |
| GB/T 32915—2016 | 信息安全技术 二元序列随机性检测方法 | 2016-08-29 | 2017-03-01 |
| GB/T 32918.1—2016 | 信息安全技术 SM2 椭圆曲线公钥密码算法 第 1 部分:总则 | 2016-08-29 | 2017-03-01 |
| GB/T 32918.2—2016 | 信息安全技术 SM2 椭圆曲线公钥密码算法 第 2 部分:数字签名算法 | 2016-08-29 | 2017-03-01 |
| GB/T 32918.3—2016 | 信息安全技术 SM2 椭圆曲线公钥密码算法 第 3 部分:密钥交换协议 | 2016-08-29 | 2017-03-01 |
| GB/T 32918.4—2016 | 信息安全技术 SM2 椭圆曲线公钥密码算法 第 4 部分:公钥加密算法 | 2016-08-29 | 2017-03-01 |
| GB/T 32919—2016 | 信息安全技术 工业控制系统安全控制应用指南 | 2016-08-29 | 2017-03-01 |
| GB/T 32921—2016 | 信息安全技术 信息技术产品供应方行为安全准则 | 2016-08-29 | 2017-03-01 |
| GB/T 32922—2016 | 信息安全技术 IPSec VPN 安全接入基本要求与实施指南 | 2016-08-29 | 2017-03-01 |
| GB/T 32924—2016 | 信息安全技术 网络安全预警指南 | 2016-08-29 | 2017-03-01 |
| GB/T 32925—2016 | 信息安全技术 政府联网计算机终端安全管理基本要求 | 2016-08-29 | 2017-03-01 |
| GB/T 32926—2016 | 信息安全技术 政府部门信息技术服务外包信息安全管理规范 | 2016-08-29 | 2017-03-01 |
| GB/T 32927—2016 | 信息安全技术 移动智能终端安全架构 | 2016-08-29 | 2017-03-01 |
| GB/T 33007—2016 | 工业通信网络 网络和系统安全 建立工业自动化和控制系统安全程序 | 2016-10-13 | 2017-05-01 |
| GB/T 33008.1—2016 | 工业自动化和控制系统网络安全 可编程序控制器(PLC) 第 1 部分:系统要求 | 2016-10-13 | 2017-05-01 |
| GB/T 33009.1—2016 | 工业自动化和控制系统网络安全 集散控制系统(DCS) 第 1 部分:防护要求 | 2016-10-13 | 2017-05-01 |

表 2-2(续)

| 标准号 | 标准名称 | 发布日期 | 实施日期 |
|---|---|---|---|
| GB/T 33009.2—2016 | 工业自动化和控制系统网络安全 集散控制系统(DCS) 第2部分:管理要求 | 2016-10-13 | 2017-05-01 |
| GB/T 33009.3—2016 | 工业自动化和控制系统网络安全 集散控制系统(DCS) 第3部分:评估指南 | 2016-10-13 | 2017-05-01 |
| GB/T 33009.4—2016 | 工业自动化和控制系统网络安全 集散控制系统(DCS) 第4部分:风险与脆弱性检测要求 | 2016-10-13 | 2017-05-01 |
| GB/T 33131—2016 | 信息安全技术 基于IPSec的IP存储网络安全技术要求 | 2016-10-13 | 2017-05-01 |
| GB/T 33132—2016 | 信息安全技术 信息安全风险处理实施指南 | 2016-10-13 | 2017-05-01 |
| GB/T 33133.1—2016 | 信息安全技术 祖冲之序列密码算法 第1部分:算法描述 | 2016-10-13 | 2017-05-01 |
| GB/T 33134—2016 | 信息安全技术 公共域名服务系统安全要求 | 2016-10-13 | 2017-05-01 |
| GB/T 32918.5—2017 | 信息安全技术 SM2椭圆曲线公钥密码算法 第5部分:参数定义 | 2017-05-12 | 2017-12-01 |
| GB/T 33560—2017 | 信息安全技术 密码应用标识规范 | 2017-05-12 | 2017-12-01 |
| GB/T 33562—2017 | 信息安全技术 安全域名系统实施指南 | 2017-05-12 | 2017-12-01 |
| GB/T 33563—2017 | 信息安全技术 无线局域网客户端安全技术要求(评估保障级2级增强) | 2017-05-12 | 2017-12-01 |
| GB/T 33565—2017 | 信息安全技术 无线局域网接入系统安全技术要求(评估保障级2级增强) | 2017-05-12 | 2017-12-01 |
| GB/Z 32906—2016 | 信息安全技术 中小电子商务企业信息安全建设指南 | 2016-08-29 | 2017-03-01 |
| GB/Z 24294.2—2017 | 信息安全技术 基于互联网电子政务信息安全实施指南 第2部分:接入控制与安全交换 | 2017-05-31 | 2017-12-01 |
| GB/Z 24294.3—2017 | 信息安全技术 基于互联网电子政务信息安全实施指南 第3部分:身份认证与授权管理 | 2017-05-31 | 2017-12-01 |
| GB/Z 24294.4—2017 | 信息安全技术 基于互联网电子政务信息安全实施指南 第4部分:终端安全防护 | 2017-05-12 | 2017-12-01 |
| GA/T 1392—2017 | 信息安全技术 主机文件监测产品安全技术要求 | 2017-04-19 | 2017-04-19 |

表 2-2(续)

| 标准号 | 标准名称 | 发布日期 | 实施日期 |
|---|---|---|---|
| GA/T 1393—2017 | 信息安全技术 主机安全加固系统安全技术要求 | 2017-04-19 | 2017-04-19 |
| GA/T 1394—2017 | 信息安全技术 运维安全管理产品安全技术要求 | 2017-04-19 | 2017-04-19 |
| GA/T 1396—2017 | 信息安全技术 网站内容安全检查产品安全技术要求 | 2017-04-19 | 2017-04-19 |
| GA/T 1397—2017 | 信息安全技术 远程接入控制产品安全技术要求 | 2017-04-19 | 2017-04-19 |
| GA/T 1398—2017 | 信息安全技术 文档打印安全监控与审计产品安全技术要求 | 2017-04-19 | 2017-04-19 |
| GA/T 1389—2017 | 信息安全技术 网络安全等级保护定级指南 | 2017-05-08 | 2017-05-08 |
| GA/T 1390.2—2017 | 信息安全技术 网络安全等级保护基本要求 第2部分:云计算安全扩展要求 | 2017-05-08 | 2017-05-08 |
| GA/T 1390.3—2017 | 信息安全技术 网络安全等级保护基本要求 第3部分:移动互联安全扩展要求 | 2017-05-08 | 2017-05-08 |
| GA/T 1390.5—2017 | 信息安全技术 网络安全等级保护基本要求 第5部分:工业控制系统安全扩展要求 | 2017-05-08 | 2017-05-08 |
| GA/T 1345—2017 | 信息安全技术 云计算网络入侵防御系统安全技术要求 | 2017-11-20 | 2017-11-20 |
| GA/T 1346—2017 | 信息安全技术 云操作系统安全技术要求 | 2017-11-20 | 2017-11-20 |
| GA/T 1347—2017 | 信息安全技术 云存储系统安全技术要求 | 2017-11-20 | 2017-11-20 |
| GA/T 1348—2017 | 信息安全技术 桌面云系统安全技术要求 | 2017-11-20 | 2017-11-20 |
| GA/T 1349—2017 | 信息安全技术 网络安全等级保护专用知识库接口规范 | 2017-11-20 | 2017-11-20 |
| GA/T 1350—2017 | 信息安全技术 工业控制系统安全管理平台安全技术要求 | 2017-11-20 | 2017-11-20 |

(3) 2018 年实施情况

表 2-3 列举了 2018 年实施的部分标准规范。

**表 2-3 2018 年实施的部分标准规范**

| 标准号 | 标准名称 | 发布日期 | 实施日期 |
|---|---|---|---|
| GB 35114—2017 | 公共安全视频监控联网信息安全技术要求 | 2017-11-01 | 2018-11-01 |
| GB/T 34095—2017 | 信息安全技术 用于电子支付的基于近距离无线通信的移动终端安全技术要求 | 2017-07-31 | 2018-02-01 |
| GB/T 34942—2017 | 信息安全技术 云计算服务安全能力评估方法 | 2017-11-01 | 2018-05-01 |
| GB/T 34975—2017 | 信息安全技术 移动智能终端应用软件安全技术要求和测试评价方法 | 2017-11-01 | 2018-05-01 |
| GB/T 34976—2017 | 信息安全技术 移动智能终端操作系统安全技术要求和测试评价方法 | 2017-11-01 | 2018-05-01 |
| GB/T 34977—2017 | 信息安全技术 移动智能终端数据存储安全技术要求与测试评价方法 | 2017-11-01 | 2018-05-01 |
| GB/T 34978—2017 | 信息安全技术 移动智能终端个人信息保护技术要求 | 2017-11-01 | 2018-05-01 |
| GB/T 34990—2017 | 信息安全技术 信息系统安全管理平台技术要求和测试评价方法 | 2017-11-01 | 2018-05-01 |
| GB/T 35101—2017 | 信息安全技术 智能卡读写机具安全技术要求（EAL4 增强） | 2017-11-01 | 2018-05-01 |
| GB/T 35274—2017 | 信息安全技术 大数据服务安全能力要求 | 2017-12-29 | 2018-07-01 |
| GB/T 35275—2017 | 信息安全技术 SM2 密码算法加密签名消息语法规范 | 2017-12-29 | 2018-07-01 |
| GB/T 35276—2017 | 信息安全技术 SM2 密码算法使用规范 | 2017-12-29 | 2018-07-01 |
| GB/T 35277—2017 | 信息安全技术 防病毒网关安全技术要求和测试评价方法 | 2017-12-29 | 2018-07-01 |
| GB/T 35278—2017 | 信息安全技术 移动终端安全保护技术要求 | 2017-12-29 | 2018-07-01 |
| GB/T 35279—2017 | 信息安全技术 云计算安全参考架构 | 2017-12-29 | 2018-07-01 |
| GB/T 35280—2017 | 信息安全技术 信息技术产品安全检测机构条件和行为准则 | 2017-12-29 | 2018-07-01 |
| GB/T 35281—2017 | 信息安全技术 移动互联网应用服务器安全技术要求 | 2017-12-29 | 2018-07-01 |
| GB/T 35282—2017 | 信息安全技术 电子政务移动办公系统安全技术规范 | 2017-12-29 | 2018-07-01 |

表 2-3(续)

| 标准号 | 标准名称 | 发布日期 | 实施日期 |
|---|---|---|---|
| GB/T 35283—2017 | 信息安全技术 计算机终端核心配置基线结构规范 | 2017-12-29 | 2018-07-01 |
| GB/T 35284—2017 | 信息安全技术 网站身份和系统安全要求与评估方法 | 2017-12-29 | 2018-07-01 |
| GB/T 35285—2017 | 信息安全技术 公钥基础设施 基于数字证书的可靠电子签名生成及验证技术要求 | 2017-12-29 | 2018-07-01 |
| GB/T 35286—2017 | 信息安全技术 低速无线个域网空口安全测试规范 | 2017-12-29 | 2018-07-01 |
| GB/T 35287—2017 | 信息安全技术 网站可信标识技术指南 | 2017-12-29 | 2018-07-01 |
| GB/T 35288—2017 | 信息安全技术 电子认证服务机构从业人员岗位技能规范 | 2017-12-29 | 2018-07-01 |
| GB/T 35289—2017 | 信息安全技术 电子认证服务机构服务质量规范 | 2017-12-29 | 2018-07-01 |
| GB/T 35290—2017 | 信息安全技术 射频识别(RFID)系统通用安全技术要求 | 2017-12-29 | 2018-07-01 |
| GB/T 35291—2017 | 信息安全技术 智能密码钥匙应用接口规范 | 2017-12-29 | 2018-07-01 |
| GB/T 35673—2017 | 工业通信网络 网络和系统安全 系统安全要求和安全等级 | 2017-12-29 | 2018-07-01 |
| GB/Z 24294.1—2018 | 信息安全技术 基于互联网电子政务信息安全实施指南 第 1 部分:总则 | 2018-03-15 | 2018-10-01 |
| GA/T 681—2018 | 信息安全技术 网关安全技术要求 | 2018-01-26 | 2018-01-26 |
| GA/T 686—2018 | 信息安全技术 虚拟专用网产品安全技术要求 | 2018-01-26 | 2018-01-26 |
| GA/T 912—2018 | 信息安全技术 数据泄露防护产品安全技术要求 | 2018-01-26 | 2018-01-26 |
| GA/T 1453—2018 | 信息安全技术 网关设备性能测试方法 | 2018-01-26 | 2018-01-26 |
| GA/T 1454—2018 | 信息安全技术 网络型流量控制产品安全技术要求 | 2018-01-26 | 2018-01-26 |
| GA/T 1455—2018 | 信息安全技术 移动终端安全管理与接入控制产品安全技术要求 | 2018-01-26 | 2018-01-26 |
| GA/T 1358—2018 | 信息安全技术 网页防篡改产品安全技术要求 | 2018-02-14 | 2018-02-14 |
| GA/T 1359—2018 | 信息安全技术 信息资产安全管理产品安全技术要求 | 2018-02-14 | 2018-02-14 |

表 2-3(续)

| 标准号 | 标准名称 | 发布日期 | 实施日期 |
| --- | --- | --- | --- |
| GA/T 1483—2018 | 信息安全技术 网站监测产品安全技术要求 | 2018-05-07 | 2018-05-07 |
| GA/T 1484—2018 | 信息安全技术 交换机安全技术要求和测试评价方法 | 2018-05-07 | 2018-05-07 |
| GA/T 1485—2018 | 信息安全技术 工业控制系统入侵检测产品安全技术要求 | 2018-05-07 | 2018-05-07 |
| GA/T 1526—2018 | 信息安全技术 智能卡开放平台安全技术要求 | 2018-11-05 | 2018-11-05 |
| GA/T 1527—2018 | 信息安全技术 云计算安全综合防御产品安全技术要求 | 2018-11-05 | 2018-11-05 |
| GA/T 1528—2018 | 信息安全技术 移动智能终端安全监测产品安全技术要求 | 2018-11-05 | 2018-11-05 |
| GA/T 1529—2018 | 信息安全技术 安全型硬拷贝产品安全技术要求 | 2018-11-05 | 2018-11-05 |
| GA/T 1536—2018 | 信息安全技术 计算机主机安全检测产品测评准则 | 2018-12-26 | 2018-12-26 |
| GA/T 1537—2018 | 信息安全技术 未成年人移动终端保护产品测评准则 | 2018-12-27 | 2018-12-27 |
| GA/T 1538—2018 | 信息安全技术 企业移动终端安全管理产品测评准则 | 2018-12-27 | 2018-12-27 |
| GA/T 1539—2018 | 信息安全技术 网络病毒监控系统安全技术要求和测试评价方法 | 2018-12-27 | 2018-12-27 |
| GA/T 1540—2018 | 信息安全技术 个人移动终端安全管理产品测评准则 | 2018-12-27 | 2018-12-27 |
| GA/T 1541—2018 | 信息安全技术 虚拟化安全防护产品安全技术要求和测试评价方法 | 2018-12-27 | 2018-12-27 |
| GA/Z 1360—2018 | 信息安全技术 信息安全标准体系表 | 2018-02-14 | 2018-02-14 |

（4）2019 年实施情况

表 2-4 列举了 2019 年实施的部分标准规范。

**表 2-4　2019 年实施的部分标准规范**

| 标准号 | 标准名称 | 发布日期 | 实施日期 |
|---|---|---|---|
| GB/T 20518—2018 | 信息安全技术 公钥基础设施 数字证书格式 | 2018-06-07 | 2019-01-01 |
| GB/T 25056—2018 | 信息安全技术 证书认证系统密码及其相关安全技术规范 | 2018-06-07 | 2019-01-01 |
| GB/T 36322—2018 | 信息安全技术 密码设备应用接口规范 | 2018-06-07 | 2019-01-01 |
| GB/T 36323—2018 | 信息安全技术 工业控制系统安全管理基本要求 | 2018-06-07 | 2019-01-01 |
| GB/T 36324—2018 | 信息安全技术 工业控制系统信息安全分级规范 | 2018-06-07 | 2019-01-01 |
| GB/T 36466—2018 | 信息安全技术 工业控制系统风险评估实施指南 | 2018-06-07 | 2019-01-01 |
| GB/T 36470—2018 | 信息安全技术 工业控制系统现场测控设备通用安全功能要求 | 2018-06-07 | 2019-01-01 |
| GB/T 36618—2018 | 信息安全技术 金融信息服务安全规范 | 2018-09-17 | 2019-04-01 |
| GB/T 36619—2018 | 信息安全技术 政务和公益机构域名命名规范 | 2018-09-17 | 2019-04-01 |
| GB/T 36626—2018 | 信息安全技术 信息系统安全运维管理指南 | 2018-09-17 | 2019-04-01 |
| GB/T 36627—2018 | 信息安全技术 网络安全等级保护测试评估技术指南 | 2018-09-17 | 2019-04-01 |
| GB/T 36630.1—2018 | 信息安全技术 信息技术产品安全可控评价指标 第 1 部分:总则 | 2018-09-17 | 2019-04-01 |
| GB/T 36630.2—2018 | 信息安全技术 信息技术产品安全可控评价指标 第 2 部分:中央处理器 | 2018-09-17 | 2019-04-01 |
| GB/T 36630.3—2018 | 信息安全技术 信息技术产品安全可控评价指标 第 3 部分:操作系统 | 2018-09-17 | 2019-04-01 |
| GB/T 36630.4—2018 | 信息安全技术 信息技术产品安全可控评价指标 第 4 部分:办公套件 | 2018-09-17 | 2019-04-01 |
| GB/T 36630.5—2018 | 信息安全技术 信息技术产品安全可控评价指标 第 5 部分:通用计算机 | 2018-09-17 | 2019-04-01 |
| GB/T 36631—2018 | 信息安全技术 时间戳策略和时间戳业务操作规则 | 2018-09-17 | 2019-04-01 |
| GB/T 36633—2018 | 信息安全技术 网络用户身份鉴别技术指南 | 2018-09-17 | 2019-04-01 |
| GB/T 36635—2018 | 信息安全技术 网络安全监测基本要求与实施指南 | 2018-09-17 | 2019-04-01 |

**表 2-4(续)**

| 标准号 | 标准名称 | 发布日期 | 实施日期 |
| --- | --- | --- | --- |
| GB/T 36639—2018 | 信息安全技术 可信计算规范 服务器可信支撑平台 | 2018-09-17 | 2019-04-01 |
| GB/T 36644—2018 | 信息安全技术 数字签名应用安全证明获取方法 | 2018-09-17 | 2019-04-01 |
| GB/T 36629.1—2018 | 信息安全技术 公民网络电子身份标识安全技术要求 第1部分:读写机具安全技术要求 | 2018-10-10 | 2019-05-01 |
| GB/T 36629.2—2018 | 信息安全技术 公民网络电子身份标识安全技术要求 第2部分:载体安全技术要求 | 2018-10-10 | 2019-05-01 |
| GB/T 36632—2018 | 信息安全技术 公民网络电子身份标识格式规范 | 2018-10-10 | 2019-05-01 |
| GB/T 36637—2018 | 信息安全技术 ICT 供应链安全风险管理指南 | 2018-10-10 | 2019-05-01 |
| GB/T 36643—2018 | 信息安全技术 网络安全威胁信息格式规范 | 2018-10-10 | 2019-05-01 |
| GB/T 36651—2018 | 信息安全技术 基于可信环境的生物特征识别身份鉴别协议框架 | 2018-10-10 | 2019-05-01 |
| GB/T 28449—2018 | 信息安全技术 网络安全等级保护测评过程指南 | 2018-12-28 | 2019-07-01 |
| GB/T 36629.3—2018 | 信息安全技术 公民网络电子身份标识安全技术要求 第3部分:验证服务消息及其处理规则 | 2018-12-28 | 2019-07-01 |
| GB/T 36950—2018 | 信息安全技术 智能卡安全技术要求(EAL4+) | 2018-12-28 | 2019-07-01 |
| GB/T 36951—2018 | 信息安全技术 物联网感知终端应用安全技术要求 | 2018-12-28 | 2019-07-01 |
| GB/T 36957—2018 | 信息安全技术 灾难恢复服务要求 | 2018-12-28 | 2019-07-01 |
| GB/T 36958—2018 | 信息安全技术 网络安全等级保护安全管理中心技术要求 | 2018-12-28 | 2019-07-01 |
| GB/T 36959—2018 | 信息安全技术 网络安全等级保护测评机构能力要求和评估规范 | 2018-12-28 | 2019-07-01 |
| GB/T 36960—2018 | 信息安全技术 鉴别与授权 访问控制中间件框架与接口 | 2018-12-28 | 2019-07-01 |
| GB/T 36968—2018 | 信息安全技术 IPSec VPN 技术规范 | 2018-12-28 | 2019-07-01 |
| GB/T 37002—2018 | 信息安全技术 电子邮件系统安全技术要求 | 2018-12-28 | 2019-07-01 |
| GB/T 37024—2018 | 信息安全技术 物联网感知层网关安全技术要求 | 2018-12-28 | 2019-07-01 |
| GB/T 37025—2018 | 信息安全技术 物联网数据传输安全技术要求 | 2018-12-28 | 2019-07-01 |

表 2-4(续)

| 标准号 | 标准名称 | 发布日期 | 实施日期 |
|---|---|---|---|
| GB/T 37027—2018 | 信息安全技术 网络攻击定义及描述规范 | 2018-12-28 | 2019-07-01 |
| GB/T 37033.1—2018 | 信息安全技术 射频识别系统密码应用技术要求 第1部分:密码安全保护框架及安全级别 | 2018-12-28 | 2019-07-01 |
| GB/T 37033.2—2018 | 信息安全技术 射频识别系统密码应用技术要求 第2部分:电子标签与读写器及其通信密码应用技术要求 | 2018-12-28 | 2019-07-01 |
| GB/T 37033.3—2018 | 信息安全技术 射频识别系统密码应用技术要求 第3部分:密钥管理技术要求 | 2018-12-28 | 2019-07-01 |
| GB/T 37044—2018 | 信息安全技术 物联网安全参考模型及通用要求 | 2018-12-28 | 2019-07-01 |
| GB/T 37046—2018 | 信息安全技术 灾难恢复服务能力评估准则 | 2018-12-28 | 2019-07-01 |
| GB/T 37076—2018 | 信息安全技术 指纹识别系统技术要求 | 2018-12-28 | 2019-07-01 |
| GB/T 37090—2018 | 信息安全技术 病毒防治产品安全技术要求和测试评价方法 | 2018-12-28 | 2019-07-01 |
| GB/T 37091—2018 | 信息安全技术 安全办公U盘安全技术要求 | 2018-12-28 | 2019-07-01 |
| GB/T 37092—2018 | 信息安全技术 密码模块安全要求 | 2018-12-28 | 2019-07-01 |
| GB/T 37093—2018 | 信息安全技术 物联网感知层接入通信网的安全要求 | 2018-12-28 | 2019-07-01 |
| GB/T 37094—2018 | 信息安全技术 办公信息系统安全管理要求 | 2018-12-28 | 2019-07-01 |
| GB/T 37095—2018 | 信息安全技术 办公信息系统安全基本技术要求 | 2018-12-28 | 2019-07-01 |
| GB/T 37096—2018 | 信息安全技术 办公信息系统安全测试规范 | 2018-12-28 | 2019-07-01 |
| GB/T 22239—2019 | 信息安全技术 网络安全等级保护基本要求 | 2019-05-10 | 2019-12-01 |
| GB/T 25070—2019 | 信息安全技术 网络安全等级保护安全设计技术要求 | 2019-05-10 | 2019-12-01 |
| GB/T 28448—2019 | 信息安全技术 网络安全等级保护测评要求 | 2019-05-10 | 2019-12-01 |
| GA/T 1542—2019 | 信息安全技术 基于IPv6的高性能网络入侵防御系统产品安全技术要求 | 2019-01-09 | 2019-01-09 |
| GA/T 913—2019 | 信息安全技术 数据库安全审计产品安全技术要求 | 2019-01-13 | 2019-01-13 |
| GA/T 1543—2019 | 信息安全技术 网络设备信息探测产品安全技术要求 | 2019-01-13 | 2019-01-13 |

表 2-4(续)

| 标准号 | 标准名称 | 发布日期 | 实施日期 |
|---|---|---|---|
| GA/T 1544—2019 | 信息安全技术 网络及安全设备配置检查产品安全技术要求 | 2019-03-04 | 2019-03-04 |
| GA/T 1545—2019 | 信息安全技术 智能密码钥匙安全技术要求 | 2019-03-04 | 2019-03-04 |
| GA/T 1546—2019 | 信息安全技术 无线 WiFi 信号监测产品安全技术要求 | 2019-03-08 | 2019-03-08 |
| GA/T 1547—2019 | 信息安全技术 移动智能终端用户数据存储安全技术要求和测试评价方法 | 2019-03-08 | 2019-03-08 |
| GA/T 1550—2019 | 信息安全技术 网站安全监测产品安全技术要求 | 2019-03-13 | 2019-03-13 |
| GA/T 911—2019 | 信息安全技术 日志分析产品安全技术要求 | 2019-03-19 | 2019-03-19 |
| GA/T 1549—2019 | 信息安全技术 双接口鉴别卡安全技术要求 | 2019-03-19 | 2019-03-19 |
| GA/T 1552—2019 | 信息安全技术 盘阵安全存储产品安全技术要求 | 2019-04-09 | 2019-04-09 |
| GA/T 1557—2019 | 信息安全技术 基于 IPv6 的高性能网络审计系统产品安全技术要求 | 2019-04-16 | 2019-04-16 |
| GA/T 1559—2019 | 信息安全技术 工业控制系统软件脆弱性扫描产品安全技术要求 | 2019-04-16 | 2019-04-16 |
| GA/T 1560—2019 | 信息安全技术 工业控制系统主机安全防护与审计监控产品安全技术要求 | 2019-04-16 | 2019-04-16 |
| GA/T 1558—2019 | 信息安全技术 基于 IPv6 的高性能网络脆弱性扫描产品安全技术要求 | 2019-04-19 | 2019-04-19 |
| GA/T 1562—2019 | 信息安全技术 工业控制系统边界安全专用网关产品安全技术要求 | 2019-05-05 | 2019-05-05 |
| GA/T 1574—2019 | 信息安全技术 数据库安全加固产品安全技术要求 | 2019-07-01 | 2019-07-01 |
| SF/T 0036—2019 | 公证信息安全技术规范 | 2019-05-05 | 2019-05-20 |

(5) 2020 年实施情况

表 2-5 列举了 2020 年实施的部分标准规范。

**表 2-5　2020 年实施的部分标准规范**

| 标准号 | 标准名称 | 发布日期 | 实施日期 |
|---|---|---|---|
| GB/T 18018—2019 | 信息安全技术 路由器安全技术要求 | 2019-08-30 | 2020-03-01 |
| GB/T 20009—2019 | 信息安全技术 数据库管理系统安全评估准则 | 2019-08-30 | 2020-03-01 |
| GB/T 20272—2019 | 信息安全技术 操作系统安全技术要求 | 2019-08-30 | 2020-03-01 |
| GB/T 20273—2019 | 信息安全技术 数据库管理系统安全技术要求 | 2019-08-30 | 2020-03-01 |
| GB/T 20979—2019 | 信息安全技术 虹膜识别系统技术要求 | 2019-08-30 | 2020-03-01 |
| GB/T 21050—2019 | 信息安全技术 网络交换机安全技术要求 | 2019-08-30 | 2020-03-01 |
| GB/T 25058—2019 | 信息安全技术 网络安全等级保护实施指南 | 2019-08-30 | 2020-03-01 |
| GB/T 37931—2019 | 信息安全技术 Web 应用安全检测系统安全技术要求和测试评价方法 | 2019-08-30 | 2020-03-01 |
| GB/T 37932—2019 | 信息安全技术 数据交易服务安全要求 | 2019-08-30 | 2020-03-01 |
| GB/T 37933—2019 | 信息安全技术 工业控制系统专用防火墙技术要求 | 2019-08-30 | 2020-03-01 |
| GB/T 37934—2019 | 信息安全技术 工业控制网络安全隔离与信息交换系统安全技术要求 | 2019-08-30 | 2020-03-01 |
| GB/T 37935—2019 | 信息安全技术 可信计算规范 可信软件基 | 2019-08-30 | 2020-03-01 |
| GB/T 37939—2019 | 信息安全技术 网络存储安全技术要求 | 2019-08-30 | 2020-03-01 |
| GB/T 37941—2019 | 信息安全技术 工业控制系统网络审计产品安全技术要求 | 2019-08-30 | 2020-03-01 |
| GB/T 37950—2019 | 信息安全技术 桌面云安全技术要求 | 2019-08-30 | 2020-03-01 |
| GB/T 37952—2019 | 信息安全技术 移动终端安全管理平台技术要求 | 2019-08-30 | 2020-03-01 |
| GB/T 37953—2019 | 信息安全技术 工业控制网络监测安全技术要求及测试评价方法 | 2019-08-30 | 2020-03-01 |
| GB/T 37954—2019 | 信息安全技术 工业控制系统漏洞检测产品技术要求及测试评价方法 | 2019-08-30 | 2020-03-01 |
| GB/T 37955—2019 | 信息安全技术 数控网络安全技术要求 | 2019-08-30 | 2020-03-01 |
| GB/T 37956—2019 | 信息安全技术 网站安全云防护平台技术要求 | 2019-08-30 | 2020-03-01 |
| GB/T 37962—2019 | 信息安全技术 工业控制系统产品信息安全通用评估准则 | 2019-08-30 | 2020-03-01 |
| GB/T 37964—2019 | 信息安全技术 个人信息去标识化指南 | 2019-08-30 | 2020-03-01 |

表 2-5(续)

| 标准号 | 标准名称 | 发布日期 | 实施日期 |
|---|---|---|---|
| GB/T 37971—2019 | 信息安全技术 智慧城市安全体系框架 | 2019-08-30 | 2020-03-01 |
| GB/T 37972—2019 | 信息安全技术 云计算服务运行监管框架 | 2019-08-30 | 2020-03-01 |
| GB/T 37973—2019 | 信息安全技术 大数据安全管理指南 | 2019-08-30 | 2020-03-01 |
| GB/T 37980—2019 | 信息安全技术 工业控制系统安全检查指南 | 2019-08-30 | 2020-03-01 |
| GB/T 37988—2019 | 信息安全技术 数据安全能力成熟度模型 | 2019-08-30 | 2020-03-01 |
| GB/T 38249—2019 | 信息安全技术 政府网站云计算服务安全指南 | 2019-10-18 | 2020-05-01 |
| GB/T 35273—2020 | 信息安全技术 个人信息安全规范 | 2020-03-06 | 2020-10-01 |
| GB/T 38540—2020 | 信息安全技术 安全电子签章密码技术规范 | 2020-03-06 | 2020-10-01 |
| GB/T 38541—2020 | 信息安全技术 电子文件密码应用指南 | 2020-03-06 | 2020-10-01 |
| GB/T 38542—2020 | 信息安全技术 基于生物特征识别的移动智能终端身份鉴别技术框架 | 2020-03-06 | 2020-10-01 |
| GB/T 38556—2020 | 信息安全技术 动态口令密码应用技术规范 | 2020-03-06 | 2020-10-01 |
| GB/T 38558—2020 | 信息安全技术 办公设备安全测试方法 | 2020-03-06 | 2020-10-01 |
| GB/T 38561—2020 | 信息安全技术 网络安全管理支撑系统技术要求 | 2020-03-06 | 2020-10-01 |
| GB/T 20281—2020 | 信息安全技术 防火墙安全技术要求和测试评价方法 | 2020-04-28 | 2020-11-01 |
| GB/T 22240—2020 | 信息安全技术 网络安全等级保护定级指南 | 2020-04-28 | 2020-11-01 |
| GB/T 25066—2020 | 信息安全技术 信息安全产品类别与代码 | 2020-04-28 | 2020-11-01 |
| GB/T 30284—2020 | 信息安全技术 移动通信智能终端操作系统安全技术要求 | 2020-04-28 | 2020-11-01 |
| GB/T 38625—2020 | 信息安全技术 密码模块安全检测要求 | 2020-04-28 | 2020-11-01 |
| GB/T 38626—2020 | 信息安全技术 智能联网设备口令保护指南 | 2020-04-28 | 2020-11-01 |
| GB/T 38628—2020 | 信息安全技术 汽车电子系统网络安全指南 | 2020-04-28 | 2020-11-01 |
| GB/T 38629—2020 | 信息安全技术 签名验签服务器技术规范 | 2020-04-28 | 2020-11-01 |
| GB/T 38632—2020 | 信息安全技术 智能音视频采集设备应用安全要求 | 2020-04-28 | 2020-11-01 |
| GB/T 38635.1—2020 | 信息安全技术 SM9 标识密码算法 第 1 部分：总则 | 2020-04-28 | 2020-11-01 |
| GB/T 38635.2—2020 | 信息安全技术 SM9 标识密码算法 第 2 部分：算法 | 2020-04-28 | 2020-11-01 |

表 2-5(续)

| 标准号 | 标准名称 | 发布日期 | 实施日期 |
| --- | --- | --- | --- |
| GB/T 38636—2020 | 信息安全技术 传输层密码协议(TLCP) | 2020-04-28 | 2020-11-01 |
| GB/T 38638—2020 | 信息安全技术 可信计算 可信计算体系结构 | 2020-04-28 | 2020-11-01 |
| GB/T 38644—2020 | 信息安全技术 可信计算 可信连接测试方法 | 2020-04-28 | 2020-11-01 |
| GB/T 38645—2020 | 信息安全技术 网络安全事件应急演练指南 | 2020-04-28 | 2020-11-01 |
| GB/T 38646—2020 | 信息安全技术 移动签名服务技术要求 | 2020-04-28 | 2020-11-01 |
| GB/T 38648—2020 | 信息安全技术 蓝牙安全指南 | 2020-04-28 | 2020-11-01 |
| GB/T 38671—2020 | 信息安全技术 远程人脸识别系统技术要求 | 2020-04-28 | 2020-11-01 |
| GB/T 38674—2020 | 信息安全技术 应用软件安全编程指南 | 2020-04-28 | 2020-11-01 |
| GB/Z 38649—2020 | 信息安全技术 智慧城市建设信息安全保障指南 | 2020-04-28 | 2020-11-01 |
| GA 1716—2020 | 信息安全技术 互联网公共上网服务场所信息安全管理系统的无线上网接入产品安全技术要求 | 2020-04-02 | 2020-08-01 |
| GA/T 910—2020 | 信息安全技术 内网主机监测产品安全技术要求 | 2020-03-03 | 2020-05-01 |
| GA/T 1712—2020 | 信息安全技术 安全采集远程终端单元(RTU)安全技术要求 | 2020-03-03 | 2020-05-01 |
| GA/T 1714—2020 | 信息安全技术 异常流量检测和清洗产品安全技术要求 | 2020-03-06 | 2020-05-01 |
| GA/T 1718—2020 | 信息安全技术 大数据平台安全管理产品安全技术要求 | 2020-04-02 | 2020-06-01 |
| GA/T 1717.1—2020 | 信息安全技术 网络安全事件通报预警 第1部分:术语 | 2020-03-24 | 2020-08-01 |
| GA/T 1717.2—2020 | 信息安全技术 网络安全事件通报预警 第2部分:通报预警流程规范 | 2020-03-24 | 2020-08-01 |
| GA/T 1717.3—2020 | 信息安全技术 网络安全事件通报预警 第3部分:数据分类编码与标记标签技术体系技术规范 | 2020-03-24 | 2020-08-01 |
| GA/T 1726—2020 | 信息安全技术 负载均衡产品安全技术要求 | 2020-04-26 | 2020-08-01 |
| GA/T 1735.1—2020 | 网络安全等级保护检查工具技术规范 第1部分:安全通用检查工具 | 2020-08-04 | 2020-12-01 |
| YD/T 3489—2019 | SDN 网络安全能力要求 | 2019-11-11 | 2020-01-01 |
| YD/T 3490—2019 | SDN 网络安全能力检测要求 | 2019-11-11 | 2020-01-01 |

表 2-5(续)

| 标准号 | 标准名称 | 发布日期 | 实施日期 |
|---|---|---|---|
| YD/T 3491—2019 | 视频监控系统网络安全评估指南 | 2019-11-11 | 2020-01-01 |
| YD/T 3492—2019 | 视频监控系统网络安全技术要求 | 2019-11-11 | 2020-01-01 |
| YD/T 3744—2020 | 网络安全众测平台技术要求 | 2020-08-31 | 2020-10-01 |
| YD/T 3745—2020 | 网络安全众测服务管理要求 | 2020-08-31 | 2020-10-01 |

(6) 2021 年实施情况

表 2-6 列举了 2021 年实施的部分标准规范。

**表 2-6 2021 年实施的部分标准规范**

| 标准号 | 标准名称 | 发布日期 | 实施日期 |
|---|---|---|---|
| GB/T 20283—2020 | 信息安全技术 保护轮廓和安全目标的产生指南 | 2020-09-29 | 2021-04-01 |
| GB/T 39205—2020 | 信息安全技术 轻量级鉴别与访问控制机制 | 2020-10-11 | 2021-05-01 |
| GB/T 20261—2020 | 信息安全技术 系统安全工程 能力成熟度模型 | 2020-11-19 | 2021-06-01 |
| GB/T 25061—2020 | 信息安全技术 XML 数字签名语法与处理规范 | 2020-11-19 | 2021-06-01 |
| GB/T 25068.1—2020 | 信息技术 安全技术 网络安全 第 1 部分:综述和概念 | 2020-11-19 | 2021-06-01 |
| GB/T 25068.2—2020 | 信息技术 安全技术 网络安全 第 2 部分:网络安全设计和实现指南 | 2020-11-19 | 2021-06-01 |
| GB/T 28458—2020 | 信息安全技术 网络安全漏洞标识与描述规范 | 2020-11-19 | 2021-06-01 |
| GB/T 30276—2020 | 信息安全技术 网络安全漏洞管理规范 | 2020-11-19 | 2021-06-01 |
| GB/T 30279—2020 | 信息安全技术 网络安全漏洞分类分级指南 | 2020-11-19 | 2021-06-01 |
| GB/T 39276—2020 | 信息安全技术 网络产品和服务安全通用要求 | 2020-11-19 | 2021-06-01 |
| GB/T 39335—2020 | 信息安全技术 个人信息安全影响评估指南 | 2020-11-19 | 2021-06-01 |
| GB/T 39412—2020 | 信息安全技术 代码安全审计规范 | 2020-11-19 | 2021-06-01 |
| GB/T 39477—2020 | 信息安全技术 政务信息共享 数据安全技术要求 | 2020-11-19 | 2021-06-01 |
| GB/T 39680—2020 | 信息安全技术 服务器安全技术要求和测评准则 | 2020-12-14 | 2021-07-01 |
| GB/T 39720—2020 | 信息安全技术 移动智能终端安全技术要求及测试评价方法 | 2020-12-14 | 2021-07-01 |
| GB/T 39725—2020 | 信息安全技术 健康医疗数据安全指南 | 2020-12-14 | 2021-07-01 |

表 2-6(续)

| 标准号 | 标准名称 | 发布日期 | 实施日期 |
| --- | --- | --- | --- |
| GB/T 25068.5—2021 | 信息技术 安全技术 网络安全 第5部分:使用虚拟专用网的跨网通信安全保护 | 2021-03-09 | 2021-10-01 |
| GB/T 39786—2021 | 信息安全技术 信息系统密码应用基本要求 | 2021-03-09 | 2021-10-01 |
| GB/T 40018—2021 | 信息安全技术 基于多信道的证书申请和应用协议 | 2021-04-30 | 2021-11-01 |
| GB/T 40211—2021 | 工业通信网络 网络和系统安全 术语、概念和模型 | 2021-05-21 | 2021-12-01 |
| GB/T 40218—2021 | 工业通信网络 网络和系统安全 工业自动化和控制系统信息安全技术 | 2021-05-21 | 2021-12-01 |

(7) 2022 年实施情况

表 2-7 列举了 2022 年实施的部分标准规范。

**表 2-7　2022 年实施的部分标准规范**

| 标准号 | 标准名称 | 发布日期 | 实施日期 |
| --- | --- | --- | --- |
| GB/T 17964—2021 | 信息安全技术 分组密码算法的工作模式 | 2021-10-11 | 2022-05-01 |
| GB/T 20275—2021 | 信息安全技术 网络入侵检测系统技术要求和测试评价方法 | 2021-10-11 | 2022-05-01 |
| GB/T 29765—2021 | 信息安全技术 数据备份与恢复产品技术要求与测试评价方法 | 2021-10-11 | 2022-05-01 |
| GB/T 29766—2021 | 信息安全技术 网站数据恢复产品技术要求与测试评价方法 | 2021-10-11 | 2022-05-01 |
| GB/T 30272—2021 | 信息安全技术 公钥基础设施 标准符合性测评 | 2021-10-11 | 2022-05-01 |
| GB/T 33133.2—2021 | 信息安全技术 祖冲之序列密码算法 第2部分:保密性算法 | 2021-10-11 | 2022-05-01 |
| GB/T 33133.3—2021 | 信息安全技术 祖冲之序列密码算法 第3部分:完整性算法 | 2021-10-11 | 2022-05-01 |
| GB/T 40645—2021 | 信息安全技术 互联网信息服务安全通用要求 | 2021-10-11 | 2022-05-01 |
| GB/T 40650—2021 | 信息安全技术 可信计算规范 可信平台控制模块 | 2021-10-11 | 2022-05-01 |

表 2-7(续)

| 标准号 | 标准名称 | 发布日期 | 实施日期 |
|---|---|---|---|
| GB/T 40651—2021 | 信息安全技术 实体鉴别保障框架 | 2021-10-11 | 2022-05-01 |
| GB/T 40652—2021 | 信息安全技术 恶意软件事件预防和处理指南 | 2021-10-11 | 2022-05-01 |
| GB/T 40653—2021 | 信息安全技术 安全处理器技术要求 | 2021-10-11 | 2022-05-01 |
| GB/T 40660—2021 | 信息安全技术 生物特征识别信息保护基本要求 | 2021-10-11 | 2022-05-01 |
| GB/T 40813—2021 | 信息安全技术 工业控制系统安全防护技术要求和测试评价方法 | 2021-10-11 | 2022-05-01 |
| GB/T 40855—2021 | 电动汽车远程服务与管理系统信息安全技术要求及试验方法 | 2021-10-11 | 2022-05-01 |
| GB/T 40856—2021 | 车载信息交互系统信息安全技术要求及试验方法 | 2021-10-11 | 2022-05-01 |
| GB/T 40857—2021 | 汽车网关信息安全技术要求及试验方法 | 2021-10-11 | 2022-05-01 |
| GB/T 20278—2022 | 信息安全技术 网络脆弱性扫描产品安全技术要求和测试评价方法 | 2022-03-09 | 2022-10-01 |
| GB/T 25069—2022 | 信息安全技术 术语 | 2022-03-09 | 2022-10-01 |
| GB/T 20984—2022 | 信息安全技术 信息安全风险评估方法 | 2022-04-15 | 2022-11-01 |
| GB/T 29829—2022 | 信息安全技术 可信计算密码支撑平台功能与接口规范 | 2022-04-15 | 2022-11-01 |
| GB/T 30283—2022 | 信息安全技术 信息安全服务 分类与代码 | 2022-04-15 | 2022-11-01 |
| GB/T 31506—2022 | 信息安全技术 政务网站系统安全指南 | 2022-04-15 | 2022-11-01 |
| GB/T 41387—2022 | 信息安全技术 智能家居通用安全规范 | 2022-04-15 | 2022-11-01 |
| GB/T 41388—2022 | 信息安全技术 可信执行环境 基本安全规范 | 2022-04-15 | 2022-11-01 |
| GB/T 41389—2022 | 信息安全技术 SM9 密码算法使用规范 | 2022-04-15 | 2022-11-01 |
| GB/T 41391—2022 | 信息安全技术 移动互联网应用程序(App)收集个人信息基本要求 | 2022-04-15 | 2022-11-01 |
| GB/T 41400—2022 | 信息安全技术 工业控制系统信息安全防护能力成熟度模型 | 2022-04-15 | 2022-11-01 |
| GB/T 41479—2022 | 信息安全技术 网络数据处理安全要求 | 2022-04-15 | 2022-11-01 |
| GB/Z 41288—2022 | 信息安全技术 重要工业控制系统网络安全防护导则 | 2022-03-09 | 2022-10-01 |
| GB/Z 41290—2022 | 信息安全技术 移动互联网安全审计指南 | 2022-03-09 | 2022-10-01 |

## 2.2 安全事件

### 2.2.1 国际重大网络安全事件列举

(1) 乌克兰电网遭受网络攻击事件

2015年12月,乌克兰至少有三个区域的电力系统被具有高度破坏性的恶意软件攻击并导致大规模停电数小时。

(2) WannaCry 勒索病毒感染事件

2017年5月,全球爆发大规模勒索病毒感染事件,包括我国在内的大量企业内网遭受大规模感染,医疗、电力、能源、银行、交通等多个行业均受到不同程度的影响。该勒索病毒名为WannaCry(魔窟),利用了基于445端口的SMB(服务器信息块)漏洞MS17-010。

(3) 意大利Saipem公司遭受网络攻击事件

2018年12月,意大利石油与天然气行业承包商Saipem公司遭受网络攻击,主要影响了其在中东地区的服务器,包括沙特阿拉伯、阿拉伯联合酋长国和科威特,造成公司10%的主机数据被破坏。Saipem公司发布公告证实此次网络攻击的罪魁祸首是Shamoon恶意软件的变种。

(4) 南非City Power公司遭受勒索病毒攻击事件

2019年7月,南非约翰内斯堡的City Power电力公司遭受勒索病毒攻击,该公司的应用程序、数据库均被黑客进行了恶意加密,导致对外服务基本陷入瘫痪,造成大量客户无法经过预缴系统在线交易,部分客户断电近12小时。

(5) 委内瑞拉国家电网干线遭受网络攻击事件

2020年5月,委内瑞拉副总统罗德里格斯宣布消息,委内瑞拉国家电网干线遭受网络攻击,除首都加拉加斯外,全国11个州府均发生停电。

(6) 黑客入侵美国佛罗里达州城市供水系统"投毒"事件

2021年2月,黑客成功渗透了控制美国佛罗里达州奥尔兹马市水处理设施的计算机系统。当地水处理设施使用了常见的TeamViewer远程访问软件，通过篡改可远程控制的计算机数据，黑客改变了当地供水中的化学品含量，上调了氢氧化钠碱液的含量。幸好被及时发现，未对居民造成伤害。

(7) CNA Financial 公司被勒索高额赎金事件

2021 年 3 月，美国最大的保险公司之一 CNA Financial 公司被勒索软件攻击，在试图恢复文件无果之后，他们开始与攻击者谈判，攻击者要求的赎金高达 6 000 万美元。最后，CNA Financial 公司在事件发生两周后支付了 4 000 万美元赎金。

(8) Microsoft Exchange 服务器漏洞被利用事件

2021 年 3 月，Microsoft 公司报告了一起罕见的网络安全事件，有攻击者对 Microsoft Exchange 服务器进行持续的大规模漏洞利用，其中使用到了各种 0-Day 漏洞。仅在几天后，Microsoft 公司就部署了其修补程序，但利用该漏洞的攻击行为仍在持续升级。

(9) 美国 Colonial Pipeline 公司被迫关闭管道事件

2021 年 5 月，美国燃油、燃气管道运营商 Colonial Pipeline 公司受到网络安全攻击，涉及勒索事件。启动应急响应后该公司停止所有管道运行，并且关闭某些系统以便避免继续遭受攻击。作为当地最大的燃油管道运营公司，无法提供管道运输服务，对美国能源行业影响巨大，美国宣布进入国家紧急状态。

(10) 全球最大肉食品加工商 JBS 公司遭受网络攻击事件

2021 年 5 月，全球最大肉食品加工商 JBS 公司因遭受网络攻击，其美国分部和澳大利亚分部受到影响，在美国的牛肉加工厂被迫全部关停。事件发生后，JBS 公司紧急暂停了遭受攻击的网络系统，并上线备用系统。同时，JBS 公司向有关部门报告了该事件，并向第三方网络安全专家寻求帮助。

(11) 巴西国库遭勒索软件攻击事件

2021 年 8 月，巴西经济部发表声明称，其国库内部网络遭受勒索软件攻击，巴西国库秘书处立即采取遏制措施，并召集联邦警察协助调查。经巴西国家财政部初步评估，此次攻击暂未对巴西国库体系化系统造成损害。

(12) 伊朗全国加油站大规模关闭事件

2021 年 10 月，在伊朗管理着 3 500 多个加油站的伊朗国有石油产品分销商 NIOPDC 公司遭受网络攻击，导致加油站屏幕上显示“cyberattack 64411”字样。虽然加油站屏幕显示异常并不影响正常加油，但 NIOPDC 公司意识到，遭受攻击的加油站无法正确计费和收款，因此关闭了加油站运营。

### 2.2.2 煤炭行业网络安全相关事件列举

（1）安全事件一

事件内容：2021 年，某煤矿信息化部门发现主通风系统风机停机，备通风系统自动启动，运行几分钟后也出现停机故障，随后调度中心部分电脑蓝屏、死机，井下部分摄像头画面陆续丢失，工业环网出现网络中断现象，初步判断遭受网络攻击。

事件后果：造成工作人员无法在井下开展工作，并直接导致企业无法正常生产，直接和间接经济损失预计达 500 万元至 1 000 万元。

事件分析：初步研判认为，是黑客通过控制办公电脑之后，对办公电脑植入蠕虫病毒、勒索病毒，并进行端口扫描，发现通风机控制系统的 PLC 存在硬件漏洞，通过该漏洞越权控制主备风机系统，导致系统停止运行。本次事件是由于生产网与办公网未采取合理的安全隔离措施，煤炭企业员工违规使用带有病毒的 U 盘，以及煤矿网络安全管理制度不完善所导致的。

（2）安全事件二

事件内容：2019 年，某煤炭集团与上级集团接入的过程中，工业网向办公网传输数据时未经隔离区直接传输，又因为办公网与互联网直接连通，从而导致集团下属多个煤矿遭受来自互联网的攻击。

事件后果：调度中心电脑遭受大规模病毒感染，集团下属多个煤矿停产半个月。

事件分析：集团内部安全人员管理不到位、技术人员缺乏网络安全知识、边界安全设备配置不恰当、缺少安全设备等使得重要安全区域之间没有物理或逻辑隔离手段，从而导致此次事件的发生。

（3）安全事件三

事件内容：2020 年，某煤矿未能及时付清供应商应付款项，供应商随即通过直接远程登录服务器的方式，在服务器内写入控制脚本，控制生产设备停机。该矿发现设备工作异常后，安排相关技术人员对设备进行检修，并更换备件，但一直无法将设备恢复正常运行，致使设备停运近半个月。

事件后果：该矿一个工作面生产中断将近半个月。

事件分析：系统在建设过程中未在网络边界或区域之间，根据访问控制策略设置访问控制规则，同时也未对重要系统的操作进行主机审计，使得外部用户可以在非授权的情况下对系统进行修改，从而导致该矿生产工作受到较大影响。

(4) 安全事件四

事件内容：2021 年，某煤矿日常运行中，某部门私自对部门内网络改造，增加了一台工业交换机，从而使网络出现环路，造成网络风暴，工业环网数据通信延时大幅增加，甚至工业视频无法正常传输。在安全事件发生后故障处置措施不合理，导致网络瘫痪。

事件后果：造成井下数据无法上传，办公网大面积断网，井下摄像头视频卡顿，导致生产工作暂时停止。

事件分析：煤矿在网络建设初期未制定合理有效的建设方案，未对网络进行统一规划，生产子系统未划分为不同的安全域，安全域之间未采用技术隔离手段[如 VLAN(虚拟局域网)技术]，未按照方便管理和控制的原则为各网络区域分配地址等导致出现问题影响范围扩大。该矿制度约束力不够，在生产部门未得到相关部门审批的情况下，私自对本部门网络进行改动，使网络出现环路。同时该矿也未按照网络安全规定开展定期的网络应急演练、定期对技术人员进行技术培训，从而导致发生紧急事件时，不仅未能及时采取有效措施反而使问题进一步扩大。

(5) 安全事件五

事件描述：2021 年，某煤矿调度指挥中心某操作员违规使用 U 盘，将带有病毒的 U 盘插入调度监控主机进行数据拷贝，在拷贝完数据 30 分钟后，该监控主机出现蓝屏重启现象。5 分钟后，调度指挥中心监控主机电脑均出现蓝屏重启现象，同时井下生产设备出现停机无法生产。

事件后果：井下生产设备停机 1 小时 20 分钟。

事件分析:该矿未能对各类人员进行安全意识教育和岗位技能培训,并告知相关的安全责任和惩戒措施。同时该矿缺乏有效手段对制度的执行进行监督管理,导致该矿调度指挥中心监控主机出现蓝屏重启的问题。

(6) 安全事件六

事件内容:2020年,某煤矿感染勒索病毒,导致大量电脑蓝屏、死机,瓦斯监控、人员定位等安全监控数据无法正常展示,且该矿未对重要数据备份,导致现场安全监测数据无法在第一时间恢复。该矿不得不安排安全技术人员进行现场瓦斯浓度、人员定位等数据的人工监测,并组织相关厂家进行数据恢复。

事件后果:耗费大量人力进行现场数据监测,需要厂家进行数据恢复,且有部分重要数据丢失。

事件分析:该矿技术人员在系统部署时安全意识不足,未能遵循最小化安装原则,关闭不必要的系统服务、默认共享和高危端口,为系统后续运行埋下隐患。运维人员在运维过程中又未能依据相关要求,及时发现系统存在的已知漏洞并修补漏洞,且未安装防恶意代码软件,使该矿面对勒索病毒攻击时,无防御之力。

(7) 安全事件七

事件内容:2019年,某煤矿技术人员发现有网络卡顿和数据传输时延高的现象,经过一系列排查发现是某厂商防火墙的性能不符合需求。更换设备后,某日收到集团通报,发现工业控制系统内部存在异常流量。

事件后果:造成井下数据无法实时上传,井下摄像头视频卡顿,数据被黑客窃取利用,导致商业机密泄露。

事件分析:该矿在系统设计时,未组织相关部门和有关安全专家对安全方案的合理性和正确性进行论证和审定,导致产品在选型时不能满足工业控制系统要求。系统建设过程中,将传统的安全设备部署到了工业控制系统中,传统的安全设备不能识别工控协议。系统建设完成后又未依据该矿实际情况进行上线前的安全性、可靠性、稳定性测试。这些为系统的稳定运行埋下了隐患,从而使黑客利用工业协议漏洞对工业控制系统进行了攻击。

(8) 安全事件八

事件内容:某煤矿在信息化建设过程中虽然投入大量资金并部署了大量安全设备,并通过了等级保护备案,但是在设备调试过程中未设置有效安全防护策略。日志审计、流量审计等旁路设备只做了带外管理,工控安全隔离网闸的安全防护策略设置成了全通,工业防火墙使用软件旁路功能打通了不同安全域之间网络。这些设置导致该矿面对黑客攻击时,无法进行有效防护,进而使黑客渗透至工业生产网内,并利用工业协议漏洞获得主井胶带控制权限。事件发生后无法通过安全设备进行溯源,加大了事件处置的难度。

事件后果:黑客取得主井胶带控制权限后,对主井胶带下达了停机命令,导致主井胶带停机达到 2 天。

事件分析:该矿在安全建设过程中,实施人员与运维人员技术能力不足,安全意识淡薄,存在侥幸心理。在规划、建设与运维过程中未依据风险分析结果设置、补充和调整安全策略。这些导致部署的安全设备形同虚设,为之后遭受黑客攻击埋下了隐患。

(9) 安全事件九

事件内容:2021 年,某煤矿在智能化建设过程中,第三方开发公司在软件测试过程中使用了个人敏感数据,且在测试过程中未能将测试环境与实际运行环境物理隔离,同时未能对测试数据与测试结果进行合理控制,导致相关数据暴露在公网。

事件后果:被公安机关监测到敏感数据暴露在公网,受到相关处罚。

事件分析:系统测试过程中应当将测试环境与实际运行环境进行物理隔离,并对测试数据与测试结果进行合理控制,如进行加密或脱敏处理。而该矿第三方开发公司信息安全意识淡薄,直接从实际运行环境中读取数据,且未对数据进行保护,才导致敏感数据的泄露。

(10) 安全事件十

事件内容:2020 年,某煤矿通过 4G、5G 网络的建设,基本具备了通过手机远程监测、控制生产系统的能力。由于该矿在建设过程中未能合理对用户权限进行划分,该矿领导在通过手机进行远程查看生产数据的过程中,对某生产系统进行了误操作。生产监测数据突然发生异常,被集团公司监测到，进行调查后，对该矿进行了通报批评。

事件后果：该矿因设备的误操作，遭到了集团的通报批评。

事件分析：系统建设过程中未对登录用户合理分配权限，导致该矿领导使用的账号权限过大，从而对生产系统进行了误操作。

## 2.3　全球网络安全总体发展趋势及特征

“十四五”以来，百年变局和世纪疫情交织叠加，国际环境日趋复杂，网络霸权主义对世界和平与发展构成威胁，全球产业链供应链遭受冲击，网络空间安全面临的形势持续复杂多变。网络空间对抗趋势更加突出，大规模针对性网络攻击行为增加，安全漏洞、数据泄露、网络诈骗等风险增加。

世界主要国家和地区不断推出关键信息基础设施保护、供应链安全、数据安全、个人信息保护等方面法律法规和政策，平台反垄断监管不断强化。网络安全企业积极探索以网络弹性技术为代表的网络风险防范能力、以安全多方计算为代表的数据隐私保护技术等。全球网络安全产业保持稳定增长，网络安全人才缺口不断增大。

（1）各国加强网络安全顶层设计、保障体系和能力建设

2021年，面对日益复杂严峻的网络安全形势，美国、俄罗斯、欧盟、日本、意大利等重点国家和地区强化网络安全在国家安全中的重要战略地位，不断完善网络安全战略布局，持续完善网络安全政策战略，重点加强供应链安全、关键信息基础设施保护、数据安全、个人信息保护等领域工作。

① 战略法规方面。美国发布《2021财年国防授权法案》《临时国家安全战略纲要》《改善国家网络安全行政令》等，将网络安全作为重中之重，致力于加强网络空间安全能力、就绪度和弹性。俄罗斯总统普京签署的新版《国家安全战略》首次加入信息安全章节，对网络安全的重视程度日益增加。欧盟发布《欧盟数字十年网络安全战略》等数字政策，打响“数字主权”保卫战。英国发布《国家网络战略2022》《安全、防务、发展和外交政策综合评估报告》，将网络安全作为战略重点，以提升英国在全球网络空间的地位。日本发布新版《网络安全战略》，强化网络空间安全的战略指导。

② 体制机制建设方面。多国新设机构协调指导安全建设。美国设置国家网络总监作为总统在网络安全及相关新兴技术领域的首席顾问，负责监督和协调联邦政府给出网络威胁应对方案；日本设立数字厅指导制定日本网络安全战略方针；意大利批准成立了国家网络安全局。

③ 安全投入方面。美国政府推出"美国救援计划"和"美国就业计划"等，加强国内基础设施建设，增加对科研和教育的投入，增强网络安全和技术竞争优势。美国2021财年IT总预算为922亿美元，其中网络安全领域总预算为188亿美元，比2020财年高出14亿美元，网络安全预算占IT预算的比例为20.4%。西班牙政府计划在三年内投资超过4.5亿欧元，以促进国家网络安全技术、产业和人才发展。

（2）关键信息基础设施成为攻击重点目标，安全保护举措持续出台

2021年，多国基础设施和重要信息系统遭受网络攻击，引发全球震荡，对国家安全稳定造成巨大风险，引发了全球关于加强关键信息基础设施安全保护的思考。

① 勒索软件成为主要威胁，破坏范围广、后果严重。勒索软件即服务(RaaS)型商业模式成为新的关注点，使得攻击者的溯源变得更加困难。勒索软件攻击呈现出破坏涉及行业领域增多、索要赎金增长、支付赎金机构比例上升、破坏后果严重等特点。据相关报告不完全统计，2021年仅上半年全球就至少发生了1 200多起勒索软件发起的攻击事件，接近2020年公布的1 420起，其中针对医疗系统和教育行业的攻击增加了45%，平均每起勒索的赎金从2020年的40万美元提高到2021年的80万美元。

② 金融、交通、医疗、能源等领域成为新的攻击对象。2021年5月，美国Colonial Pipeline公司遭受勒索攻击引发全球高度重视。同月，爱尔兰卫生服务主管部门被勒索软件攻击，被迫暂时关闭IT系统，多家医院运营遭受影响。2021年7月，伊朗铁路遭受网络攻击，数百辆列车被延误或取消。

③ 国内外关键信息基础设施安全保护措施频出。美国除了大幅增加关键基础设施安全防护的资金投入，还推出多部有关强化关键基础设施网络安全、预防勒索软件攻击等方面的法案和指南文件。2021年2月，美国网络安全与基础设施安全局(CISA)发布了《CISA全球参与》，提出通过加强国

际合作以增强全球关键信息基础设施的安全性和韧性。此外，还分别于2021年5月和7月出台针对关键信息基础设施安全防护的行政令，并于9月批准了一项修正案，为CISA增加8.65亿美元投入，用于相关行政令的落实、安全运营和人才培养。欧盟也在《欧盟安全联盟战略》中将提升关键基础设施的保护和恢复能力作为未来5年网络安全工作的重中之重。2021年5月，澳大利亚政府提出了“关键基础设施提升计划”(CI-UP)，旨在识别和解决关键基础设施中的漏洞，提升网络安全成熟度。我国于2021年7月出台了《关键信息基础设施安全保护条例》，这是我国首部专门针对关键信息基础设施安全保护工作的行政法规，为开展关键信息基础设施安全保护工作提供了基本遵循。

(3) 数据泄露事件频发，数据安全治理加快推进

2021年，工业制造、政务、医疗、金融、交通等领域数据泄露事件频发，数据交易黑色地下产业链活动猖獗。据相关统计，2021年全球公开报告的数据泄露事件1 862起，超过2020年的1 108起。数据安全问题已成为全球的关注重点，各国纷纷将数据安全上升至国家安全层面，设立相关机构，完善数据安全法律法规和政策。美国、韩国、新加坡、日本等国家针对个人信息相关法律法规进行修订；欧盟发布多个指南文件，明确和细化《通用数据保护条例》的相关要求；加拿大、澳大利亚、印度尼西亚等国家均已制定新的个人数据保护法规；我国分别于2021年9月1日和11月1日正式施行《中华人民共和国数据安全法》和《中华人民共和国个人信息保护法》。

(4) 软件供应链网络安全重要性凸显，安全审查和能力建设不断加强

2021年，软件供应链攻击事件频发，例如Codecov、Kaseya等遭受供应链攻击，直接影响关键基础设施和重要信息系统安全。据欧盟网络安全局(ENISA)《供应链攻击威胁态势》统计，2020年1—7月，共有24起供应链攻击事件。软件供应链安全影响重大，各国高度重视，纷纷推行法律法规及政策以推动软件供应链安全保护工作。例如：美国商务部发布《确保信息通信技术及服务供应链安全》，要求不断加强网络安全产品和服务对外依赖的安全风险识别、评估和处理等流程管理；拜登签署《改善国家网络安全行政令》，明确提出改善软件供应链安全；等等。

## 2.4 网络安全趋势预测与展望

（1）国家级网络攻击复杂性上升

受地缘政治、军事冲突的影响，全球网络空间局部冲突将不断升级。以窃取敏感数据、破坏关键信息基础设施为目的的国家级网络攻击复杂性将持续上升。

（2）全球大规模数据泄露趋于常态化

随着数字化、网络化进程加快，越来越多的在线资产和数字系统收集了海量数据。大量数据和设备暴露在网上，被入侵的风险逐渐增大。数据泄露事件将愈加频繁，而且规模将更大，涉及各行各业，影响深远。

（3）供应链攻击在全球范围持续高发

软件系统规模、程序逻辑和生产方式等越发复杂多元，极大增加了供应链的攻击面，供应链攻击将变得更加普遍。供应链攻击具有难发现、难溯源、不可避免的特点，已成为各国面临的最重要安全威胁之一。各国政府正积极制定法律法规和政策，建立联防联控体系，提升应对供应链攻击的发现、分析、响应处置和恢复能力。

（4）数据合规成为企业的重要关心点

随着我国《中华人民共和国网络安全法》《中华人民共和国数据安全法》《中华人民共和国个人信息保护法》等法律的相继出台，如何规范数据处理活动，保障数据安全，成为企业面临的一个重要的课题。今后一个时期，数据合规将逐渐发展成一个独立的行业或专业领域，数据合规人才需求旺盛。

（5）能源行业网络安全将备受关注

受俄乌冲突及能源短缺等引发的国际能源及大宗商品价格剧烈波动的影响，国际国内社会更加关注能源自给、能源供给安全。能源等关键基础设施的信息安全，是保障能源整体安全的重要内容之一，将会更加受到重视和关注，同时能源行业网络安全威胁压力也可能会增大。

（6）网络安全高端人才供给缺口巨大

根据最新发布的《全球网络安全人才报告》，过去 8 年全球网络安全空缺职位的数量增长了250%，从2013年的100万个增加到2021年的350万个。2021年8月，美国白宫称，美国大约有50万个网络安全职位仍然空缺。我国170余所高校设有与网络安全相关的专业，每年网络安全毕业生约2万人，缺口高达50万人至100万人。今后一个时期，网络安全行业高端人才供需矛盾将继续加剧，尤其是针对工控网络环境下的实战型、实用型等人才更加急缺。

# 3 行业现状

## 3.1 我国煤炭行业网络安全的特点

(1) 行业影响大。能源是人类生存与经济发展的物质基础，是保障国家安全的重要组成部分。2021 年，化石能源在我国一次能源消费占比约为 83.4%，其中煤炭消费占比为 56.0%。我国原煤产量从 1949 年的 3 243 万吨增长到 2021 年的 41.3 亿吨，累计生产超过 800 亿吨，为保障国民经济的持续健康稳定发展发挥了重要作用。基于我国富煤、贫油、少气的能源资源禀赋，在相当长时间内，煤炭仍将是我国的主要能源。煤炭的安全稳定供应事关国家能源安全。

我国煤炭以井工开采为主，经过多年的持续科研攻关与创新实践，煤炭综采技术与装备已经从依赖进口到基本全部实现国产化；煤矿采掘技术由炮采、普采、高档普采到综合机械化开采、自动化开采，并在煤层赋存条件较优越的矿区探索实现了智能化、无人化开采技术。但与此伴随的是，我国煤矿网络安全事件频出，在 2019—2021 年间发生的多起煤矿网络安全事件(本书 2.2.2 小节已进行充分列举)，已开始影响到煤矿正常的生产秩序，不仅给煤矿企业造成相当经济损失，同时对煤矿安全生产带来了新的威胁，对保障煤炭安全稳定供应造成了潜在的风险。

(2) 防护要求高。2021 年 7 月，国务院公布的《关键信息基础设施安全保护条例》中明确，面向公众提供网络信息服务或支撑能源、通信、金融、交通、公共事业等重要行业运行的信息系统或工业控制系统属于关键信息基础设施。根据《中华人民共和国网络安全法》、《信息安全技术 网络安全等级保护定级指南》(GB/T 22240—2020)等法律法规和国家标准，等级保护对象的安全保护等级依次分为以下五级：

第一级，等级保护对象受到破坏后，会对相关公民、法人和其他组织的合法权益造成损害，但不危害国家安全、社会秩序和公共利益；

第二级，等级保护对象受到破坏后，会对相关公民、法人和其他组织的合法权益造成严重损害或特别严重损害，或者对社会秩序和公共利益造成危害，但不危害国家安全；

第三级，等级保护对象受到破坏后，会对社会秩序和公共利益造成严重危害，或者对国家安全造成危害；

第四级，等级保护对象受到破坏后，会对社会秩序和公共利益造成特别严重危害，或者对国家安全造成严重危害；

第五级，等级保护对象受到破坏后，会对国家安全造成特别严重危害。

(3) 基础底子薄。煤炭作为我国的主体能源，对国家能源安全起到兜底保障作用，但整体网络安全基础相对薄弱。在 2020 年八部门联合出台《关于加快煤矿智能化发展的指导意见》以前，煤炭行业信息化、智能化建设长期处于企业各自为战状态，行业信息化整体基础薄弱，水平能力差距巨大，导致网络安全意识更为淡泊。企业网络安全管理制度和标准体系不完善，网络安全人才和技术力量薄弱，整体缺乏组织和引导，宣传培训教育工作不到位。

(4) 特色限制多。煤炭行业产业链长、中间环节多，煤炭企业管理层级多、产业板块多、煤矿分布散，且附属单位形式多样；同时，煤矿井下的特殊性和复杂性，以及对安全生产的绝对性要求，都使其网络安全特色性要求更多、更复杂。

(5) 转型难度大。随着行业两化深度融合发展，煤矿智能化建设、煤炭工业互联网平台的建设，使煤矿设备连接数量和数据采集数量成倍甚至几何倍数增长，对网络安全的要求也越来越高。首先，煤矿企业应用面临规模上云的趋势，多个终端接入一张网络，网络受攻击影响面增大，敏感数据外泄面临更大风险。其次，国内煤矿自动化、半自动化设备逐步升级为基于 ICT 技术的智能远控系统，同时伴随的是网络威胁已延伸到煤矿生产相关业务，生产安全面临网络威胁逐步增强。最后，缺乏体系化防护，设备堆砌无法应对实战攻击。

## 3.2 我国煤炭行业网络安全现状

### 3.2.1 发展现状

(1) 企业网络安全投入保持增长。大型煤炭集团总部(以下数据均为总部数据,不包含各自子分公司数据)信息化投入整体呈现增长态势。2021年,20家集团总部中,16家投入增长,占比80%。其中,国家能源投资集团有限责任公司投入超过10亿元,中国中煤能源集团有限公司、山东能源集团有限公司、晋能控股集团有限公司投入超过1亿元;中国煤炭科工集团有限公司、山西焦煤集团有限责任公司、中国平煤神马控股集团有限公司、华阳新材料科技集团有限公司、贵州盘江煤电集团有限责任公司和四川省煤炭产业集团有限责任公司等投入增幅超过20%。2021年,20家集团网络安全经费投入增长的为18家,占比90%。其中,4家投入占整体信息化投入的比例超过30%;8家投入超过1 000万元。

(2) 企业网络安全防护压力增加。煤炭企业两化融合加速发展,给网络安全工作带了更大的挑战。人、机、物、数据互联互通,使信息网络和控制系统深入到企业生产经营的方方面面,为煤矿生产经营、科学决策、安全管理、智能控制、即时通信、预报预警、应急响应等提供有力的支撑;同时,也使得网络安全风险由办公延伸到生产,由局部延伸到整体,企业网络安全工作压力大增。2021年,20家集团总部被各类网络攻击次数较上年上升的有18家,占比90%。其中,7家被攻击次数超过10万次/年,最高的甚至超过300万次/年。年被攻击次数增幅最高的达到490%。

(3) 企业网络安全重视程度增强。政府合规要求提升、各类安全事件频发等使得煤炭企业对网络安全的认识和重视程度有所提升。仅2021年,20家集团总部出台的各类网络安全相关制度多达30项。目前,80%的集团总部对所属单位信息系统有明确的等级保护要求。20家集团总部信息系统等级保护备案数量为187个,其中,二级等级保护认证141个,三级等级保护认证 41 个。

(4) 企业网络设备和软件基本实现国产化。信息技术应用创新产业的快速发展,极大地提升了煤炭企业在网络安全方面的自主可控能力,主要软硬件国产化率大幅提升。2021 年,20 家集团总部网络核心设备国产化率平均达到 92%,其中 15 家为 100%,占比 75%;20 家集团总部网络安全软件使用国产化率平均达到 97%,其中 17 家为 100%,占比 85%。

(5) 企业信息系统上云水平提升。随着煤炭行业大力发展“新基建”,各大煤炭企业加大信息化基础设施建设投入,企业信息系统上云水平整体提升,但差异较大。2021 年,20 家集团总部主要管理信息系统上云比例平均达到 64.4%。其中,8 家上云比例达到 100%,占比 40%;5 家上云比例超过 70%,占比 25%。但另有 5 家上云比例低于 10%,其中 3 家上云比例为 0。

(6) 企业网络安全管理制度逐步健全。20 家集团总部中,出台网络安全相关制度的达到 18 家,占比 90%。其中,11 家已出台网络安全管理办法(规定),占比 55%。同时,企业网络安全相关制度不断深化细化,除基础的网络安全管理办法外,还包括工业控制系统、等级保护、岗位职责、漏洞检测、突发事件应急响应、教育与培训、信息通报等各类具体内容。

### 3.2.2 存在问题

(1) 企业网络安全防护意识整体薄弱。煤炭企业网络安全防护意识虽有所提升,但对网络安全危害仍整体认知不足。企业更加注重对系统建设方面的投资,而对不能直接见效的网络安全支持力度显著不足。对网络安全工作投入不能满足安全防护的要求,导致网络安全管理的各环节存在问题。

(2) 企业网络安全基础保障能力不足。煤炭企业网络安全资金投入整体不足,除几家头部集团总部网络安全资金投入相对较高外,多数企业投入仍然偏低。企业整体防控网络安全风险的工作体系、制度、协调机制尚未完善,机构设置和人员配备不足。20 家集团总部中除央企均设有网络安全处或其他专门机构外,其他企业相关职能设置在信息化部门下,专职工作人员数量平均不足 3 人。

(3) 企业网络安全建设以被动合规为主导。合规需求是过去几年推动我国煤炭企业网络安全建设和产业发展的主要动因。但在政策合规驱动下，煤炭企业用户的安全投入以单点、分散式采购为主，缺少体系化的安全规划和布局。随着各类实战化网络攻防演习行动的逐年增多，单纯依靠合规驱动的工业企业用户往往需要采取临时协调、突击建设等方式来应对，安全投入不足、主体责任落实不到位等问题仍然突出，产业内生需求有待进一步培育壮大。

(4) 企业网络安全体系效能不能充分发挥。煤炭企业网络安全不仅是投入问题、技术问题，同时更是管理问题。提升网络安全体系效能，是网络安全工作的关键所在。但是由于人员不足、手段缺失、流程不清晰等多方面条件限制，很多企业网络安全体系效能发挥受限。如隐藏的安全问题发现不了、发现问题解决不了等，最终造成所建设的安全体系不能充分应对实际安全问题。

(5) 企业工业控制系统网络安全风险高。国内煤炭企业网络建设普遍采用以太网的环冗余技术，通过调度中心与两个环网进行数据联通。大部分煤炭企业的工业控制系统网络存在如下问题：控制网络内缺少入侵检测技术手段，无法及时对黑客入侵、病毒攻击等行为进行报警，攻击行为发生后无法定位；控制网络中缺少工控检测与审计技术手段，无法对工业流量进行分析；生产网与办公网之间缺少有效的隔离，无法阻止来自办公网的工控网络攻击。

(6) 企业高度依赖安全技术厂商。我国煤炭企业网络安全建设目前以技术应用和产品部署为主，在安全策略、制度、流程等方面普遍考虑不足。由于缺少与安全技术相匹配的人员、流程和管理手段，煤炭企业用户往往无法实现对安全产品效能和服务质量的有效评估，只能依赖市场上各类资质不一、能力参差不齐的安全厂商，煤炭企业自身的安全建设水平和保障能力亟待提升。

(7) 企业终端操作系统和数据库国产化使用率低。20 家集团总部办公终端操作系统平均国产化使用率仅为 0.8%，其中最高的接近 20.0%，65.0%的集团国产化使用率为 0。Windows 操作系统占据绝对主导，平均使用率为 98.3%，其中尚有 2.0%的电脑终端还在使用 Windows XP 系统。20 家集团总部中，仅 6 家使用了国产品牌数据库，且使用数量低。

(8) 网络安全产品难以满足行业特色需求。煤炭企业网络安全技术发展进入瓶颈期，厂商的安全技术水平市场认可度不高。部分防护类产品和管理类产品与煤炭企业业务场景结合程度不高。涉足煤炭行业网络安全业务的厂商数量激增，供给市场呈分散化趋势，产业集聚效应不明显，行业规模经济效应难以实现。

## 3.3 煤炭行业网络安全形势与挑战

### 3.3.1 面临的形势

(1) 政策环境优化。煤炭工业网络安全作为国家安全的重要领域之一，是我国实施制造强国和网络强国战略的重要保障领域，也是落实总体国家安全观的重要抓手。在 5G、工业互联网等新基建加速发展的大背景下，统筹发展与安全将成为我国新时期制造业数字化转型的主旋律，国家和地方正在进一步加大支持力度，煤炭工业网络安全领域的法律法规、政策、标准体系将逐步完善，防护要求将更加严格具体。

(2) 行业意识提升。在煤炭工业互联网创新发展、网络安全试点示范等工作的持续开展和推动下，煤炭企业网络安全意识较以往已显著提升，安全技术应用和防护能力建设已经由试点探索逐渐向产业化推进，陆续出现了区域级的规模化部署和应用。随着越来越多的专注于煤炭工业网络安全的产品和解决方案走向成熟，煤炭工业网络安全建设进程也将加快，未来有望迎来更大规模的行业级部署和应用。

(3) 技术创新升级。随着针对煤炭工业领域的实战化网络攻防演习行动的增多，产业发展将从单纯合规驱动逐步转向合规与防护效果双轮驱动，安全产品和服务效能将逐步受到重视，煤炭工业网络安全技术将从被动防御加快向动态防护、精准防护、整体防控等主动防御升级。更为多元化的煤炭企业用户安全需求也将推动工控安全厂商加快技术创新，不断丰富安全产品类型，积极提升安全服务质量。

(4) 市场竞争加剧。未来，煤炭工业网络安全市场整体竞争将更为激烈，各类安全厂商将发挥各自技术、市场和资源优势加速布局，聚焦行业痛点问题，将技术突破、模式创新与产业实际需求相结合，形成更多面向特定场景、具有更大价值的行业解决方案。同时，煤炭企业、工控安全厂商、安全企业、研究机构、行业主管部门等产业链相关方将继续深化合作，逐步形成政府引导、用户主导、厂商参与和资本推动的良性产业生态。

### 3.3.2 风险与挑战

在国家政策和企业改革等多重因素推动下，煤炭行业深入推进两化融合，逐步实现了企业内部信息共享和办公自动化，煤炭企业整体信息化、数字化、智能化水平正在快速提升。同时，互联网技术与操作技术正加速朝全方位深度融合的方向发展，煤炭生产系统从封闭走向开放，生产网、管理网、互联网越来越多地相互联通。煤炭企业面临着传统的网络安全理念与工业安全业务的融合所带来的已知和未知的风险。信息化的推动过程并非一帆风顺、一蹴而就，目前还存在各种各样、甚至越来越多的安全问题和挑战，具体来看，主要体现在以下几方面：

(1) 政策合规风险。煤炭企业各类信息化建设，需要符合国家网络安全等级保护等各类合规性要求，并针对煤炭行业的场景确定自身的特定要求。特别是煤炭企业以大型国有骨干企业为主体，今后各类合规性要求将更加严格和具体。

(2) 黑客入侵风险。由于煤炭企业网络构建本身存在着缺陷和漏洞，黑客得以利用这些安全漏洞来对企业的内部网络进行非法访问，甚至会对其中一些重要的数据进行恶意篡改和获取。这既会导致网络秩序的混乱，也会对煤炭企业本身造成巨大的伤害。

(3) 病毒传播风险。计算机病毒的传播可以通过网络、邮件、U 盘或磁盘等来进行，传播的速度快且影响坏。煤炭企业已发生过较为严重的病毒传播事件，应当给予高度的重视并采取切实的应对措施。

(4) 防御能力风险。煤炭生产控制系统类型较多，生产控制网络边界不清晰，缺乏边界隔离。重要工业主机系统陈旧，缺乏安全防护，无法有效抵御病毒攻击。工业控制系统关键设备违规操作、越权行为缺少审计，入侵者可能通过正常途径控制现场设备执行命令。

（5）数据管理风险。煤炭企业大规模的信息化、智能化建设，使得收集、管理、使用的数据量呈几何数量倍增。煤炭企业收集海量数据后的保管和使用都使得数据安全风险增大，需要认真研判法律法规、监管规定、行业准则、标准规范等有关合规管理的新变化，建立健全企业数据合规管理体系。

（6）自身难度风险。煤炭生产是集采煤、掘进、运输、供电、通风、安全等多环节协同配合的过程，企业本身管理部门层次多，生产信息化与管理信息化之间存在较大的数字鸿沟。同时，井下移动设备多，开采、掘进、运输、监测等环节的设备随生产的进行处于移动状态，信息数据的采集也随之移动，且数据采集量正在成倍增长。由此，造成信息资源整合难度很大。

（7）人员队伍风险。煤炭企业职工整体网络安全意识淡薄，缺乏系统的网络安全素质培训，对各类网络安全规定和要求概念模糊、操作不规范。企业网络安全专业人才匮乏，机构不健全，整体防护体系构建难度大。

（8）技术引入风险。煤矿智能化将人工智能、工业互联网、云计算、大数据、物联网、机器人、数字孪生等新一代信息技术与现代煤炭产业体系深度融合，实现煤炭全过程的智能化运行。这些新技术一方面提升煤炭企业智能化水平，另一方面也给企业引入新的安全风险。如虚拟化带来边界的安全风险，开放接口引入更多的网络暴露面、工业互联网使得工控信息能在互联网上传播等。同时，在5G＋矿山物联网系统建设中，建设多系统融合的无线接入网关，需要解决无线移动场景下终端的安全接入、数据的安全传输等问题。

# 4 对策建议

## 4.1 治理和管理对策

### 4.1.1 治理和管理概述

为规范各煤炭企业网络与信息系统安全管理工作，健全网络安全保障体系，保障各企业网络安全，须在严格落实《中华人民共和国网络安全法》和信息系统安全等级保护制度、网络安全等级保护制度等相关法律法规和政策制度规定的同时，建立企业网络安全治理体系，健全网络安全组织机构，完善网络安全管理制度和管理流程，以满足网络安全管理和技术的要求。

### 4.1.2 治理体系

煤炭企业网络安全治理体系包括组织管理体系、管理制度体系、人员管理体系和建设管理体系4方面内容。

(1) 组织管理体系。明确煤炭企业网络安全组织体系及其运作模式，建立企业网络安全的决策、管理、执行、监督组织架构，同时明确关键角色/职责，是网络安全能力建设的基础与保障。

(2) 管理制度体系。在组织管理体系的基础上，建立完善的管理制度体系，明确组织网络安全工作的策略、方法和体系，是网络安全工作开展的关键。

(3) 人员管理体系。加强煤炭企业内部员工管理，规范招聘、录用、入职、内部岗位变动及员工离职程序，是网络安全工作开展的前提。

(4) 建设管理体系。信息化项目建设过程中，应选择安全可信的信息技术产品和服务，网络关键设备、网络安全专用产品应符合国家网络安全及采购相关规定。

### 4.1.3 组织管理

(1) 企业网络安全工作应实行主要领导负责制。企业主要负责人应是本单位网络安全工作的第一责任人。应按照“谁建设谁负责，谁运行谁负责，谁使用谁负责”的原则，逐级落实网络安全责任制。

(2) 企业网络安全工作应实行统一领导和分级管理。企业统一领导各单位的网络安全工作，负责企业总部的网络安全工作。下级各单位负责本单位的网络安全工作，以及再下一级单位的领导工作。

(3) 企业应建立健全网络安全管理组织机构。企业应按照国家、行业、地方网络安全工作要求，建立健全网络安全工作管理组织机构，明确工作职责，建立工作流程，部署具体工作。

① 企业应成立网络安全和信息化领导小组(或委员会)，作为本企业网络安全工作的管理协调机构。所属成员单位同时成立网络安全和信息化领导小组，作为本单位网络安全工作的管理机构，负责管理范围内的网络安全管理重大事项决策和协调工作。企业各级网络安全和信息化领导小组的主要职责如下：

a. 落实有关网络安全法律法规、方针政策、制度、标准和规范。

b. 组织制定并推动落实本企业网络安全和信息化发展规划。

c. 组织制定本企业网络安全管理规章制度和标准规范。

d. 指导、协调和检查各单位网络安全工作，组织落实企业信息系统等级保护制度，统筹开展企业信息系统风险评估和安全检查工作。

e. 负责企业网络安全监测预警信息的收集、分析以及风险预警信息的发布。

f. 负责企业网络和信息系统安全事件处理和管理工作。

g. 负责企业网络和信息系统应急管理相关工作。

② 企业网络安全和信息化领导小组应下设办公室，作为企业网络安

全和信息化领导小组的日常办事机构，协助领导小组具体负责企业网络安全相关工作。一般该办公室应设在企业信息化部门，如企业信息部、信息中心等。企业信息化部门作为网络安全工作的归口管理部门，统筹负责企业网络安全工作。企业网络安全和信息化领导小组办公室的主要职责如下：

a. 制定企业网络安全策略，构建网络安全技术体系并组织实施。

b. 组织企业全员网络安全意识宣贯、内部网络安全专业人员的技能培训等工作。

c. 组织企业各成员单位落实网络安全等级保护、风险评估、关键信息基础设施的认定和安全防护等工作。

d. 组织建立企业网络安全预警、应急处置和信息通报机制。

e. 组织企业网络安全重大事件应急处置、检查通报及考核评价等工作。

f. 向国家有关部门、行业主管部门等进行网络安全工作总结、汇报等工作。

③ 企业应明确其他成员单位和部门的安全管理责任。其他成员单位和部门的主要职责如下：

a. 多元化企业的各产业管理部门。负责组织制定本产业生产工控网络安全的防护要求、实施方案、技术措施等相关文件，并监督、指导子分公司生产工控网络的安全管理工作。

b. 企业总部其他部门。负责落实集团网络安全管理规定，并监督、指导所负责业务领域的网络安全管理。

c. 子分公司及基层单位。负责贯彻执行企业总部网络安全规划、体系架构、制度标准，负责本单位网络安全建设、等级保护、系统运维、事件处置工作，并指导、监督、评价所属单位的网络安全工作。

④ 企业应建立网络安全工作队伍。企业应在相关部门和成员单位指派政治素质高、业务素质好、具备相应专业知识的人员担任专兼职网络安全员，具体负责本部门或本单位网络安全管理工作，以及与信息化部门的协同工作。网络安全员的主要职责如下：

a. 负责本部门或本单位计算机病毒防治以及应用系统安全管理工作，

监督检查本部门客户端安全使用情况。

b. 负责向企业网络安全管理人员提出本部门或本单位网络安全保障需求。

c. 负责本部门或本单位网络安全管理工作，组织开展网络安全自查，协助信息化部门完成对本部门或本单位的网络安全检查工作。

d. 积极配合企业网络安全管理人员工作，并参加和协助各项网络安全技能培训工作。

以上组织管理内容应满足《信息安全技术 网络安全等级保护测评要求》(GB/T 28448—2019)、《信息安全技术 网络安全等级保护基本要求》(GB/T 22239—2019)、《信息安全技术 网络安全等级保护安全设计技术要求》(GB/T 25070—2019)等标准的要求。

(4) 企业人力资源管理中的网络安全组织管理要求。企业信息化部门应配合人力资源管理部门加强人员网络安全管理，特别是关键敏感岗位人员的招聘、入职、转岗、离职等过程的网络安全管理。同时，企业人力资源部门涉及网络安全职责的工作内容包括：

① 根据本单位人员岗位设置情况，明确各岗位网络安全职责具体要求。对照人员岗位的网络安全职责要求，开展人员招聘工作。

② 对企业内部关键岗位或敏感岗位等的应聘人员，需进行背景调查时，应对应聘人员工作经历、征信/犯罪记录等信息进行调查核实。

③ 负责组织新进员工签订劳动合同，合同中应明确规定员工需承担的包括保密要求在内的网络安全责任，也可以根据岗位情况和人员情况，与新进员工签订单独的保密协议。

④ 组织的新员工入职培训中，应包括企业网络安全制度、网络安全意识教育等相关内容。

⑤ 及时通知相关部门关闭离职员工各类工作账号及访问权限，监督相关部门完成该员工账号和访问权限的回收确认，包括但不限于操作系统权限、应用系统权限、办公系统及邮箱使用权限等。

(5) 企业员工的网络安全组织管理要求。

① 根据工作需要，适时组织网络安全相关培训。

② 对重要岗位或敏感岗位采取岗位轮换等措施。重要岗位可设置主备岗制度以实现人员备份和互相监督。

③ 如果员工岗位发生变化，应及时检查重要信息资产的交接情况，并对员工转岗前后的各信息系统内的个人账号和访问权限及时进行调整。

④ 员工离职时，应依照该员工签署的保密协议，审核其脱敏期，并明确告知其在离职后的网络安全保密责任。

⑤ 员工离职时，应及时交还企业相关信息资产和物品，并确保由归还资产的接收部门进行审核和确认。

(6) 煤炭企业的网络安全组织管理要求。

① 由煤炭企业负责人作为网络安全主要责任人，明确各业务专责人的安全管理责任，认真贯彻“谁主管谁负责、谁运营谁负责、谁使用谁负责”的原则。

② 明确煤炭企业网络安全防护职责归口部门，归口管理部门负责网络安全总体规划、技术支持、项目费用审批等。

③ 根据各部门和岗位的职责，明确授权审批事项、审批部门和批准人等。

④ 针对系统变更、重要操作、物理访问和系统接入等事项建立审批程序；按照审批程序执行审批过程，对重要活动建立逐级审批制度，记录审批过程并保存审批文档。

⑤ 制定和完善网络安全审核和安全检查制度，定期按照程序进行安全审核和安全检查活动，并保存相关安全审核和检查记录。

⑥ 加强各类管理人员之间、组织内部机构之间以及信息职能部门内部的合作与沟通，定期或不定期召开协调会议，共同协作处理网络安全问题，并做好记录工作。

### 4.1.4 管理制度

网络安全管理制度体系由安全策略、管理制度和操作规程等构成。煤炭企业构建网络安全管理制度体系，可参考编制出台以下文件。

(1)《信息安全工作总体方针》

《信息安全工作总体方针》的主要内容应包括：企业网络安全工作的总体目标、范围、原则和安全框架等，安全框架（策略）可从物理、网络、主机、应用和数据安全的安全防范措施等概述。如：以满足网站业务运行要求，遵守行业规程，实施等级保护及风险管理，确保信息安全以及实现持续改进的目的等内容作为本单位信息安全工作的总体方针；以信息网络的硬件、软件及其系统中的数据受到保护，不受偶然的或者恶意的原因而遭到破坏、更改、泄露，系统连续、可靠、正常地运行，信息服务不中断为总体目标。

安全策略主要包含以下方面内容：

① 物理安全策略，包括选取机房的位置、部署消防灭火系统等。

② 网络安全策略，包括网络设备开启日志审计、边界处部署防火墙等。

③ 主机安全策略，包括为不同用户分配不同的用户名，禁止多人共用一个账户等。

④ 应用安全策略，包括开启登录连接超时自动退出等。

⑤ 数据安全策略，包括数据备份时使用专业的备份设备和工具等。

(2)《安全教育和培训制度》

《安全教育和培训制度》的主要内容应包括：

① 各部门针对各自岗位制定相应培训计划，包括培训方式、培训对象、培训内容、培训时间和地点等。培训内容包括信息安全基础知识、岗位操作规程等。

② 培训考核方式。

③ 对安全责任和惩戒措施进行规定并告知相关人员。

(3)《外部人员访问管理制度》

《外部人员访问管理制度》的主要内容应包括：

① 外部人员访问的范围，包括区域、系统、设备、信息等。

② 外部人员进入的访问控制措施（包括访问重要区域前应先提出书面申请，批准后由专人全程陪同或监督并登记备案等）和外部人员离开的条件等。

③ 加强对办公环境的保密性管理，规范办公环境人员行为，包括工作人员调离办公室应立即交还该办公室钥匙、不在办公区接待来访人员、工作人员离开座位应确保终端计算机退出登录状态和桌面上没有包含敏感信息的纸档文件等。

④ 附件，包括申请单、访问记录表等。

(4)《设备安全管理制度》

《设备安全管理制度》的适用范围：对网络设备、安全设备、服务器、终端计算机、工作站、便携机等设备的操作和使用进行规范化管理；明确负责部门或负责人（设备管理员）。

《设备安全管理制度》的主要内容应包括：

① 对信息系统相关的各种设备（包括备份和冗余设备）、网络等从选型、采购、发放、使用、维护等环节进行管理。如：选型规定应根据国家相关规定制定，以安全可靠为原则；采购规定应依据国家政府采购的相关规定制定；规定发放、领用、维护过程中应遵守的程序和事项。

② 终端安全防护，包括账号安全、密码强度、人员行为约束等。

③ 网络接入管理，包括接入控制、远程维护安全等。

④ 规范设备管理员职责，包括对设备进行登记，权限及账号管理，建立设备使用、运行、维护档案，定期对设备进行巡检，漏洞扫描，以及制定设备带离审批流程等。

(5)《资产安全管理制度》

《资产安全管理制度》的适用范围：明确负责部门或负责人、资产内容（包括机房内和办公区设备资产、数据信息资产等）。

《资产安全管理制度》的主要内容应包括：

① 建立资产清单，注明资产重要程度和物理位置等管理内容，并规范资产的管理和使用行为。

② 明确资产管理责任人或责任部门，规定其资产管理及监督检查工作内容。

③ 资产管理和使用的行为规范，包括对资产的登记清单、安全使用、借用、维护、升级、增容、移动、维修和报废等管理内容。

④ 数据信息的分类与标识方法。规定对数据信息内容分类标识的原则和方法，应根据信息的重要程度、敏感程度或用途不同进行分类。

⑤ 信息的使用、传输和存储方面的规范化规定，包括信息的使用、传输和存储方式。针对不同类型的信息在使用、传输和存储方面制定相应的操作流程和安全管理措施。

⑥ 附件，包括资产清单，资产借用、维修、报废申请单或审批单等。

(6)《介质安全管理制度》

《介质安全管理制度》的主要内容应包括：

① 制定介质的使用、维修、销毁等管理办法和操作流程。

② 对介质存放环境进行规定，包括对介质建档，分门别类存放等。

③ 对介质的领取、封装、传输、交接和使用等环境进行规定，包括领取时的审批和登记、严格介质的打包规范（如采用防拆包装置）、物理传输方式、交付程序；并对介质的使用情况进行登记管理和定期盘点。

④ 介质维护规定，包括定期对介质进行检查维护，对带出工作环境的存储介质进行内容加密和监控管理，对送出维修或销毁的介质应进行登记，并按照介质所存信息的密级进行相应的安全处理，介质销毁前对数据进行净化处理等。

⑤ 介质销毁规定。销毁的介质应进行审批和登记，并按照介质所存信息的密级进行相应的安全处理等。

(7)《网络安全管理制度》

《网络安全管理制度》的主要内容应包括：

① 指定专人或部门负责网络管理工作，负责网络规划和上网用户管理，保障设备正常运行、线路畅通和网内及边界的安全，完成巡检、运行日志、网络监控记录的日常维护和报警信息分析和处理工作，并负责网络安全管理工作。

② 对包括网络设备的网络安全配置、安全策略、授权访问、最小服务、升级与打补丁、口令管理（如口令更换周期）、审计日志管理、定期漏洞扫描、及时修补漏洞、明确日志保存期限等方面做出规定。

③ 规定中还应包含定期检查并形成网络监控记录和维护运行日志。

(8)《系统安全管理制度》

《系统安全管理制度》的主要内容应包括：

① 指定专人或部门负责系统管理工作（如系统管理员），负责系统运行管理规划和用户管理，保障系统正常运行，完成巡检、运行日志、监控记录的日常维护和报警信息分析和处理工作（如果条件允许，最好对系统管理员进行分类，设置不同权限，如××负责操作系统管理，××负责数据库管理等）。

② 对系统安全策略、安全配置、日志管理和日常操作流程等方面做出具体规定，包括系统安全配置（系统的安全策略、授权访问、最小服务、升级与打补丁）、系统账户（用户责任、义务、风险、权限审批、权限分配、账户注销等）、定期漏洞扫描、系统日志管理、审计日志以及配置文件的生成、备份、变更审批、符合性检查等方面。其中，安全策略包含物理安全、访问控制、信息加密和安全管理等。

③ 应形成系统漏洞扫描报告、详细操作日志、审计分析记录。

(9)《恶意代码防范管理制度》

《恶意代码防范管理制度》的主要内容应包括：

① 安装杀毒软件。

② 恶意代码防范的日常管理，包含定期培训、定期升级防恶意代码软件版本、恶意代码检测和记录、恶意代码库升级、计算机终端恶意代码、木马防范基础工作、网络接入管理、介质接入管理等规定。

③ 恶意代码查杀与处理等。

(10)《变更管理制度》

《变更管理制度》的主要内容应包括：变更申请和审批、变更方案评审、变更过程管理、变更后通报、重大变更验证和归档、变更失败处理等。

(11)《备份与恢复管理制度》

《备份与恢复管理制度》的适用范围：数据库备份、备份恢复等。

《备份与恢复管理制度》的主要内容应包括：

① 需备份信息资产界定，包括网络、系统、数据库、应用系统等。

② 备份方案。对备份信息的备份方式、备份频度、存储介质、介质替换

频率、存放场所、文件命名规则、保存期等进行规范。

③ 备份恢复。规定应恢复备份的场景和原则。

(12)《安全事件报告和处置管理制度》

《安全事件报告和处置管理制度》的主要内容应包括:信息安全事件的分类分级、安全事件定义、安全事件等级划分原则、安全事件的等级描述、预防、报告、响应处置流程、调查处理、整改等。

信息安全事件分级分类可参考《信息安全技术 信息安全事件分类分级指南》(GB/Z 20986—2007)。

(13)《应急响应管理》

《应急响应管理》的主要内容应包括:

① 明确应急响应的组织机构。

② 安全事件应急处理流程,包括预防预警、报告、处置、后期观察、调查评估、整改、培训、演练等。

③ 应急预案,包括事件监测、预警、决策部署、响应方案、调查评估、预防保护等。

④ 定期进行应急预案演练和审查。根据系统的现状和演练中发现的问题,审核预案的适用性,提出改进优化方案。

(14)《网络安全管理文件控制制度》

《网络安全管理文件控制制度》的主要内容应包括:

① 指定各类安全管理制度的制定部门和参与制度制定的人员范围。

② 说明安全管理制度的格式要求、版本编号要求。

③ 对制定的安全管理制度进行论证和审定,描述论证和审定方式。

④ 说明安全管理制度的制定、发布程序和发布范围等要求。

⑤ 需由网络安全领导小组负责定期对安全管理制度体系的合理性和适用性进行审定,确定审定周期。

⑥ 规定当系统发生重大安全事故、出现新的安全漏洞以及技术基础结构和组织结构等发生变更时对安全管理制度进行检查,对需要改进的制度进行修订。

(15)《信息系统工程管理制度》

《信息系统工程管理制度》的主要内容应包括：

① 工程管理。指定或授权专门的部门或人员负责工程实施过程的管理;工程实施过程的管理流程、质量控制等。

② 测试验收管理。规定系统验收测试的过程控制和参与人员的行为等方面内容;指定专门部门负责测试验收工作;规定测试验收评审。

③ 系统交付管理。规定系统交付的控制方法和人员行为准则;指定或授权专门的部门负责系统交付的管理工作。

(16)《外包开发软件管理制度》

《外包开发软件管理制度》的主要内容应包括:含外包软件的控制流程和控制方法、软件安装之前检测软件中的恶意代码等。

以上制度文件具体需满足的基本要求参照《信息安全技术 网络安全等级保护测评要求》(GB/T 28448—2019)、《信息安全技术 网络安全等级保护基本要求》(GB/T 22239—2019)、《信息安全技术 网络安全等级保护安全设计技术要求》(GB/T 25070—2019)等标准。

网络安全管理制度体系应具有统一格式。制度制定后,定期进行评审(如两年或组织架构改变),留存评审记录。评审可对制度的合理性和适用性进行审定,记录评审时间、评审地点、评审人员、评审结论等内容。

制定制度收发登记表格,以便查阅。表格内容可包含制度名称(版本编号)、发布/修订/回收、时间、发布范围(如公司或某部门)、收发或修订人签字、修订内容等。

### 4.1.5 人员管理

维护网络安全关键在人。网络安全的人员管理,不仅涉及企业负责网络安全的管理和技术人员,而且包括企业其他人员和外部人员。

(1) 企业最高管理层网络安全领导要求

① 企业最高管理层应通过以下活动,证实对网络安全管理体系的领导和承诺:

a. 确保建立了网络安全策略和网络安全目的,并与企业战略方向一致。

b. 确保将网络安全管理体系要求整合到组织过程中。

c. 确保网络安全管理体系所需资源可用。

d. 沟通有效的网络安全管理及符合网络安全管理体系要求的重要性。

e. 确保网络安全管理体系达到预期结果。

f. 指导并支持相关人员为网络安全管理体系的有效性做出贡献。

g. 促进网络安全管理体系持续改进。

h. 支持其他相关管理角色,以证实他们的领导按角色应用于其责任范围。

② 企业最高管理层应建立网络安全方针,要求如下:

a. 与企业意图相适宜。

b. 包括网络安全目的或为设定网络安全目的提供框架。

c. 包括对满足适用的网络安全相关要求的承诺。

d. 包括对持续改进网络安全管理体系的承诺。

另外,网络安全方针应形成文件化信息并可用,而且应在组织内得到沟通,并在适当时对相关方可用。

③ 分配责任和权限。最高管理层应确保与网络安全相关角色的责任和权限得到分配和沟通。最高管理层应分配责任和权限,以确保网络安全管理体系符合要求,并向最高管理者报告网络安全管理体系绩效。

(2) 企业重点岗位、敏感岗位人员网络安全管理要求

① 重要岗位、敏感岗位人员不得擅自泄露重要安全信息。

② 账户、密码及相关安全资料应妥善保管,重要账户、密码设置应具有高强度,并且最少三个月更换一次。

③ 进行系统登录操作时,不得有其他人员在场。

④ 应经过企业网络安全专业培训与审核,培训与审核合格后方可上岗。定期进行网络安全培训,不定期进行网络安全教育,强化网络安全意识,增强守法观念。

⑤ 上岗手续正式生效后,经主管部门同意,才能开通该岗位所涉及系统访问账号的权限。

⑥ 上岗人员须签署《上岗保密协议书》和《安全责任书》，协议书中应规定保密期限、保密范围、保密的权利义务、违约责任等内容。

⑦ 调离时，应对离岗人员账号日志信息进行审计，如发现非正常使用记录应及时分析并暂停该人员离岗流程，上报给主管部门进行进一步调查。

⑧ 应定期进行审查，如发现其违反安全规定，应控制使用。

⑨ 在离岗时，须承诺调离后的保密义务，签订《离岗保密协议书》后方可离开。

⑩ 注销所涉及的系统和应用账号，对相应权限进行注销或删除，并记录注销或删除的系统账号及权限。

（3）企业网络安全管理（技术）人员管理要求

① 人员上岗前相关部门须先对其进行背景调查。凡是因违反国家法律法规和企业有关规定受到处罚或处分的人员，不得从事此项工作。

② 办理上岗手续正式生效后，经主管部门同意，才能开通该岗位所涉及系统（包括应用系统、数据库系统、主机操作系统、硬件系统等）访问账号的权限。

③ 须签署《上岗保密协议书》和《安全责任书》，协议书中应规定保密期限、保密范围、保密的权利义务、违约责任等内容。

④ 应经过企业组织的专业培训与审核，培训与审核合格后方可上岗。上岗后，每年至少参加一次专业培训。

⑤ 人员应为专职，岗位人员遵循“权限分散、不得交叉”的原则，并建立主备岗制度。

⑥ 在履行职责时，确因工作需要查询相关涉密信息，须按照本企业相关规定流程，获得批准后方可执行。

⑦ 所在单位应定期进行不同侧重的安全认知和安全技能的考核，作为人员是否适合当前岗位的参考。

⑧ 对关键岗位人员，应定期进行审查，如发现其违反安全规定，应控制使用。

⑨ 对发现的违反违背安全策略和规定的人员，视情节轻重，报相关领导

审核批准后，给予通报批评以及相应的责任追究。

⑩ 应对考核结果进行记录并保存。

⑪ 应制定并实施安全教育和培训计划，提供对安全政策和操作规程的认知教育和训练等。

⑫ 应对定期安全教育和培训进行书面规定，针对不同岗位，制定不同的专业培训计划。

⑬ 应对安全教育和培训的情况和结果进行记录并归档保存。

⑭ 应对离岗人员所涉及的系统和应用账号进行注销，对相应权限进行注销或删除，并记录注销或删除的系统账号及权限。

⑮ 应对离岗人员账号日志信息进行审计，如发现非正常使用记录应及时分析并暂停该人员离岗流程，上报给相关负责人进行进一步的调查。

⑯ 应在取回离岗人员各种岗位身份证件、钥匙、徽章等以及机构提供的软硬件设备后，方可在离岗汇签单上签字或盖章。

⑰ 离岗时须承诺调离后的保密义务，签订《离岗保密协议书》后方可离开。

⑱ 网络安全管理人员实行备案管理制度。企业各成员单位的网络安全管理人员的配备和变更情况，应及时报上级企业信息化部门备案。

（4）外部人员安全管理要求

外部人员通常是指软件开发商、硬件供应商、系统集成商、设备维护商和服务提供商、实习生、临时工等非内部人员。外部人员在访问时可以分成物理访问和信息访问。物理访问，如对办公室、机房的物理访问；信息访问，如对信息系统、主机、网络设备、数据库的访问。

对于实际访问的外部人员，按照访问的时间长短和访问的性质，可以分为临时来访的外部人员和非临时来访的外部人员两种。临时来访的外部人员，指因业务洽谈、参观、交流、提供短期和不频繁的技术支持服务而临时来访的外部组织或个人；非临时来访的外部人员，指因从事合作开发、参与项目工程、提供技术支持、售后服务、服务外包或顾问服务等办公和工作的外部组织或个人。

对于短期和长期的实际物理和信息访问，应规定不同的安全管理要求，负责接待的部门和接待人对外部人员来访的安全负责，并对访问机房等敏感区域持谨慎态度。具体管理要求应包括：

① 遵守本单位各项信息安全标准和管理规定。

② 签署安全保密协议、安全承诺协议或在合同中规定相关的内容。

③ 对其维护目标的安全配置要求，必须符合相应的网络设备、主机、操作系统、数据库和通用应用程序等安全配置标准文档中的相应规定。

④ 申请访问权限时，必须阐明其申请理由、访问方式、要求权限、访问时间和地点等内容。本单位安全管理人员须核实其申请访问权限的必要性和访问方式，评估其可能带来的安全风险，采取相应措施降低风险。在风险可控范围内，给予适当用户权限。

(5) 网络安全相关岗位设置及职责要求

企业应根据网络安全工作实际，设立相应的安全管理员、网络管理员、系统管理员、安全审计员、数据库管理员、机房管理员、业务系统管理员、信息资产管理员等网络安全岗位。各岗位职责如下：

① 安全管理员。安全管理员不能兼任网络管理员、系统管理员，其主要职责是：

a. 组织信息系统的安全风险评估工作，并定期进行系统漏洞扫描，形成安全现状评估报告。

b. 定期编制网络安全状态报告，向网络安全领导机构报告整体情况。

c. 负责核心网络安全设备的安全配置管理工作。

d. 编制网络安全设备和系统的运行维护标准。

e. 负责信息系统安全监督及网络安全管理系统、补丁分发系统和防病毒系统的日常运行维护工作。

f. 负责沟通、协调和组织处理网络安全事件，确保网络安全事件能够及时处置和响应。

② 网络管理员。网络管理员不能兼任安全管理员，其主要职责是：

a. 负责网络及网络安全设备的配置、部署、运行维护和日常管理工作。

b. 负责编制网络及网络安全设备的安全配置标准。

c. 能够及时发现、处理网络及网络安全设备的故障和相关安全事件，并能根据流程及时上报，减少网络安全事件的扩大和影响。

③ 系统管理员。系统管理员不能兼任安全管理员，其主要职责是：

a. 负责服务器的日常安全管理工作，确保服务器操作系统的漏洞最小化，保障服务器的安全稳定运行。

b. 负责编制服务器操作系统的安全配置标准。

c. 能够及时发现、处理服务器和操作系统相关安全事件，并能根据流程及时上报，减少网络安全事件的扩大和影响。

④ 安全审计员。安全审计员的主要职责是：

a. 定期审计网络安全制度执行情况，收集和分析信息系统日志和审计记录，及时报告可能存在的问题。

b. 对安全、网络、系统、应用、数据库管理员的操作行为进行监督，对安全职责落实情况进行检查。

⑤ 数据库管理员。数据库管理员的主要职责是：

a. 负责数据中心数据存储、备份以及存储备份设备的日常安全运行管理工作。

b. 能够及时发现、处理数据和数据备份相关安全事件，并能根据流程及时上报，减少网络安全事件的扩大和影响。

⑥ 机房管理员。机房管理员的主要职责是：

a. 负责机房内的环境安全，保证设备的运行状态正常。

b. 负责机房出入人员的登记。

c. 负责对机房内维护人员的监控。

⑦ 业务系统管理员。业务系统管理员的主要职责是：

a. 负责对所管辖业务应用系统进行安全配置，负责应用系统设计、实施和运维的信息安全管理工作。

b. 负责对所管辖业务应用系统的用户权限分配和管理，对登录用户进行监测和分析。

c. 负责实施系统软件版本管理，应用软件备份和恢复管理。

d. 负责监督和管理第三方应用系统开发时的安全管理工作。

e. 能够及时发现、处理应用系统相关的安全事件，并能根据流程及时上报，减少网络安全事件的扩大和影响。

⑧ 信息资产管理员。信息资产管理员的主要职责是：负责信息资产清单的记录和维护，清查、核对和统计信息资产的使用情况。

⑨ 外部专家及顾问。企业可根据工作实际需要，聘请外部专家或顾问。专家顾问成员应对网络安全或相关领域有丰富的知识和经验，如安全技术、电子政务、等级保护或质量管理等。外部专家和顾问负责对本单位网络安全重要问题的决策提供咨询和建议；同时应加强与供应商、业界专家、专业安全公司等安全组织的合作和沟通。

(6) 人员教育培训与考核要求

煤炭企业应建立健全网络信息安全教育培训及考核制度，积极组织从业人员开展岗前教育、日常培训及专业考核，形成全方位、立体化的多层次网络信息安全人才队伍。网络安全培训可分为四个层次进行。

第一层次：面向全员。定期进行紧跟行业发展形势的网络安全科普教育、政策法规教育，增强煤炭企业全员的网络安全防范意识，自下而上构筑基层防线。

第二层次：面向中层及以上领导。定期进行网络安全战略、网络安全管理的专题培训，提高安全管理与防范意识，做好安全规划和体系设计。

第三层次：面向网络安全技术人员。针对常见网络信息安全风险进行重点培训，提升安全运维能力，支撑组织内信息系统的稳定运行。

第四层次：面向综合攻防技术人员。针对各种攻防技术手段的原理及机制进行专项培训，提升综合应急实战能力，有效抵御外部攻击。

常态化、高质量的专题培训能够快速、有效地提高煤炭企业网络安全技术人员的能力，同时为了强化培训效果、帮助企业内部建立科学、客观、行之有效的网络安全技术人员测评、考核乃至晋升通道，搭建人才发展的阶梯，可适当进行专业能力的认证考核，促进网络安全技术人才队伍的建立和可持续发展。煤炭企业网络安全人才能力培训与考核可参照表 4-1 所列内容进行设计实施。

**表 4-1　煤炭企业网络安全人才能力培训与考核参考设计**

| 序号 | 内容 | 一级知识点 | 二级知识点 | 培训及考核方式 |
|---|---|---|---|---|
| 1 | 网络安全法律法规 | 网络安全法律法规 | 《中华人民共和国网络安全法》背景概述、细则及解读<br>网络安全相关法律解读<br>相关案例分析及法律责任 | 理论 |
| 2 | 操作系统基础 | Windows 操作系统基础 | 基础介绍与安装<br>基本配置<br>DNS 服务介绍<br>DNS 服务器搭建与配置<br>DHCP 介绍与安装<br>Web 服务器安装与配置 | 理论＋实操 |
| | | Linux 操作系统基础 | 基础入门<br>文件系统和目录<br>文件权限管理<br>VIM 文件编辑器 | |
| | | Shell 基础 | Linux 基础-Shell 基础 | |
| 3 | 应急响应 | 安全事件管理处置 | 应急响应简介<br>事件分级分类<br>安全事件处置思路指导<br>安全事件处置案例分析<br>Windows 应急响应<br>Windows 应急响应工具与日志<br>Linux 应急响应 | 理论＋实操 |
| 4 | 网络安全运维 | 网络安全运维基础 | 初识网络<br>OSI 与 TCP/IP 基础<br>IP 网络基础<br>IP 路由工作原理<br>TCP/UDP 基础<br>应用层协议介绍<br>路由操作平台基础<br>路由协议基础 | 理论＋实操 |

**表 4-1(续)**

<table>
<tr><th>序号</th><th>内容</th><th>一级知识点</th><th>二级知识点</th><th>培训及考核方式</th></tr>
<tr><td>4</td><td>网络安全运维</td><td>网络安全运维基础</td><td>静态路由基础<br>RIP 动态路由基础<br>RIP 动态路由<br>OSPF 动态路由基础<br>路由引入<br>以太网基础<br>VLAN 技术<br>VLAN 路由<br>STP 的基本原理<br>RSTP 与 MSTP<br>链路聚合与 VRRP 基础<br>DHCP 基础<br>Telnet 与 SSH<br>广域网 PPP 的原理与配置<br>访问控制列表的概述<br>NAT 概述<br>IPv6 基础</td><td>理论+实操</td></tr>
<tr><td rowspan="3">5</td><td rowspan="3">网络安全等级保护</td><td>网络安全等级保护总述</td><td>等级保护政策和标准<br>等级保护工作环节和过程<br>等级保护 2.0 标准</td><td rowspan="3">理论</td></tr>
<tr><td>网络安全等级保护定级</td><td>等级保护定级标准</td></tr>
<tr><td>网络安全等级保护测评</td><td>等级保护测评实施<br>等级保护测评方法<br>等级保护测评技术<br>交换机设备测评<br>路由器设备测评<br>防火墙设备测评<br>Linux 系统测评<br>Windows 系统测评<br>MySQL 数据库测评</td></tr>
</table>

表 4-1(续)

| 序号 | 内容 | 一级知识点 | 二级知识点 | 培训及考核方式 |
|---|---|---|---|---|
| 5 | 网络安全等级保护 | 网络安全等级保护体系建设 | 等级保护安全技术设计<br>等级保护体系建设整改<br>等级保护体系建设方案案例<br>交换机设备安全加固<br>路由器设备安全加固<br>防火墙设备安全加固<br>Linux 系统安全加固<br>Windows 系统安全加固<br>MySQL 数据库安全加固 | 理论 |
| | | 网络安全等级保护通用标准要求 | 等级保护 2.0 标准变化概述<br>物理环境和通信网络<br>区域边界和计算环境<br>管理中心和管理制度<br>管理机构和管理人员<br>建设管理和运维管理<br>等级保护高风险项 | |

### 4.1.6 建设管理

企业网络安全建设管理主要包括:规划建设、系统建设、系统管理、运维管理、网络管理、审计管理、安全管理、集中管控、应急管理、检查评估、责任追究等内容。

(1) 规划建设。企业网络安全管理工作应坚持“同步规划、同步建设、同步运行”的原则,确保网络安全设施与信息系统建设项目同步投入使用。企业信息化部门负责组织编制总体网络安全规划,各成员单位依据总体规划,结合本单位实际,统筹安排年度计划和实施方案,在建设项目的规划设计、建设开发、移交上线等环节落实网络安全保护责任。

(2) 系统建设。煤炭企业各级各类网络和信息系统(是指企业及各级成员单位的工控网、生产专网、办公网、广域网、互联网及其承载的各类信息系统)建设应满足以下安全要求：

① 系统建设可行性研究报告中，应按照《信息安全技术 网络安全等级保护定级指南》(GB/T 22240—2020)和有关技术要求，确定安全保护等级，并严格按照安全保护等级编制网络安全方案。安全等级保护三级及以上系统应编制专项网络安全防护方案。系统功能发生重大变更的，应当重新定级，并根据定级结果重新评估系统安全防护能力，开展安全整改建设。

② 系统建设过程中，应选择安全可信的信息技术产品和服务，网络关键设备、网络安全专用产品应符合国家网络安全及采购相关法律法规。

应强化关键信息基础设施的供应链安全管理，按照《网络安全审查办法》，预判采购的网络产品和服务投入使用后可能带来的安全风险。影响或者可能影响国家安全的，应当向网络安全审查办公室申报网络安全审查，并取得审查结论。

③ 信息系统开发过程中，应同步开展代码安全检查和安全测试工作，应有完善的用户登录日志、操作日志记录功能，具备发现并记录异常事件、制定复杂密码策略等相关安全管理功能。

④ 系统建设项目验收前，承建单位应提供开发软件的设计文档、使用指南和软件源代码。建设单位应组织开展上线安全检测、功能测试、代码安全审计，并留档备查。未通过安全检测、功能测试、代码安全审计的，应在整改通过后投入试运行，确保不上线存在高中危漏洞的系统。

⑤ 上线安全检测、代码安全审计工作应选择具有网络安全服务资质的单位或机构开展，项目实施、开发人员不能同时承担项目上线安全检测、代码安全审计工作。

⑥ 安全等级保护三级及以上的系统应制定密码应用实施方案，并基于网络安全等级保护工作同步开展密码应用安全评估，通过密码应用安全评估和问题整改后方可进行竣工验收。

(3) 系统管理。煤炭企业信息系统管理应满足以下安全要求：

① 应对系统管理员进行身份鉴别，只允许其通过特定的命令或操作界面进行系统管理操作，并对这些操作进行审计。

② 采用两种或两种以上组合鉴别技术对用户进行身份鉴别。

③ 应通过系统管理员对系统的资源和运行进行配置、控制和管理，包括用户身份、系统资源配置、系统加载和启动、系统运行的异常处理、数据和设备的备份与恢复等。

（4）运维管理。煤炭企业信息系统运维管理应满足以下安全要求：

① 应对机房建筑采取门禁、值守等措施，加强机房和设备间的进出管理，防止非法进入，并定期对机房开展安全检测，确保机房符合安全等级保护要求。

② 建立设备安全管理、介质安全管理和资产安全管理制度，对设备和介质的存放环境、使用、维护和销毁等方面制定规定。

③ 加强对移动存储设备、重要文档的安全管理；对终端计算机、工作站、便携机、系统和网络等设备的操作和使用进行规范化管理。

④ 建立安全审计管理制度，指定专人对安全审计工作进行管理。

⑤ 建立系统安全管理制度，指定专人对信息基础设施、主机系统等进行管理，并对主机等进行恶意代码检测并保存检测记录。

⑥ 建立密码使用管理制度，如定期更换密码、避免弱口令、不允许密码贴于办公区等。

⑦ 采取权限控制、安全加密、数字签名、安全审计、数据脱敏等技术措施，确保数据在产生、收集、传输、存储、处理、销毁等全生命周期的安全。强化重要数据识别，明确数据保护对象，定期进行数据备份，并有数据备份有效测试验证记录。涉密数据应按照国家和企业安全保密相关要求进行管理。

（5）网络管理。煤炭企业网络管理应满足以下安全要求：

① 应在不同网络间设置物理或逻辑隔离，按照最小权限的原则对网络进行分区分域管理，并实施严格的访问控制策略。工控网与各单位办公网、集团广域网间有数据同步或上传需要的，应部署单向隔离装置，强化网络安全防护。

② 应严格按照规定，控制网络、系统、设备、终端的接入。接入广域网的办公计算机、应用系统、网络及安全设备应规范使用统一分配的 IP（互联网协议）地址，禁止办公计算机与服务器网段混用。办公计算机应安装统一防

病毒软件。

③ 应遵循企业互联网出口管理要求，使用统一互联网出口访问互联网业务、对外发布应用系统，禁止自建互联网出口。对于使用云服务或依赖于外部基础设施的应用系统，应通过企业 OA（办公自动化）系统中的 IT 审批模块进行申请，经企业信息化部门审批后，方可使用在第三方平台发布的应用系统。

④ 应建立健全网络安全统一监测机制，加强网络安全配置、日志审计的管理，定期开展漏洞扫描、恶意代码检测等工作，及时升级防病毒软件、系统补丁、安全规则库，防止病毒侵入破坏和网络攻击，有效处置网络安全风险隐患。有关日志留存时间不小于 6 个月。

⑤ 应通过网络安全检查、渗透测试、攻防演练等技术措施，对网络进行风险评估。

(6) 审计管理。煤炭企业网络安全审计管理应满足以下要求：

① 应能够查看主机操作系统、数据库系统、网络设备、安全设备的审计策略配置情况，包括审计策略是否开启、参数是否符合安全管理策略。

② 应对审计管理员进行身份鉴别，只允许其通过特定的命令或操作界面进行安全审计操作，并对这些操作进行审计。

③ 应通过审计管理员对审计记录进行分析，并根据分析结果进行处理，包括根据安全审计策略对审计记录进行存储、管理和查询等。

(7) 安全管理。应实现特权用户的权限分离，应授予不同账户为完成各自承担任务所需的最小权限，并在他们之间形成相互制约的关系。

(8) 集中管控。企业安全管理中心集中管控应满足以下要求：

① 应划分出特定的管理区域，对分布在网络中的安全设备或安全组件进行管控。

② 应对网络链路、安全设备、网络设备和服务器等的运行状况、安全告警、安全日志信息进行集中监测管理。

③ 应对安全策略、恶意代码、补丁升级等安全相关事项进行集中管理。

④ 应能对网络中发生的各类安全事件进行识别报警和分析。

(9) 应急管理。煤炭企业信息系统网络安全应急管理应满足以下要求：

① 应制定信息系统网络安全应急处置预案，每年至少进行一次演练，确保发生网络安全事件时能够有序处置、快速恢复。当生产控制区内工业控制系统发生变化时，应根据实际情况，及时组织对应急处置预案进行评估、修改和演练。

② 当生产控制区出现网络安全事件，尤其是遭到黑客、恶意代码攻击和其他人为破坏时，应立即向集团及当地政府相应部门报告，同时按应急处理预案采取安全应急措施。处理安全事件过程中应注意保护现场，以便进行调查取证和分析。

③ 应制定安全防护事件通报制度，有关安全问题做好记录。下级单位应定期向企业网络安全部门报送各类系统网络安全防护情况，并及时上报网络安全防护出现的异常现象。

（10）检查评估。煤炭企业信息系统安全检查评估应满足以下要求：

① 企业信息化部门负责网络安全监督检查机制建设，组织企业网络安全检查，针对企业关键信息基础设施开展专项安全检查。检查可采用攻防演练、渗透测试、在线监测、现场检查等方式。

② 对检查发现的问题视影响范围和严重程度，应提出限期整改、立即整改、下线整改等要求，相关部门应跟踪复测整改落实情况。出现问题的单位应评估、分析问题产生的原因，采取修补漏洞、系统升级、加强防护、完善管理制度等措施进行整改，并按要求反馈整改结果。

③ 建立网络安全责任制考核制度，以“务实、客观、公正”原则，完善健全考核机制，以网络安全攻防演练、渗透测试、网络安全检查、在线监测、信息通报和应急响应等方面情况作为考核依据，并将考核结果作为对领导班子和有关领导干部考核的重要内容。

④ 煤炭企业工业控制系统应建立定期安全检查和整改工作机制，每年至少自行开展一次安全检查，依据发现的问题制定整改计划及措施；企业每年应开展一次生产监控系统网络安全专项检查工作，并对检查结果进行通报与整改。

⑤ 等级保护定级为三级以上的系统，除每年自行开展一次安全检查外，还应按照等级保护要求，做好安全评估及整改工作。

(11) 责任追究。企业对网络安全先进单位、部门和个人应给予通报表扬或表彰。对于违反规定,造成网络安全事件和不良影响的,应根据有关法律法规和企业工作责任制的有关规定,进行追责。

① 对责任单位的责任追究方式按等级分为:

a. 责令整改。

b. 通报批评。

c. 约谈主管网络安全的领导班子成员。

d. 约谈领导班子主要负责人。

e. 涉嫌违法犯罪的,按照相关法律法规处理。

② 有下列情形之一的,应对责任单位、责任人进行提醒,责令整改:

a. 网络与信息系统存在安全隐患和漏洞,可能导致重要数据或个人信息被窃取、泄露、篡改或毁损,未造成实质性操作、危害或不良影响的。

b. 互联网应用系统(含门户网站、微信公众号等信息发布平台)存在安全隐患和漏洞,可能导致数据被篡改或毁损的。

c. 与关键信息基础设施相关的网络与信息系统存在安全隐患,对关键信息基础设施运行安全造成威胁的。

d. 未履行相关职责和规定,存在其他危害网络安全行为,情节较轻的。

③ 有下列情形之一的,应对责任单位和相关责任人进行通报批评:

a. 互联网门户网站和重要应用系统受到攻击未及时处置,导致瘫痪6小时以上的。

b. 自建互联网出口,或违规在第三方发布互联网应用且存在高中危安全隐患和漏洞的。

c. 网络与信息系统存在安全隐患和漏洞,导致本单位重要数据或个人信息被窃取、泄露、篡改或毁损,造成一般损失、危害或不良影响的。

d. 互联网应用系统(含门户网站、微信公众号等信息发布平台)存在安全隐患和漏洞,被攻击篡改,未造成实质性损失、危害或不良影响的。

e. 关键信息基础设施存在安全隐患和漏洞,或关键信息基础设施相关网络与信息系统存在重大安全隐患,对关键信息基础设施运行安全造成严重威胁的。

f. 责令整改事项未按期整改，或年度内责令整改事项反复发生的。

g. 未履行相关职责和规定，存在其他危害网络安全行为，情节较重的。

④ 有下列情形之一的，应对企业成员单位领导班子主要负责人或主管网络安全的领导班子成员进行约谈：

a. 本单位及下属单位门户网站、重要新闻网站、办公系统、生产经营相关重要应用系统被攻击篡改，导致反动言论或者谣言等违法有害信息扩散，且没有及时组织处置的。其中，企业统建的网站群等应用系统因对应操作系统、中间件、源代码问题导致的网络攻击，内部专业化运维单位须承担主体责任。

b. 企业及成员单位违规在第三方发布互联网应用，且存在安全隐患和漏洞，被国家机关或行业主管部门预警或通报的。

c. 企业及成员单位存在违规互联网出口，且在国家攻防演练和重保期间被攻击者作为攻击跳板的。

d. 企业及成员单位网络与信息系统存在安全隐患和漏洞，造成严重损失、危害或不良影响的。

e. 企业及成员单位重要信息系统存在安全隐患和漏洞，造成一般损失、危害或不良影响的。

f. 未履行相关职责和规定，存在其他危害网络安全行为，情节严重的。

⑤ 网络安全工作应纳入各单位年度绩效评价，因个人原因导致发生较大及以上网络安全事件，依据企业职工违规违纪处理办法给予相应处分；涉嫌违法犯罪的，移送司法机关依法处理。

#### 4.1.7 供应链安全

随着我国企业数字化进程的不断深入，加强供应链安全保障变得至关重要。总体来看，我国虽然建立了大而全的完整工业体系，但是在关键基础材料、精密零部件、芯片、高端生产设备以及核心控制设备、工业操作系统、工业软件等方面还依靠国外进口，技术受制于人。

在煤炭企业数字化建设过程中，同样面临着供应链安全问题。一方面，供应链断供问题需要警惕。随着新冠肺炎疫情的影响和世界形势的不断恶化,全球经济动荡不断,严重冲击了我国制造业供应链。2020 年和 2021 年美国分别将 147 家、484 家中国实体列入“实体清单”,对关键材料、元器件、芯片、核心设备以及核心技术进行出口管制,影响着我国制造业的发展。另一方面,供应链网络攻击形势严峻。工业企业在数字化转型时,不断将上下游供应链链条拉长拉通、互联互通,导致企业的受攻击面增大,尤其针对供应商、渠道商、服务商以及运维商的攻击已成为趋势,在产品开发设计、生产、采购、交付、运行、使用、运维等各个环节频发安全事件。

#### 4.1.7.1 国家政策要求

目前,供应链安全政策在行的监管标准或文件主要有“网络安全等级保护 2.0 标准”、《网络安全审查办法》。

(1)“网络安全等级保护 2.0 标准”。该标准作为强监管要求标准,对涉及供应链安全的要求,主要集中在通用要求和云计算扩展要求部分,包括服务供应商选择、供应链管理等。该标准要求相关服务商或供应商有义务将供应链安全相关的信息和变化及时传给用户,对于重要变更要进行安全风险评估,做好应对措施,保证风险的可控性。

(2)《网络安全审查办法》。该办法主要针对关键信息基础设施运营者,要求其在采购关键设备或工具软件前,应提交审查申请,由国家相关机构对采购的产品进行安全审查。

#### 4.1.7.2 供应链安全涉及的内容

供应链安全是一个多学科的问题,需要业务、客户支持和 IT 之间的密切协作和执行。对正在交付的产品或服务的完整性、正在交换的数据的隐私性以及相关交易的完整性的任何中断和风险都可能造成破坏性的运营、财务和品牌影响。来自内部人员或攻击者的数据泄露、勒索软件攻击和恶意活动可能发生在供应链的任意环节。即使是本地化到单个供应商或第三方供应商的安全事件,也可能严重扰乱计划、制定和交付过程。

供应链是一个日益复杂的全球网络,由大量且不断增加的第三方合作伙伴组成,这些合作伙伴需要访问数据,并能够控制谁可以看到这些数据。当下,战略合作伙伴和供需结构不可预见的迅速变化,进一步增加了挑战和紧迫性。每一个接触点都增加了一个需要评估、管理和缓解的风险元素。

具体来看，供应链安全管理主要涉及以下几方面内容：

（1）数据保护。数据是商业交易的核心，必须在静态和运行中保护并控制数据，以防止违规和篡改。安全的数据交换还包括信任其他来源，确保互动者的身份至关重要。

（2）数据本地化。关键数据存在于供应链的所有环节，无论位于何处，都必须进行定位、分类和保护。数据的获取、存储、管理、使用和交换必须遵循行业标准和政府规定。

（3）数据可见性及治理。多企业业务网络不仅方便企业间的数据交换，而且允许多个企业访问数据，以便查看、共享与协作。参与的企业需要对数据进行控制，并能够决定与谁共享数据以及每个被授权方可以查看的内容。

（4）欺诈预防。在单一的订单到现金周期中，数据（包括纸质数据和电子数据）会转手无数次。数据在各方之间交换或在系统内转移的每一环节都有可能被恶意或无意的篡改。

（5）第三方风险。产品和服务正变得越来越复杂，供应链往往依赖四层或更多层的供应商来交付成品。这些外部因素中的每一个都可能使企业面临新的风险。

#### 4.1.7.3 第三方安全管理

当将 IT 系统的大部分外包给第三方时，针对第三方的攻击面将添加到对企业的攻击面中。通常情况下，此类攻击面的内容都是未知的。因此，针对第三方的安全管理需重点做好以下几个方面：

（1）识别利益相关者。了解谁是内部伙伴很重要，他们可能包括企业股东、法律和采购团队以及安全专家。

（2）为第三方组合定义等级。对所有的第三方有一个全面的列表，然后根据每个关系的固有风险和整合数据风险进行分级。固有风险是指基于临界性的风险，这意味着企业在没有第三方的情况下可以运行多长时间；整合数据风险，这意味着企业与第三方共享的数据比较重要或敏感。

（3）为每一级定义关键标准。一旦确定了第三方的等级，就必须为每个级别建立安全策略。该策略应包括如何评估每个级别、多久重新评估、持续监控的阈值、警报管理流程以及对第三方应如何响应的期望。

(4) 关注那些不重视的第三方。建立一个流程，用于处理与第三方产生的网络问题。在出现问题时，企业应及时有效地通过补救、实施内部控制或终止业务关系等手段迅速解决。

4.1.7.4 供应链安全要点

供应链安全需要多方面考虑，没有万能的方案，但是企业可以用分层防御的组合来保护供应链。通过专注供应链安全的团队使威胁参与者更难实施攻击，因此获得更多的时间来检测恶意活动并采取行动。针对企业减轻供应链安全风险提出以下几个建议：

(1) 安全战略评估。要评估风险与合规性，需要针对业务挑战、需求和目标评估现有的安全治理框架（包括数据隐私、第三方风险和 IT 法规合规需求及差距）。安全风险量化、安全开发、法规和标准合规性以及安全教育和培训是关键。

(2) 漏洞修补与渗透测试。通过漏洞扫描来识别基本的安全问题。修复不当的数据库配置、密码策略、消除默认密码并保护终端和网络，可以立即降低风险，同时将对生产率或停机时间的影响降至最低。通过网络钓鱼模拟和红队，聘请渗透测试专家可以发现新旧应用、供应链基础设施以及人的所有方面的漏洞。

(3) 数字化与现代化。如果在商业交易中仅仅依靠纸质、电话、传真和电子邮件，那么数据的安全就很难保障。重要手工流程的数字化是关键。技术解决方案可以从基于手工、纸质的流程切换，并将安全性、可靠性和治理带到工作事务中，为企业内部以及与客户和交易伙伴之间的安全数据移动提供基础。随着业务流程和软件的现代化，可以利用加密、标记化、数据防泄露以及文件访问监控和预警等手段保障数据安全，并开展培训以提高团队和合作伙伴的安全意识。

(4) 数据识别与加密。数据保护程序和策略应包括使用发现和分类工具来识别包含受保护的客户信息、财务数据和专有记录的数据库和文件。一旦定位数据，使用最新的标准和加密策略保护所有类型的数据，包括静态和动态的客户、金融、订单、库存、物联网、健康等数据。对传入的链接进行验证，并实时检查文件内容。当通过互联网进行交易时，数字签名、多因素认证和会话中断将提供额外的控制。

(5) 数据交换与可见性权限控制。多企业业务网络使用基于用户和角色访问的工具,确保战略合作伙伴之间安全可靠的信息交换。身份和访问管理安全实践对于在广泛的生态系统中安全地共享专有和敏感数据至关重要,同时发现和减轻漏洞降低了不当访问和破坏的风险。数据库活动监视、特权用户监视和警报为快速捕获问题提供了可见性。将区块链技术添加到多企业业务网络中,可以提供可授权、不可更改的共享多方可见记录,从而促进整个供应链的信任。

(6) 第三方风险管理。随着企业与第三方之间的联系和相互依赖性在供应链生态中不断增长,企业需要扩展第三方风险管理的定义,评估、改善、监控和管理与第三方整个关系生命周期的风险,以涵盖端到端安全。企业业务技术团队、合作伙伴、第三方等应在关键资产识别和保护、运营潜在威胁等方面共同进行讨论和定义。

(7) 事件响应计划与编排。提前为入侵、关闭或中断做好准备,并拥有稳健的事件响应计划很重要。通过实践、测试和易执行的响应计划和补救措施,以防止损失、声誉损害以及合作伙伴和客户流失。情报和计划提供度量标准和知识,企业与合作伙伴可以使用它们来制定决策,以防止攻击或事件再次发生。

#### 4.1.7.5 煤炭企业供应链安全工作建议

为了有效应对供应链安全问题,煤炭企业应做好以下几方面工作:

(1) 坚定走自主创新的发展道路,做好供应链建设工作,不断完善供应链生态体系,防止断供断货。

(2) 加快国产化替代进程,重点支持国产企业,优先部署国产产品,最大限度地整合政、产、学、研、用各界资源,实现关键设备、软件和系统在易用性、可靠性和安全性上的突破,重构供应链结构。

(3) 利用安全检测技术,如代码审计、漏洞扫描、恶意代码检测、威胁监测、攻防演练等技术手段对关键设备、软件、系统等工业控制产品进行安全检测、渗透测试,形成常态化安全评估机制,保证相关产品自身安全。

(4) 建议相关部门或组织制定煤炭关键生产设备、精密零部件、核心控制设备、工业操作系统、工业交换机、应用软件等重要产品进口目录，分类分级建立工业网络安全审查和检查制度。

## 4.2 技术要求

### 4.2.1 设备安全防护技术

#### 4.2.1.1 煤矿设备范畴定义

煤矿设备是指用于井工和露天煤矿生产现场过程控制和监控的信息化设施。

(1) 井工煤矿

① 采煤工作面控制系统。采煤机电控系统的头端控制器、传感器；采煤工作面“三机”(刮板机、破碎机、转载机)的集控控制系统的控制器和组合开关；液压支架控制器、传感器(压力、行程、倾角)等；乳化泵站控制系统(泵站主站控制器、组合开关、泵站分站控制器)，移动变电站控制系统。

② 掘进工作面控制系统。梭车控制系统，破碎机控制系统，掘进机控制系统。

③ 主运输监控系统。主站控制器，软启动开关，闭锁开关，扩音电话，传感器(胶带跑偏、撕裂、堆煤、烟雾、速度等)。

④ 通风监控系统。主站 PLC 控制器，传感器(甲烷、风速、风门、温度、震动)，执行器(变频器、开关)。

⑤ 供电监控系统。主站控制器，分站控制器，综保开关。

⑥ 水仓监控系统。控制器，水位传感器，水泵启停开关。

⑦ 安全监测监控系统。集控系统，传感器(瓦斯、矿压、甲烷、温度、粉尘等)。

⑧ 人员定位系统。定位系统上位机，定位基站。

⑨ 调度通信系统。井下固定电话，手机，智能终端，井上通信程控系统。

⑩ 视频监控系统。分布在固定硐室(中央变电所、区域变电所、水仓、调度值班室)、开关柜、综采工作面、掘进工作面、胶带运输沿线等关键位置的

监控设备。

(2) 露天煤矿

卡车调度系统,炸药生产/运输/布放系统,边坡监测系统,环境监测系统(风速、风压、CO),电铲/挖掘机/电钻远控系统,矿坑视频监控系统等。

(3) 煤矿洗选厂

有害气体监测设备,粉尘监测设备,给煤控制设备,筛分控制设备,重介洗选控制设备,浓缩控制设备,压滤控制设备,配煤控制设备,装车控制设备等。

(4) 煤矿生产主要使用的操作系统

FreeRTOS,μC/OS-Ⅱ,Ubuntu,QNX,Windows,PLC专用系统。

#### 4.2.1.2 煤矿设备安全存在的问题

(1) 设备系统先天脆弱性问题

① Windows CE系统低端版本漏洞多,主要用于上位机,长期不更新补丁,由于与井上网络相连,经常出现病毒或者无故死机现象。

② PLC低端型设备多,只具备基本的控制和通信功能,无安全防护能力,井上工程师站一旦被攻破,可直接控制PLC对井下设备进行操作。

③ μC/OS-Ⅱ系统基于优先级的可剥夺型内核,实时性较强,但不区分用户空间和系统空间,使得系统的安全性变差;Silicon Labs公司所有用户分区栈溢出,内存越界都可被利用来攻击系统,导致系统瘫痪或者异常工作。

④ FreeRTOS系统是完全免费的操作系统,具有源码公开、可移植、可裁减、调度策略灵活的特点,可以方便地移植到各种单片机上运行。与μC/OS-Ⅱ系统的特征类似,不区分用户空间和系统空间。

(2) 设备使用安全问题

① 煤矿生产设备系统普遍由技术厂家工程师自带设备,在现场连接设备系统或携带U盘,进行程序升级或调测;有个别厂家通过互联网在线升级。这些都可能将外部病毒带入系统,升级程序是否存在漏洞无法得到验证。

② 设备登录账户和权限未加强管理,系统账户密码简单,有些甚至保留出厂调测账户。

③ 设备开启不必要的网络端口,如远程桌面等服务。

#### 4.2.1.3 设备系统安全等级划分

20世纪80年代美国国防部发布的计算机安全橘皮书(TCSEC)将系统安全划分成如下7个等级:D、C1、C2、B1、B2、B3及A1(表4-2)。TCSEC成为流传最广泛、被多个国家吸纳的计算机系统安全分级标准。随着安全测评技术的发展,CC(common criteria)建立起了一套系统性的安全测评标准和技术方法,将安全测评认证等级划分成EAL1～EAL7一共7级,和TCSEC的D～A1级一一对应(表4-3)。

**表4-2 计算机系统安全分级**

| 等级 | 描述 |
|---|---|
| A1 | 可验证的设计,必须采用严格的形式化方法来证明该系统的安全性 |
| B3 | B3级要求用户工作站或终端通过可信任途径连接网络系统,这一级必须采用硬件来保护安全系统的存储区 |
| B2 | 结构化保护,B2级安全要求计算机系统中所有对象加标签,而且给设备(如家庭中枢、控制设备和IoT设备)分配安全级别 |
| B1 | B1级系统支持多级安全模型 |
| C2 | C2级引进了受控访问环境(用户权限级别)的增强特性,如RBAC(基于角色的访问控制) |
| C1 | C1级要求硬件有一定的安全机制,具有完全访问控制的能力,不足之处是没有权限等级划分 |
| D | D级规定对用户没有验证,也就是任何人都可以使用该计算机系统 |

**表4-3 EAL1～EAL7的7级认证测评模型和D～A1级对应**

| EAL | 名称 | TCSEC |
|---|---|---|
| EAL1 | 功能测试 | D |
| EAL2 | 结构测试 | C1 |
| EAL3 | 系统地测试与检查 | C2 |
| EAL4 | 系统地设计、测试和复查 | B1 |
| EAL5 | 半形式化设计和测试 | B2 |
| EAL6 | 半形式化验证的设计和测试 | B3 |
| EAL7 | 形式化验证的设计和测试 | A1 |

#### 4.2.1.4 煤矿设备安全等级划分

为了统一和简化设备安全等级定义，参考以上标准，将煤矿设备安全等级定义为以下5级。

① SL1，基础保护级。这类设备通常运行轻量级操作系统和低端微处理器，业务形态较为单一，不涉及敏感数据的处理；该安全等级要求消除常见的错误，遵循最基础的安全要求。基础安全要求包含：口令复杂度，防暴露破解，不留后门（留意后面端口或者账户），敏感数据加密，支持证书验证。

② SL2，受控保护级。可对设备系统数据进行标记并定义访问控制规则，实现自主的访问控制；设备系统具备基础的抗渗透能力；设备可支持轻量化的安全隔离环境，用于部署少量必需的安全业务。

③ SL3，结构化保护级。这类设备具备较为完善的安全保护能力：设备系统具有较为完善的安全语义，可支持强制访问控制；系统可结构化为关键保护元素和非关键保护元素，其关键保护元素被明确定义的安全策略模型保护；系统具备一定的抗渗透能力，可对抗常见的漏洞利用方法。

④ SL4，安全域保护级。可信基应保持足够的精简，具备防篡改的能力，其实现应足够精简和安全，可对关键保护元素的访问控制进行充分的鉴定和仲裁；设备系统具备相当的抗渗透能力，可抑制绝大多数软件攻击。

⑤ SL5，验证安全保护级。这类设备是煤矿设备中具备最高等级安全防护能力的设备，对系统核心模块进行形式化验证，关键模块如可信根、密码计算引擎等应具备防物理攻击能力，可应对实验室级别的攻击。其硬件具备高安全单元，如专用的安全芯片，用于强化设备的启动可信根、存储可信根、运行可信根。

#### 4.2.1.5 煤矿设备安全定级建议

煤矿设备安全，不同于企业管理系统安全，会直接影响煤炭的生产和矿工安全，一旦受到威胁或者攻击，轻则造成煤矿生产系统停工，设备现场故障检测和维修时间增加（如综采工作面液压支架控制器失效，会导致液压支架无法跟随采煤机推溜移架；胶带运输沿线多路摄像头无故黑屏，无法监控胶带上大块异物，会造成胶带故障，需要人工沿线巡检排查等）；重则会出现设备行为异常，造成生产安全事故，甚至危害到人身安全（如通风系统风机停机会导致工作面温度高，瓦斯浓度高；供电系统高压开关异常开合，会导致区域停电，主运输胶带安全闭锁控制失效，人员靠近胶带无法自动闭锁等）。

因此，煤矿辅助类设备（如各类控制器、视频摄像机等），安全等级建议设定为 SL2 级及以上；生产控制类设备，涉及多设备联动的可靠性和安全性（如液压支架跟随采煤机的运动同步推溜移架，胶带运输系统逆煤流启动、顺煤流停车，掘进工作面梭车联动破碎机启停，风机监控温度和瓦斯浓度自动调风速等；露天矿的电铲、钻机、挖机的远控系统，雷管炸药引爆系统和卡车自动驾驶系统等），这些设备的安全性影响生产安全，安全等级建议设定为 SL3 级及以上。

#### 4.2.1.6 煤矿设备安全防护技术

主要包括：系统完整性保护技术，漏洞防利用技术，可信执行环境隔离技术，自主访问权限控制技术。

(1) 系统完整性保护技术

硬件启动根：启动可信根要求是硬件实现的，且不可篡改。启动可信根由两部分组成，系统上电时启动代码和根证书公钥，从启动可信根出发，对镜像实施逐层签名校验，构建安全启动链。

安全启动链：从 BootROM 加载镜像加载器（手机上是 XLoader），后面逐级镜像都需得到校验。所有系统中的各级镜像组件都在安全启动的度量、防护范围；启动过程为链式关系，逐级进行签名校验，任何一级校验不过就视为启动出错。启动链完整性可以延伸到系统启动后的一些关键高权限应用，确保系统运行时具备基础的安全环境。

软件包安全升级：用户只能采用安全升级的手段更新系统，默认不提供给用户其他更新系统的方法。如果提供，默认关闭，且需要用网络加密狗授权的方式才能解锁打开：

① 校验来源合法性：只有官方的升级包才能升级，且满足版本升级策略的要求。

② 校验完整性：检查正确的升级包才能升级。

(2) 漏洞防利用技术

基于页表属性保护，虚拟内存是现代计算机体系结构及操作系统的核心技术之一，除了给程序提供虚实地址翻译从而隐藏物理内存具象之外，也可控制程序对物理内存的访问权限，提高系统的安全性。设备可以内存页为单位，给内存对象构建安全访问控制策略。常用的基于页表属性的保护技术包括如下：

① 数据不可执行。数据不可执行技术可以有效阻断直接跳转至数据区域执行代码的攻击；DEP(数据执行保护)须配合地址随机化技术，安全防护效果较好。典型的技术方案是：DEP/XN(数据执行保护/数据不可执行)。

② 特权模式不可执行。特权模式不可执行用于防御攻击者利用漏洞在内核高权限模式下执行用户态攻击者注入的恶意代码。典型的技术方案是：PXN/SMEP(特权模式不可执行/管理模式执行保护)。

③ 特权模式不可访问。特权模式不可访问用于防御攻击者利用漏洞在内核访问用户空间精心构筑的恶意数据导致的内核程序异常行为的攻击。典型的技术方案是：PAN/SMAP(特权模式不可访问/管理模式访问保护)。

④ 可写内存不可执行。可写内存不可执行用于防御攻击者篡改页表给数据段增加执行权限，并进一步执行注入的恶意代码的攻击行为。典型的技术方案是：WXN(可写内存不可执行)。

⑤ 只可执行内存。对于需要防止泄露的关键代码，如需保护知识产权的关键程序，可采用 XOM(只可执行内存)的方式确保内存只可执行，不可读取。备注：XOM 同 ARM 8.2 引入的 PAN 存在冲突，如使能 PAN 可无须打开 XOM。

⑥ 地址空间随机化。地址空间随机化和 DEP 为两项通用的基础性漏洞利用缓解机制。地址空间随机化已经成为主流操作系统的基础安全机制之一。32 位环境下的地址空间随机化，由于随机熵太低，很多核心数据结构都被硬编码在固定地址，其价值有限；64 位环境下的地址空间随机化，在无交互、低交互的执行环境中，漏洞缓解的价值非常高。内核的地址空间随机化技术，对远程执行内核代码的防护价值较高。设备支持部分随机化，栈、共享库等支持地址空间随机化。以 Linux 系统为例，设备如配置为“保留的

随机化”,则只对函数栈、共享库、mmap(一种内存映射文件的方法)、vDSO(虚拟动态共享对象)实现随机化。

⑦ 设备支持完整随机化。在部分随机化的基础上,进一步支持代码、堆分配的随机化,实现全地址空间随机化。

⑧ 设备支持细粒度随机化。当前的全地址空间随机化都采用了整体偏移的方式,无法对抗信息泄露后被旁路。细粒度随机化可使得程序内存布局更具随机化,克服攻击者通过单点位置泄露从而推测整个内存空间布局的缺陷。

(3) 可信执行环境隔离技术

可信任计算系统的核心概念是可信基。可信基是指为实现计算机系统安全保护的所有安全保护机制的集合。可信基内外形成了两个世界:可信世界与不可信世界。可信世界统称为可信执行环境,可信执行环境的技术本质是隔离。

计算机系统中存在多种隔离方式实现可信执行环境,如特权模式隔离、独立安全处理器隔离。特权模式隔离实现的可信执行环境在不同的硬件实现下呈现的安全强度差异较大。移动计算平台中最常见的是基于 ARM TrustZone 实现的可信执行环境,该技术在处理器安全模式基础上,配套实现了安全模式的输入/输出、内存等资源的隔离,具备较高的安全强度;而一些较弱的微控制器设备上会选择更轻量化的隔离方案,如将较高特权模式下的软件进行形式化验证提高其可靠性,并基于此实现软件域的隔离,其中某个软件域作为可信执行环境。目前一些 SL2 级煤矿设备执行轻量化硬隔离可信执行环境。

轻量化设备广泛使用的 MCU(微控制单元)、中低端 RISC-V 处理器,通常限于资源。为提升这类设备的安全隔离,多会另辟蹊径实现可信执行环境。目前较为通用的技术有以下两类:

① ARM 中高端 MCU 的 TrustZone-M 技术,当前只有 Cortex-M33/M35P 等少数架构支持。

② 多核异构实现的核间隔离,如芯片设计时候实现多个核,其中某个 CPU(中央处理器)核用于安全业务,其他 CPU 核通过特定的访问通道跟安

全核通信。虽然同样采用了隔离核的架构，但这类处理器缺乏完整的安全设计，如抗物理攻击、专用加密引擎、真随机数等，安全强度无法达到独立安全芯片、处理器隔离及虚拟机隔离安全架构同等的水准。

（4）自主访问权限控制技术

系统支持自主访问控制机制，由客体属主对自己的客体进行管理，并决定是否将自己的客体访问权授予其他主体。内核可通过访问控制列表的方式维护用户/文件的权限管理属性，进而控制文件及进程的操作权限。典型的实现方式是 Linux 系统的自主访问控制机制。

#### 4.2.1.7 煤矿设备安全工作要点

可按照设备类型和新旧设备对煤矿设备进行有针对性防护。

① 已经运行的老旧设备，无法升级设备系统软件增强安全，可通过例行资产和暴露面盘点，及时关闭高危账户和网络端口，减少对外暴露的设备系统接口，在一定程度上可以减少被攻击的机会。如清理不必要的账户和不必要的文件、进程、端口等。

② 新设备按照富资源设备和资源受限设备分别进行技术防护。如控制器和上位机，属于富资源设备；传感类设备（温度传感器、湿度传感器、瓦斯传感器等）属于资源受限设备。

a. 富资源设备，要求其支持 SL2 级系统安全要求。通过软件防火墙对控制器类设备上的进程、文件白名单进行管理。针对管理员账户、操作员账户、工程师账户等严格设置权限，账户密码要求满足一定长度和复杂度要求。

b. 资源受限设备，要求其支持 SL1 级系统安全要求。如传感类设备，满足最基础的口令复杂度，以及证书验证功能。

### 4.2.2 控制安全防护技术

#### 4.2.2.1 煤矿控制安全范畴定义

本小节主要的研究对象是：煤矿生产现场过程控制系统所使用的工业现场总线与工业以太网络，以及上位机、下位机、设备、传感器之间的工业通信协议。

煤矿工业控制系统主要防护范围包括：井工矿地面生产控制系统（通风、主胶带、提升、主要通风机、地面变电所等）、井下生产监控系统（安全监测、综采、人员定位、中央变电所、井下排水等）、井下无线系统、工业视频业务等；露天矿地面生产控制系统（卡车自动驾驶系统、矿坑水处理、人员车辆定位、工业视频系统、锅炉房、变电所等），生产设备端侧与控制系统间的监测与控制网络和工业控制协议；综合自动化系统（调度中心）；煤矿工业大数据平台系统（智能矿山建设基础平台）。

煤矿控制系统使用的协议主要有：Modbus，OPC，CAN，Ethernet/IP 控制协议。

煤矿控制系统归属于生产网，井工矿与露天矿主要差异在于露天矿只有地面部分，无井下环境。煤矿控制系统整体网络架构如图 4-1 所示。

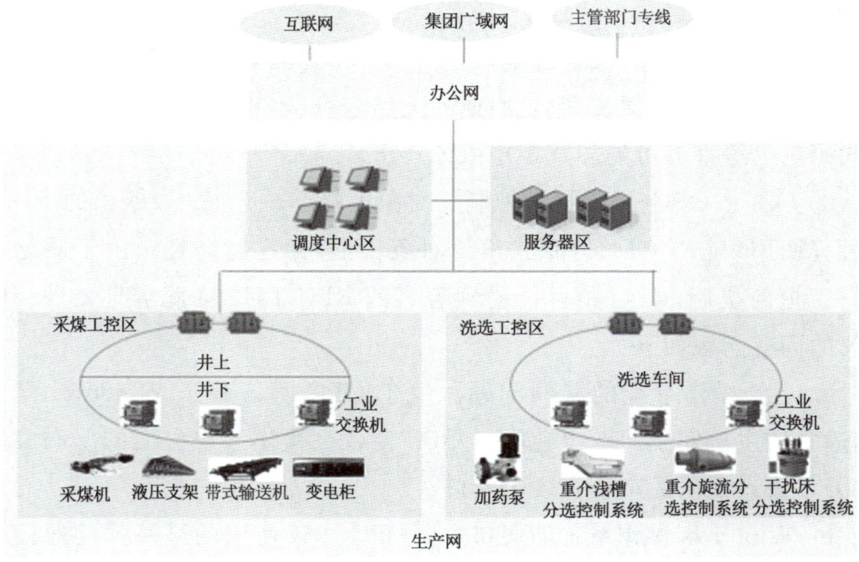


图 4-1　煤矿控制系统整体网络架构

#### 4.2.2.2　煤矿控制安全存在的问题

（1）工业控制协议固有问题

① Modbus。Modbus 协议固有问题如下：

a. 缺乏认证机制。在 Modbus 协议的通信过程中,没有任何认证方面的相关定义,攻击者只需要找到一个合法的地址就可以使用功能码并建立一个 Modbus 通信会话,从而扰乱整个或者部分控制过程。

b. 缺乏授权机制。Modbus 协议没有基于角色的访问控制机制,也没有对用户进行分类,没有对用户的权限进行划分,这会导致任意用户可以执行任意功能。

c. 缺乏加密。加密可以保证通信过程中双方的信息不被第三方非法获取。在 Modbus 协议的通信过程中,地址和命令全部采用明文传输,因此数据可以很容易地被攻击者捕获和解析,为攻击者提供便利。

d. 缓冲区溢出漏洞。Modbus 系统开发者大多不具备安全开发知识,这样就会产生很多的缓冲区溢出漏洞,一旦被恶意者利用会导致严重的后果。

e. 功能码滥用。功能码滥用是导致 Modbus 网络异常的一个主要因素。例如,不合法报文长度、短周期的无用命令、不正确的报文长度、确认异常代码延迟等都有可能导致拒绝服务攻击。

② OPC。OPC(用于过程控制的对象链接与嵌入技术)依赖的 RPC(远程过程调用)和 DCOM(分布式组件对象模型)存在脆弱性。由于缺乏有效的补丁更新机制,OPC 很可能受到著名的 RPC/DCOM 脆弱性威胁。OPC 协议的固有问题如下:

a. 已知操作系统的漏洞问题。由于 OPC 协议基于 Windows 操作系统,通常的主机安全问题也会影响 OPC 协议。操作系统层面的漏洞成为经典 OPC 协议漏洞的来源和攻击入口。

b. Windows 操作系统的弱口令。OPC 协议使用的最基本的通信握手过程需要建立在 DCOM 技术上,通过 Windows 内置账号的方式进行认证。但大量的 OPC 服务器使用弱安全认证机制,即使启用了认证技术也常常使用弱口令。许多部署的操作系统启用了与互联网连接共享无关的额外的服务,形成了非必需的运行进程和来访端口,如 HTTP(超文本传输协议)、NetBIOS(网上基本输入输出系统)等。这些问题都使 OPC 服务器暴露在攻击之下。

c. 审计记录不完善。由于 Windows 2000/XP 等老旧系统审计设置默认不记录 DCOM 连接请求，因此攻击发生时，日志记录往往不充分甚至丢失，无法提供足够的详细证据。OPC 协议通过 135 端口建立通信链路后，采用了随机端口（1024～65535）传输数据，广泛的数据传输端口给安全防护带来了问题，无法使用传统的五元组的方式来进行安全防护。

d. 过时的授权机制。受限于维护窗口、解释性问题等诸多因素，工业网络系统升级困难，导致不安全的授权机制仍在使用。例如，在许多的系统中，仍在使用默认的 Windows 2000 LanMan（LM）和 Windows NT LanMan（NTLM）机制，这些机制与其他过时的授权机制相比过于脆弱而易受攻击。

③ CAN。现有的 CAN（控制器局域网络）总线内置安全功能主要是为了保证通信的可靠，而不是网络安全。因此，CAN 无法使网络免受网络攻击。同时，CAN 中缺乏加密技术。数据未加密，会严重影响个人数据隐私。根据设计，CAN 是一个广播网络，允许节点捕捉通过网络的报文。由于广播的数据没有加密，攻击者可以获得所需的数据。研究者们对这类已知的攻击提出了预防方法。这些方法包括网络分割、加密、认证和 IDS（入侵检测系统）。

④ Ethernet/IP。Ethernet/IP 是实时以太网协议，且 UDP（用户数据报协议）之上的 Ethernet/IP 是无法连接的，因此没有内在网络层机制来保证可靠性、顺序性或进行数据完整性检查。Ethernet/IP 使用 UDP 与广播数据进行实时传输，两者都缺少传输控制，攻击者易于注入伪造数据或使用注入 IGMP（互联网组管理协议）控制报文操纵传输途径。

（2）工业控制系统使用问题

① 办公网络和生产网络未隔离问题。煤矿生产单位普遍存在办公网络和生产网络共用现象，办公网络通常与互联网直通，办公终端中毒容易感染工业控制系统。

② 办公终端访问生产系统未严格管控。生产、调度、机电、安全管理单位经常从办公终端调阅煤矿生产现场视频、监测监控系统数据。由于访问权限管控机制粗放，同时这些终端可访问外网，容易被黑客利用成为跳板攻击工业控制系统。

③ 生产终端通过生产网络接入办公系统。煤矿生产单位在建设 5G/4G 网络后，提高了井下生产调度通信效率的同时，为了提升工作效率，出现了智能终端直接接入办公系统现象，给生产系统增加了新的暴露面。

④ 生产终端未禁止互联网访问。煤矿生产单位的生产终端未禁止互联网访问，甚至井下生产网络环境也能访问互联网，时常出现感染病毒问题。

⑤ 远程维护生产系统未安全管控。通常矿区距离城市较远，矿方给系统厂家开放远程 VPN(虚拟专用网络)账户，厂家远程终端防护不充分，形成了远程攻击风险。

#### 4.2.2.3 煤矿工业控制系统安全等级划分

煤矿工业控制系统采用自主定级的原则，根据《信息安全技术 工业控制系统信息安全分级规范》(GB/T 36324—2018)，结合煤矿生产规模、煤矿综合自动化系统每个子系统的资产价值、控制实时性要求、在生产与安全中的重要程度，将系统划分为三个不同安全等级，第三级要求最高，第二级要求次之，第一级要求最低，每级系统应具有不同强度的防护要求。煤炭企业可根据自身实际情况对业务系统自主定级。

#### 4.2.2.4 煤矿工业控制系统安全等级保护分级建设

因煤矿工业自动化水平及信息化建设程度不一，加之近年来智能化煤矿的工作大力推进和工业自动化技术的快速发展，各类煤矿在网络结构、自动化工艺、控制手段等层面都存在着较大的差异。在进行煤矿工业控制系统安全等级保护建设前，煤矿须根据自身生产规模、网络结构、信息化程度、生产控制系统分布、工控资产等进行详细调研摸底形成资产台账，结合自身系统建设情况对相应的系统进行自主定级，同时开展等级保护测评工作，并将测评报告上报企业网络安全主管部门，以供煤矿网络安全整体规划建设、安全检查等使用。根据煤矿的实际情况结合等级保护基本要求，给出详细的安全防护建设要求。根据不同安全区域的安全防护要求，确定业务系统安全等级，从物理环境、网络、主机、应用和数据及运维等方面进行综合安全防护。

#### 4.2.2.5 煤矿控制安全技术分析

煤矿控制安全技术主要包含：工控防火墙技术，工控入侵检测技术，工控网闸技术，工控流量审计技术，工控主机防护技术，工控态势感知技术。

（1）工控防火墙技术

工控防火墙属于工业控制系统信息安全的边界防护类产品。由于工控网络的高实时性和可用性的要求，工控防火墙通常采用“包过滤＋工控协议解析”的模式实现对工控网络的安全防护。防火墙通常以串接方式部署在工控网络边界，通过一定的访问控制策略，对工业控制系统边界和内部区域进行边界保护。

工控防火墙除了有 IP 五元组的包过滤能力外，还支持工控协议深度解析：支持 OPC、Modbus、DNP3、IEC103、IEC104 等工控协议深度解析，支持 OPC 动态端口解析，支持完整性检查、合法性检查。另外，工控防火墙也具备工业级硬件设计，即支持低温、高温、震动等使用环境，适应各类工控现场。

支持 Modbus、DNP3、IEC104 等工控协议的工控防火墙，提供对 Modbus、DNP3、IEC104 等工控协议的黑名单防护，协议完整性、协议格式、功能码和协议深度过滤（寄存器检查）的白名单防护，以及在不中断黑名单防护的情况下，对正常操作中所允许的协议格式及功能码进行智能学习。

（2）工控入侵检测技术

针对工业控制系统的入侵行为多数为高级可持续性威胁，利用 0-Day 漏洞，因此工控入侵检测不但要能识别普通的攻击，同时也要能识别隐藏攻击（隐藏攻击是指违背了生产过程的攻击，其命令虽然符合协议规范，但违背了工业控制系统的生产逻辑，使得系统处于危险状态，如未授权的启动与停止指令、未授权的上装和下载控制程序、未授权的组态变更等）。对于隐藏攻击的检测可以通过收集 PLC、RTU 等内部寄存器值、数字量及模拟量的输入和输出，为检测特征增加语义描述，然后通过关键状态独立检测隐藏攻击；收集关键命令的相关参数，结合上下文信息，增加特征变量的语义，检测隐藏攻击。

准确性和实时性是工控入侵检测追求的两个目标，但是这两个目标又是相互矛盾的。

① 工控入侵检测的准确性保证。提高入侵检出率，降低误报率和漏报

率，是工控入侵检测准确性与完备性需求的重要保证。目前处理该问题的方法分为两类：一类方法是进一步提高检测规则的质量；另一类方法是应用更精确的检测算法，如采用神经元网络技术和数据挖掘技术等人工智能技术，以更大的内存消耗或者更多的检测时间来换取检测精度。

② 工控入侵检测的实时性保证。及时准确报警是工控入侵检测实时性需求的重要保证，但由于采用了基于语义的分析方法，增加了检测的滞后时间。解决此问题的有效方法分为两类：一类方法是提升硬件设备计算能力；另一类方法是进行预估报警，提取入侵检测的行为趋势，根据预测值进行预警。

(3) 工控网闸技术

工控网闸由内、外网处理单元和安全数据交换单元组成。安全数据交换单元在内、外网主机间按照指定的周期进行安全数据的“摆渡”。设备支持 OPC、Modbus、DNP3、IEC61850、IEC104、西门子 S7 等工控协议，在保证工控网络和互联网安全隔离的前提下，通过配置符合用户自身业务需要的安全策略，实现两网之间适度可控的数据交换。

在工控网络和互联网之间部署网络隔离设备/系统，可以很好地实现两者之间的安全隔离和两者之间数据的安全交换，既能满足企业的业务需求，又能杜绝因互联网的接入导致工业控制系统感染病毒和木马的可能，还能避免工控网络信息的泄露，消除了安全隐患。

(4) 工控流量审计技术

工控流量审计技术是针对工控网络流量进行行为分析与安全监测的审计类技术。基于流量检测分析技术，快速识别工控网络中的非法操作、异常事件、外部攻击并实时告警，同时全面记录网络通信行为，并生成分析报告及合理化建议，为安全事件的调查取证提供依据。

工控流量审计系统利用黑名单、白名单、自定义规则等多种安全策略，通过内置的工控协议深度解析引擎，实时监测工控网络中违规行为、异常流量和不明设备接入，让用户实时全面掌握工控网络安全运行状况。通过完整地记录并留存工控网络流量，为事后取证和溯源分析提供依据。

工控流量审计技术的使用场景：分别在生产管理层、生产监控层的核心交换机和各车间核心交换机处，部署工业流量审计系统，进行全局监测和区域监测。综合利用工业流量审计系统的流量审计、协议审计、业务审计以及安全事件分析与追踪功能，实现工控网络从流量、协议、事件到业务的安全可视、异常行为监测，及时发现各种违规行为和病毒、黑客的攻击行为。

（5）工控主机防护技术

工控主机防护技术是指专门保护工程师站、操作员站、工控服务器等工控主机环境安全的防护技术，能够对工控主机的运行资源、数据资源和物理存储资源进行管控，防范未知病毒的运行及其对主机资源的利用；同时对已知病毒进行查杀，可以有效阻止震网病毒、Flame 病毒、Havex 病毒、BlackEnergy 病毒以及 APT（高级持续性威胁）、0-Day 漏洞等在工业主机中的执行。工控主机防护技术的特点如下：

① 白名单控制。对主机的可执行文件（exe、ocx、com、dll 等）、脚本（bat、ps1、vbs 等）的运行进行实时监控，并阻止非可信的程序运行，有效阻止网络、U 盘等传入系统的病毒、木马、恶意程序的运行与传播，防止以主机为跳板对 DCS、PLC 等控制器进行攻击破坏。

② 文件防护。对针对主机的文件操作进行实时监控，阻止对受保护文件的读写、删除、重命名等操作，有效防范对主机文件的非法访问、篡改、删除等，避免工业控制系统的工程配置、点位信息、工艺数据等核心资源被篡改或窃取。

③ USB 外设防护。仅允许通过可信认证的 USB 外设与主机连接、读写，并记录所有 USB 外设的操作行为，防止因 USB 外设携带的病毒、木马和恶意程序非法导入导出工控主机的关键数据、文件等。

（6）工控态势感知技术

工控态势感知技术是指通过部署工业安全运营中心，实现中央级管理与控制，并实现对工业控制系统及设备、安全设备、以太网设备和计算机用户进行管理与监控。工控态势感知技术的特点如下：

① 数据收集。以全日志搜索引擎技术为核心设计了符合安全分析需要的搜索引擎。相关索引可以指定日志中的不同字段进行差异化处理，针对需要进行检索的文本进行分词处理，帮助安全人员更好地搜索相关日志。

② 资产管理。可以对采集到的资产信息进行管理和拓扑呈现，同时针对一些重要资产，用户可以通过自定义的方式添加各种资产详细信息，如资产名、资产类型、资产责任人、资产权重、资产位置等，从而明确工作中需要重点“对待”的资产。

③ 事件关联。事件关联机制通过将大量离散的时间数据关联起来，以简化威胁探测过程；通过自动检测已知的、清晰的攻击威胁的方法，使得更容易检测赛博攻击事件或者特工入侵行为；通过将安全事件标准化的方法简化人工检测未知攻击威胁的过程。

#### 4.2.2.6 煤矿工业控制系统安全防护工作要点

(1) 安全分区

煤矿生产单位可按照办公和生产划分安全分区。针对井工矿，可按照井下控制区和井上控制区划分，井上分生产服务器区和生产集控调度区。针对露天矿，可按照地面控制区，划分生产服务器区和生产集控调度区。针对洗选厂，可按照车间作业区，划分生产服务器区和生产集控调度区。针对每个生产单位接入相关政府部门系统时，划分外联区。

(2) 边界隔离

办公分区与生产分区间，根据实际情况按需设置防火墙或者网闸，白名单机制管控互访连接。生产分区可设置前置隔离区，作为与办公分区互通缓冲区。生产分区内，控制区与其他分区采用防火墙隔离防护。涉及政府部门的外联边界，应建设外联安全接入区，并采用单向的技术隔离手段实现生产控制区外联边界安全。外联安全接入区的专线或专用网络应采用具有访问控制功能的网络设备实现边界隔离。

(3) 网络架构

将生产网整体分成环状组网，分为骨干环网和接入环网，部分主干网络建议双节点组网，增强可靠性，网关下沉到接入交换机，减少网络风暴。无互联要求的控制和监控系统通过 VLAN 或者 VPN 隔离。

(4) 终端防护

终端安全、主机加固类软件，存在从生产网络访问互联网诉求的情况，终端可安装安全沙箱，对访问生产系统的客户端软件和访问互联网的客户端进行隔离。

(5) 协同防护

安全设施和网络设备通过工控安全态势感知协同,收集部署在安全区域内的工业入侵检测系统,工业网络审计类设备、终端安全、日志审计系统产生日志和流量信息,提高对未知安全威胁应对的准确性和时效性,协同多个安全设施有效处置,确保煤炭企业关键工控系统安全持续运转,降低威胁攻击的影响及损失,提高弹性收缩的综合安全防护能力。

### 4.2.3 网络安全防护技术

#### 4.2.3.1 煤炭企业网络安全范畴定义

煤炭企业网络总体分为企业管理网、企业生产网和园区生活网,其典型网络拓扑图如图 4-2 所示。

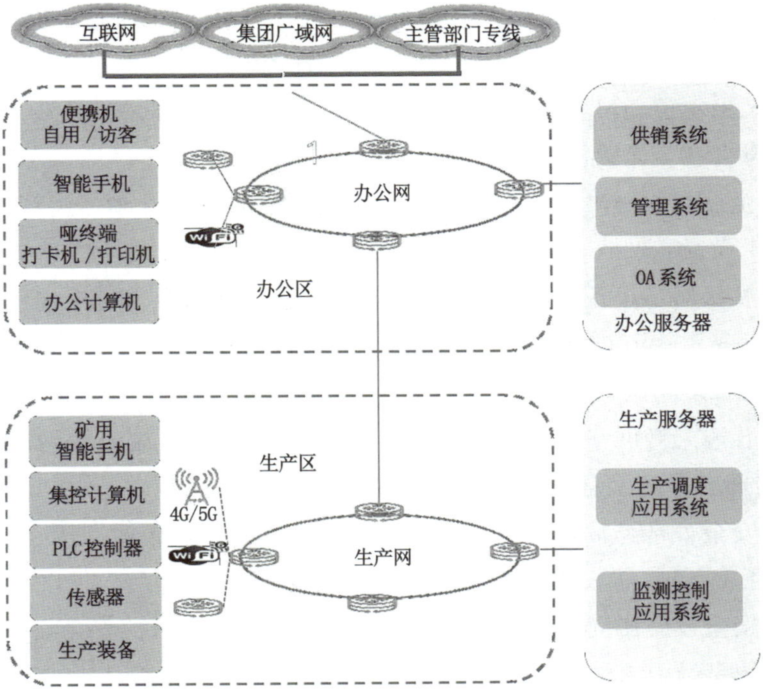


图 4-2 煤炭企业网络典型拓扑图

① 企业管理网。主要用于企业日常管理、销售、运输和办公,通过内部广域网络接入集团总部管理网络,外部连接互联网,内部连接矿厂和洗选厂、机电管理中心、供电管理中心、质检中心和维修中心等所有生产和辅助生产单位。

② 企业生产网。主要用于煤炭企业总部和煤矿、洗选厂等所属生产单位的互联,进行安全生产集中管理、调度、控制和监测。煤矿和洗选厂生产内网用于生产控制和管理。

煤炭企业管理网和生产网互联互通,生产网外联相关政府部门专线。

③ 园区生活网。主要用于生产单位员工非工作时间娱乐上网,主要使用互联网,从整体上可以合并到企业管理网络。

#### 4.2.3.2 煤炭企业网络安全存在的问题

① 企业网络架构不合理。煤矿企业不论是管理网还是生产网,多园区网络串接节点多,导致故障域大,二层广播域普遍偏大,经常遭受广播风暴。

② 企业管理网络安全域大。煤矿企业管理网络通常包含多个生产单位和生产辅助单位,管理和后勤多园区网络不做安全分区防护,导致一个单位感染病毒会在多园区网络传播。

③ 企业互联网出口多。煤矿企业管理网络通常包含多个生产单位,部分企业未做互联网收口,造成攻击面大,难以防守。

④ 私接网络设备现象严重。煤矿企业生产单位,经常自主向网络内增加交换机或者 AP(访问接入点)设备,私设 NAT(网络地址转换),给安全审计和监控带来障碍。

⑤ 普遍未做网络准入认证。煤矿企业网络普遍存在未做网络准入认证,终端资产普遍黑盒化,难以管控终端网络行为。

⑥ 安全策略经常全放通。由于业务互访关系错综复杂,涉及单位多,影响业务正常开展,防火墙出入策略全开放,形同虚设。

⑦ 安全设施协同机制不足。普遍存在不同安全厂家的安全设备之间无法共享信息、无法协同防护的问题,造成安全维护工作量大,防护效果差。

⑧ 安全治理不足。服务器高危端口暴露多,易感染勒索/挖矿病毒,勒索病毒传播频率高。

#### 4.2.3.3 煤炭企业网络安全建设要求

（1）企业管理网

① 访问控制。各个区域边界处应部署具有访问控制功能的设备，并根据业务需要配置访问控制策略。目前，访问控制策略的配置主要针对五元组，策略的配置应遵循最小化原则，仅保留与业务相关的访问控制策略，并定期对策略生效情况进行检测。

② 入侵防范。应在信息网的核心交换机侧旁路部署具有新型攻击行为分析功能的设备，如态势感知、抗 APT 攻击等设备。同时，应在边界侧部署如下一代防火墙等具有入侵防御功能的设备，并配置入侵防御策略。需要注意的是，在提供 Web 服务的服务器区域边界应部署具有 Web 应用防护功能的设备。设备部署应采取网桥等对业务系统影响较小的模式。

③ 安全审计。采用基于数据流分析的设备对信息网进行分析，同时支持事件关联分析，支持事件对应资产分析、脆弱性的分析钻取，支持事件的聚合分析，支持安全报告的自动生成。

（2）企业生产网

① 网络架构

a. 应为工业控制网络独立划分网络区域，同时与其他网络之间应采取部署防火墙等技术措施实现逻辑隔离。

b. 对于控制与数据传输实时性要求高的系统，应采用独立网络设备组网。

c. 应采取环形网络的形式，针对高可用性要求高的煤矿应采用双环形网络架构。

d. 应禁止对工业控制网络未经授权的远程访问行为。确需访问的，应仅允许虚拟专用网络等远程接入方式。

② 访问控制

a. 工业控制网络与信息网边界处应禁止任何通用协议的经过，对于安全区域之间的访问控制策略应采用白名单的模式进行，仅设置必要的工控系统操作、管理和维护策略。

b. 工业控制网络应禁止任何方式与互联网直接连接，不应出现工业控制设备可通过互联网直接访问的情况。

③ 入侵防范

a. 重要工业控制设备前应部署具有工业协议深度检测功能的防护设备,限制不符合协议规约的通信。

b. 安全审计:

——保留对工业控制系统远程访问的日志,并对操作行为进行审计。

——对工业控制设备的用户登录行为、关键操作行为等进行记录,相关记录留存时间应满足法律法规的要求。

④ 无线网络设计要求

a. 所有接入无线网络的终端设备应提供唯一性标识和鉴别措施,不应采用开放式无线接入网络。

b. 无线网络认证协议应采用 WPA2(WiFi 保护接入第二版)及以上协议,不应使用 WEP/WPA(有线等效保密/WiFi 保护接入)协议,不应开启 WPS(WiFi 保护设置)功能。同时鉴别口令应具有一定的复杂度。

c. 应关闭无线接入网络的广播 SSID(服务集标识符)功能。

d. 无线接入网络应采取绑定 MAC(介质访问控制)地址等措施,仅允许授权的终端接入。

e. 无线接入网络内部应禁止未认证用户访问网络内其他用户,同时应关闭同一网络内部终端互相访问的功能。

f. 无线接入网络应通过防火墙等具有访问控制功能的设备接入信息网、工业控制网。

g. 应部署专用的无线入侵防御类产品对无线网络进行检测。

⑤ 设备或产品自身防护

a. 网络设备、安全设备、操作系统、数据库、中间件、应用系统等应满足等级保护安全计算环境第三级相关要求。

b. 封闭或拆除工业控制网络内部设备网络接口、串行口、USB、光驱等接口。

c. 应仅允许授权的移动存储设备接入工业控制网络内部的设备,移动存储设备接入前应在指定的终端进行恶意代码检测,检测通过后方可接入。

d. 在远程运维结束后及时关闭远程运维软件，应关闭工控机的远程桌面连接功能。

e. 在保证工业控制系统正常使用的前提下，在工控机中安装防恶意代码软件时，禁止直接从互联网进行恶意代码库的升级。

f. 对运行中的工控机漏洞进行修补前，应在测试环境下进行安全评估和测试验证，保证在不影响系统可用性、实时性和可靠性的前提下实施。

(3) 园区生活网

煤矿实施 24 小时封闭式生产，煤矿附近内部生活园区的网络安全同样重要，其网络安全要素包括如下几项内容：

① 无线网络。无线网络设计应满足以下要求：

a. 所有接入无线网络的终端设备应提供唯一性标识和鉴别措施，不应采用开放式无线接入网络。

b. 无线网络认证协议应采用 WPA2 及以上协议，不应使用 WEP/WPA 协议，不应开启 WPS 功能。同时鉴别口令应具有一定的复杂度。

c. 宜关闭无线接入网络的广播 SSID 功能。

d. 无线接入网络应采取绑定 MAC 地址等措施，仅允许授权的终端接入。

e. 无线接入网络内部应禁止未认证用户访问网络内其他用户，同时应关闭同一网络内部终端互相访问功能。

f. 无线接入网络应通过防火墙等具有访问控制功能的设备接入信息网或工业控制网。

g. 应部署专用的无线入侵防御类产品对无线网络进行检测。

② 访问控制。园区边界处应部署具有访问控制功能的设备，并根据业务需要配置访问控制策略。目前，访问控制策略的配置主要针对“五元组”，策略的配置应遵循最小化原则，仅保留与业务相关的访问控制策略，并定期对策略生效情况进行检测。

③ 入侵防范。应在园区网的核心交换机侧旁路部署具有新型攻击行为分析功能的设备，如态势感知、抗 APT 攻击等设备。同时，应在边界侧部署下一代防火墙等具有入侵防御功能的设备，并配置入侵防御策略。需要注

意的是，在提供 Web 服务的服务器区域边界应部署具有 Web 应用防护功能的设备。设备部署应采取网桥等对业务系统影响较小的模式。

④ 安全审计。园区是互联网使用的高发区，采用基于数据流分析的设备对信息网进行分析，同时支持事件关联分析，支持事件对应资产分析、脆弱性分析钻取，支持事件的聚合分析，支持安全报告的自动生成，保障园区生产信息安全。

#### 4.2.3.4 煤炭企业网络安全等级划分

在网络安全等级保护 2.0 标准中，信息安全等级保护分为五级，分别是第一级（自主保护级）、第二级（指导保护级）、第三级（监督保护级）、第四级（强制保护级）和第五级（专控保护级），第一级至第五级等级逐级增高。

虽然等级保护分为五个级别，但现阶段普遍需要第三方测评机构测评的是第二级和第三级。煤炭企业多数要求二级或三级等级保护。以三级等级保护为例，其物理架构包含：

① 基础网络架构。网络安全等级保护 2.0 标准要求“一个中心，三重防护”：安全通信网络、安全区域边界、安全计算环境、安全管理中心（图 4-3）。网络安全规划设计都围绕这四个要点展开。

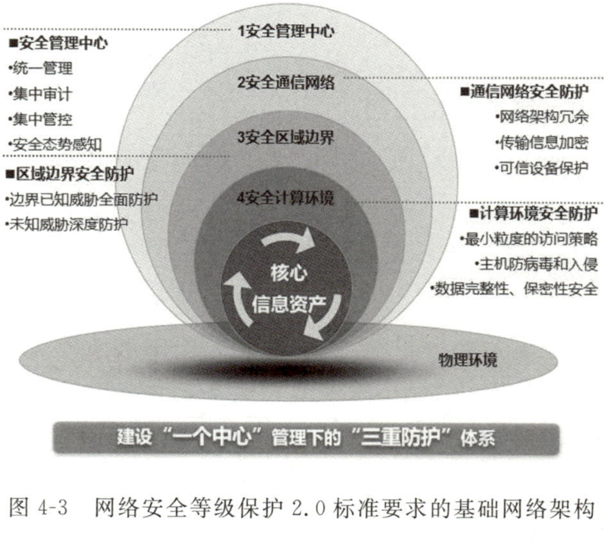


图 4-3 网络安全等级保护 2.0 标准要求的基础网络架构

② 安全技术体系。包括等级保护安全体系（一个中心，三重防护）以及

多维协同的纵深防护安全体系。其中,等级保护安全体系提供安全合规和基础安全防护能力,纵深协同安全体系提供场景化、协同化的安全防护能力,让安全防护能力形成最大合力。

4.2.3.5 煤炭企业网络安全防护技术

(1) DoS攻击防范技术

针对DoS(拒绝服务)攻击进行防范,可针对数据包、IP报文、TCP(传输控制协议)报文、基于HTTP的DoS/DDoS(拒绝服务/分布式拒绝服务)攻击等各种泛洪类攻击进行防范,并对各种畸形报文攻击进行检测,抵御各种IP地址和端口扫描等窥探攻击。

(2) 访问控制技术

通过报文的特征定义一系列的ACL(访问控制列表)策略,通过这些ACL策略可以控制通过防火墙的报文。基于状态检测技术,通过安全域、IP地址、端口、协议、用户、应用、时间等维度对数据报文进行深度检测,阻断违规数据访问。应用策略智能分析技术,对下一代防火墙产品已启用的安全策略进行深层次对比分析,判定哪些安全策略失效,在产品管理界面提示用户根据建议及时调优,避免出现安全策略冗余难管理的状况,保障安全策略的有效性。

(3) 特征匹配技术

将解析后的报文特征和签名进行匹配,如果命中了签名则进行响应处理。由于IPS(入侵防御系统)攻击检测主要依赖攻击特征匹配,IPS模块检测的精准度依靠规则库的数量和规则库更新的及时性,这种检测方式的劣势是无法针对复杂漏洞、未知漏洞进行防御。IPS反逃逸漏洞防御引擎在漏洞特征库的基础上,增加了行为分析检测技术,基于攻击泛化的漏洞覆盖技术,从漏洞共性攻击与利用方式,泛化出通用漏洞特征,提高利用最少规则检测更多的安全漏洞的能力。

(4) 失陷主机检测技术

失陷主机通常是指网络攻击者以某种方式获得控制权的主机,在获得控制权后,攻击者通过建立C&C(命令与控制)隐蔽通道并对失陷主机发送恶意指令,甚至以该主机为跳板继续攻击内网的其他主机。通过对比风险主机的非法外联行为，确认并定位失陷主机。由于攻击者经常使用恶意软件隐蔽通信检测，包括使用DGA（域名生成算法）通信、DNS（域名系统）隐蔽通道通信、字典拼接通信、硬编码通信等，增加了非法外联行为的检测难度。采用NTA（网络流量分析）引擎，基于AI+规则的闭环迭代功能发现异常流量，定位未知威胁。

（5）病毒防护技术

在网络层面，针对病毒防护通常采用流模式和启发式文件扫描技术，并使用AI杀毒引擎辅助，可对HTTP、SMTP（简单邮件传输协议）、POP3（邮局协议第三版）、IMAP（邮件访问协议）、FTP（文件传输协议）、SMB等多种协议类型的近百万种病毒进行查杀，包括木马、蠕虫、宏病毒、脚本病毒等，同时可对多线程并发、深层次压缩文件等进行有效控制和查杀。

（6）欺骗防御技术

为弥补传统防御方式的不足，快速感知未知威胁并延缓非法攻击，应用欺骗防御技术模拟真实Web服务，包括常见的OA系统服务、文件服务、运维服务、邮件服务等具体应用服务，在攻击者渗透到内网时混淆攻击者视线。一旦攻击者访问由防火墙自定义伪装的业务和端口，防火墙立即将攻击者访问流量引流至云蜜罐的虚拟环境中，使攻击者误认为嗅探到真实的业务系统，并对仿真服务和主机尝试进行提权等非法操作，从而延缓攻击者的进程。云蜜罐对攻击者流量进行深度行为分析，获取攻击方的指纹信息、工具、手法、攻击轨迹等，汇总形成攻击者画像，并准确定位攻击者真实身份，实现全面取证与精准溯源。另外，云蜜罐结合防火墙联动实时封堵攻击源，缩短应急响应时间，并将捕获的未知威胁等数据应用于防火墙产品上，提高本地防火墙的攻击检测能力和安全防御能力，保护网络资产安全。

（7）恶意加密流量检测技术

异常检测引擎针对加密流量的异常特征，通过建立设备加密网络行为基线，挑选出异常的、可疑的行为，如异常的网络设备JA3、异常的访问时间和访问频率、异常的上下行数据包比率、异常的证书签发机构等，结合安全专家分析，无须使用规则即可检测到正在出现的威胁（包括以前未知的威胁）的最早迹象。

(8) 实时漏洞分析技术

实时漏洞分析系统实时旁路地检测经过产品的应用流量,对流量进行应用解析,对解析后的应用数据匹配实时漏洞分析识别库,发现服务器存在漏洞。相比主动漏洞扫描工具或者是市场的漏扫设备,实时漏洞分析技术的优势在于能实时发现和跟踪网络中主机、服务和应用存在的安全漏洞,实时分析用户网络中存在的安全问题,且不会给网络产生额外的流量。

(9) 异常流量行为分析技术

NTA 引擎基于 AI+规则的闭环迭代发现异常流量,定位未知威胁。

(10) 加密账号爆破检测技术

应用专项账号爆破检测引擎,采用创新的登录状态分析和爆破检测算法,能够检测加密协议、慢速爆破以及异常登录,及时发现攻击者违规越权的网络访问行为。

(11) 深度内容检测技术

相比传统的 L2～L7 层应用处理技术,深度内容检测技术在基于流识别与应用识别的基础上,对数据包头和包内容进行深度解析,能够检测出通过文件、数据流、标准协议等相关应用内容。

(12) 攻击面管理技术

利用主动扫描识别、被动流量识别技术和用户手动导入资产列表,结合用户页面操作资产信息,对资产进行关联、合并、去重和除错等处理,补充更新资产数据信息。

(13) 自动化攻击结果研判技术

该技术实现了按照安全语义告警的无缝融合,结合客户网络拓扑、资产、漏洞、补丁、弱配、白业务访问关系等,引入了几百种细粒度告警融合策略,且融合过程中层层因果举证,弹性聚合,突出真正高危攻击,便于及时闭环处置真正的风险,从而消除告警疲劳,大幅降低事件处置工作量,提高其处置效率,提高安全威胁决策指挥能力。

(14) 全网威胁狩猎技术

该技术通过云端的多 AI 引擎快速分析每日海量事件,同时云端专家挖掘狩猎新式攻击,在发现攻击的蛛丝马迹或是全新的威胁情报时,基于 XDR

（扩展检测与响应）平台的分布式、边缘计算架构，在全网范围内对客户过去的和正在发生的事件进行回扫，发现相似的、潜在的攻击，并在云端由安全专家进行研判，保证检测的准确性。

（15）动态行为分析检测技术

基于IoA（攻击指标）的行为检测依据多事件复杂关联规则匹配算法，依靠IoA泛化行为规则提高已知和未知高级威胁攻击检测能力，补充复杂行为关联检测领域空白，构建行为检测防御层级，增强多层次纵深防御检测能力，帮助用户有效抵御已知和未知高级威胁攻击。

#### 4.2.3.6 煤炭企业网络安全防护工作要点

（1）网络架构优化

按照单位或者园区的颗粒度，设置独立的具有冗余结构的网关设备，将二层广播收缩到一个小区域，减少广播风暴影响范围。

（2）互联网出口收缩

煤炭企业下属多个生产单位时，建议取消生产单位的互联网出口，将互联网出口集中在企业总部进行集中管控和防护。

（3）网络集中管理

部署网络管理系统，对所有单位的网络设备进行集中管理和监控，集中配置网络设备。

（4）网络安全域分区

管理网络和生产网络按照单位或者园区的颗粒度设置安全域，部署防火墙，原则上安全域策略出方向不限制，入方向按需放通。

（5）网络统一准入

部署自动化程度高的网络准入系统，对所有单位的网络设备和终端设备进行准入管控，默认未做准入的设备无法联网。

（6）网络资产盘点

部署网络资产盘点系统，对所有的资产和互联关系进行确认入账，未入账的连接建议先断开进行确认。

（7）尽量采购同厂安全设施

网络安全设施间跨厂家相互通信存在困难，难以形成协同防护，建议尽量采购同厂安全设施形成协同防护体系。

### 4.2.4 云安全防护技术

#### 4.2.4.1 煤炭企业云安全范畴定义

云计算模式通过将数据统一存储在云计算服务器中，加强对核心数据的集中管控，比传统分布在大量终端上的数据行为更安全。数据的集中，使得安全审计、安全评估、安全运维等行为更加简单易行，同时更容易实现系统容错、高可用性、冗余及灾备恢复。煤炭企业云安全的范畴主要包括：云计算技术应用风险（如虚拟化层的风险、多租户技术使用后的风险）和业务应用自身风险（业务自身面临的网络层、应用层等层面的传统网络安全风险）。

#### 4.2.4.2 煤炭企业云安全存在的问题

而煤炭企业在使用云计算技术的过程中，云计算作为一种新型的计算模式，其安全建设必然与传统的信息安全建设存在区别，其安全性也必有其特殊的一面。经过行业近几年的安全实践和研究，云安全的特色问题可以概括为以下几个方面：

① 煤炭企业云平台的安全边界不可见问题。云计算平台与传统的 IT 组织架构上的差异导致其安全防护理念上存在差异。在传统的安全防护中，很重要的一个原则就是基于边界的安全隔离和访问控制，并强调针对不同的安全区域设置差异化的安全防护策略，这依赖于各区域间清晰的边界划分；但在云计算环境中，计算和存储资源高度整合，基础网络架构统一化，传统的控制部署边界消失。

② 煤炭企业云平台引入后的安全风险不受控问题。物理计算资源共享带来虚拟机安全问题。虚拟化层的引入带来了大量未知的安全问题，同一台物理机内部有多台虚拟机，如何对虚拟机之间通信和流量进行监控，虚拟机之间如何进行隔离控制，这都涉及传统的网络安全技术产品如何虚拟化的问题。

③ 云计算安全的合规建设问题。在传统模式下，信息安全建设能够较清晰地按照等级保护、ISO 27001 等国内外先进的安全合规要求进行合规性

检查。在建设云平台后，传统业务系统都移植到云上，业务架构和形态发生变化，传统安全防护措施也发生改变。

④ 云上业务和租户的安全建设风险大、管理难度大。煤炭企业引入云计算技术后，虽然业务面临的大部分网络、应用层面的风险和未使用云计算技术一致，但云计算技术特有的租户性质，使煤炭企业在使用过程中面临着账号、审计策略缺失等风险，另外物理安全需要建设的相关安全措施，在使用了云计算技术后，需要重新评估、建设。

#### 4.2.4.3 煤炭企业云安全等级要求

云计算信息系统安全等级保护应依据云计算信息系统的安全保护等级要求，具有相应等级的基本安全保护能力。不同安全保护等级的云计算信息系统要求具有不同的安全保护能力。煤炭企业云计算平台安全要求与云计算信息系统提供的技术安全机制有关，主要通过在云计算信息系统中部署软硬件并正确地配置其安全功能来实现。

云计算信息系统的安全防护需要着眼于虚拟化技术所带来的安全风险。包括虚拟化平台的安全风险、虚拟资源共享风险、多云租户应用中的数据安全风险。各层面主要关注点如下：

① 网络安全层面。在等级保护基本要求技术的基础上，云计算信息系统的安全技术增加了虚拟网络的访问控制、虚拟网络流量的监控管理、虚拟网络中的入侵检测、恶意代码防护等安全技术要求。

② 主机安全层面。在等级保护基本技术要求的基础上，云计算信息系统的主机增加了对宿主机的安全加固、虚拟机安全防护等安全技术要求。

③ 应用安全层面。在等级保护基本技术要求的基础上，云计算信息系统应用安全层面增加了对多云租户间安全性保障、云服务的连续性和云应用的权限控制等安全技术要求。

④ 数据安全层面。在等级保护基本技术要求的基础上，云计算信息系统的数据安全层面增加了对虚拟机镜像文件安全保护等安全技术要求。

#### 4.2.4.4 煤炭企业云安全防护工作要点

煤炭企业的云安全防护涉及云数据中心的建设要素及配套的运营、管理能力等。煤炭企业云安全防护工作重点如下：

① 云平台安全。云平台包含云物理资源设施(如交换机网络、存储设备、服务器)和云平台软件系统。云平台层安全是企业云最重要的部分,一旦被网络攻击突破,面临云业务整体崩盘的风险。应按照三级等级保护重点加固防护,做好云平台网络边界防护和云平台运维防护,加强服务器和云平台的管理员账号管理,严格管控和验证对云平台进行运维的人员身份。

② 租户网络安全。租户网络指通过云平台创建的供煤炭企业直接使用的虚拟服务器、虚拟网络和虚拟存储组成的网络系统。充分利用 VPC(虚拟私有云,也称为虚拟专用网络)提供的安全隔离特性实现应用虚拟服务器的安全防护,按照应用通信频繁度和安全等级划分应用安全组,一个应用安全组对应一个 VPC。应用安全组内通过安全组策略实现应用部件间通信安全,降低组内广播风暴风险;应用安全组间通过虚拟防火墙实现跨组通信安全,减少跨组攻击暴露面。部署软件探针,对 VPC 内应用部件间流量以及跨 VPC 的应用安全组间的流量进行安全监测,防御租户网络威胁入侵。

③ 租户主机安全。加强虚拟服务器操作系统安全加固,通过安装软件防火墙加强主机网络管控。安装服务器 EDR(终端检测与响应)软件,防御主机木马、勒索病毒等持续攻击。增强主机安全与网络安全联动防控,降低主机被攻击风险。

④ 租户运维安全。租户运维指对虚拟服务器、虚拟网络、虚拟存储以及运行在虚拟服务器上应用软件的运维。应加强租户运维管理账户和管理员身份验证。强化采用暴露机接入运维,避免通过办公网或者互联网 VPN 直接连接虚拟服务器。加强运维终端机的安全加固和防护,运维前严格查杀病毒,运维终端机接入时,要求禁用互联网访问权限。

⑤ 云资源池安全。避免建立孤立的云资源池,一旦出现物理机房、硬件资源和供电线路等不可抗拒的故障,会造成云资源整体不可用,至少建立物理机房位置分开的主备容灾机制的云资源池。

#### 4.2.4.5 煤炭企业云安全防护技术

(1) 云边界防护技术

① 云边界访问控制防护技术。通过在网络边界或区域之间根据防火墙产品的访问控制策略设置访问控制规则的措施,实现默认情况下除允许通

信外受控端口拒绝所有通信。

② 云边界入侵检测技术。通过在云边界处提供入侵检测功能，检测、防止或限制从外部发起的网络攻击行为。

③ 云边界安全审计技术。通过在云的网络边界、网络节点提供网络安全审计能力，提供安全审计防护，审计覆盖到每个用户，对重要的用户行为和重要安全事件进行审计。

④ 云边界安全准入技术。通过在边界提供网络准入功能，能够对非授权设备私自连到内部网络的行为进行检查或限制，能够对内部用户非授权连到外部网络的行为进行检查或限制。

⑤ 云边界恶意代码防范技术。通过在云边界提供恶意代码防范的功能，部署相关网络防病毒产品，实现云边界恶意代码防范能力。

(2) 云平台防护技术

① 虚拟化层资源控制与虚拟机监控技术。通过云平台自身提供的虚拟化层资源控制措施，从CPU、内存等层面对不同云平台上用户的虚拟化资源进行控制与保障，满足用户分配资源的正常使用。

② 虚拟机逃逸检测与隔离技术。虚拟机逃逸作为典型的虚拟化层安全风险，通过底层平台及CPU、内存的隔离技术，每个虚拟机都能获得相对独立的物理资源，并能屏蔽虚拟资源故障，确保某个虚拟机崩溃后不影响虚拟机监控器及其他虚拟机。同时通过不同虚拟机之间的虚拟CPU指令实现隔离，不同虚拟机之间实现内存隔离，达到虚拟化平台的隔离。

③ 镜像完整性校验与镜像安全加固技术。通过云平台提供虚拟机镜像文件完整性校验功能，防止虚拟机镜像被恶意篡改。

④ 存储虚拟化安全技术。云平台对存储数据的安全控制能够应用到逻辑和物理存储实体上，不会因信息在物理存储位置上的改变而导致安全控制被旁路。通过禁止或限制对物理存储实体的直接访问，保障各个客户所使用的虚拟存储资源之间的逻辑隔离。

⑤ 网络虚拟化安全技术。通过在访问云服务的网络和内部管理云的网络之间采取隔离和访问控制措施，同时对虚拟机的网络接口的带宽进行管理，为云中的虚拟网络资源间的访问实施网络逻辑隔离，并提供访问控制

手段。

⑥ 云管理平台账号认证、授权管理安全防护技术。通过在虚拟化平台操作管理员权限分离机制，设置网络管理、账号管理、系统管理等不同的管理员账号，当远程管理云计算平台中设备时，管理终端和云计算平台之间建立双向身份验证机制，实现云管理平台的账号认证功能。

⑦ 云运维审计安全技术。通过对云服务商和云服务客户在远程管理时执行的特权命令进行审计，至少包括对虚拟机删除、虚拟机重启、虚拟化平台的各类操作和事件进行记录和追溯。云本体防护措施涉及的对云租户系统和数据的操作具备审计留档功能。

⑧ 云平台访问控制安全技术。云平台应具备当虚拟机迁移时，访问控制策略随其迁移，从而不影响云平台上用户的安全策略和防护效果。

⑨ 云平台恶意代码防范安全技术。通过部署相关网络防病毒产品，提供云本体恶意代码防范功能。

(3) 云租户防御技术

① 云租户虚拟网络访问控制与入侵检测技术。云租户的网络安全需要在云平台提供的 VPC 隔离基础上，构建自身的安全区域边界，防止未授权的访问和利用恶意漏洞等攻击行为。

② 云租户操作审计技术。租户的安全审计功能是租户云上安全合规的基础安全功能，私有云安全防护通过为租户部署虚拟堡垒机实现操作审计功能。

③ 云租户内部虚拟机虚拟网络通信检测技术。通过利用云平台安全组控制能力以及虚拟机主机防火墙，增加一种基于安全域应用角色之间的流量访问控制解决方法，系统可实现基于主机应用角色之间的访问控制，做到可视化的安全访问策略配置，简单高效地对应用服务之间的访问进行隔离控制。

④ 云租户 Web 应用防护技术。通过为租户提供 Web 应用安全系统，防御外部授权用户发起的对 Web 系统的攻击，如针对 Web 应用系统的 SQL(结构化查询语言)注入、XSS(跨站脚本)注入等行为。

⑤ 云租户恶意代码防范安全技术。通过在云平台租户主机上安装主机

安全软件，在关键网络节点处对恶意代码进行检测和清除，维护恶意代码防护机制的升级和更新。

⑥ 云租户数据库审计安全技术。通过部署虚拟数据库审计系统，针对云上业务环境下的数据库操作行为进行细粒度审计。

⑦ 云租户入侵检测安全技术。通过IPS分析网络流量，检测入侵(包括缓冲区溢出攻击、木马、蠕虫等)，并通过一定的响应方式，实时地中止入侵行为，保护信息系统和网络架构免受侵害。

⑧ 云租户应用基线安全管理技术。通过在云平台内对应用系统进行基线核查，实现漏洞评估、身份鉴别和基线核查。

⑨ 云租户通信安全加密安全技术。启用通信加密安全措施，采用密码技术保证重要数据在传输过程中的完整性，包括但不限于鉴别数据、重要业务数据、重要审计数据、重要配置数据、重要视频数据和重要个人信息等。

### 4.2.5 数据安全防护技术

数据安全性涉及法律、道德及计算机系统等诸多因素，是数据的拥有者和使用者都十分关心的问题。数据安全性取决于为保护数据提供的防御能力，它用以防止对数据未经授权的传送、泄露、修改或对数据有意与无意的破坏，即保护数据不被破坏或泄露，不被非法修改，防止不合法的访问或使用。

数据安全有两方面的含义：一是数据本身的安全，主要是指采用密码算法对数据进行主动保护，如数据保密、数据完整性、数据使用身份认证等；二是数据防护的安全，主要是采用先进的信息存储手段对数据进行主动防护，如通过磁盘阵列、数据备份、异地容灾等手段保证数据的安全。

具体实施过程中可根据数据的分类分级，对数据的采集、传输、存储、使用、共享和销毁各生命周期阶段，按安全等级保护原则，进行数据安全防护。

#### 4.2.5.1 煤炭企业数据分类分级

工业数据分类分级是提升企业数据管理水平的基础，是有效挖掘数据价值、实现企业生产方式变革的必由路径。数据安全始于对数据资产的梳理。只有对数据进行分级分类，才能更好地实现对核心、重要数据的安全管控。对煤炭企业的数据进行分级分类可参考《网络安全标准实践指南——网络数据分类分级指引》和《工业数据分类分级指南(试行)》两个规范。

(1)《网络安全标准实践指南——网络数据分类分级指引》

从国家数据安全角度将数据分为一般数据、重要数据和核心数据3个级别,并建议数据处理者优先按照基本框架进行定级。在基本框架定级的基础上也可结合行业数据分类分级规则或组织生产经营需求,对一般数据进行细化分级。

核心数据:即国家核心数据,是指关系国家安全、国民经济命脉、重要民生、重大公共利益等数据。

重要数据:一旦遭到篡改、破坏、泄露或者非法获取、非法利用,可能危害国家安全、公共利益的数据。重要数据一般不包括个人信息和企业内部管理信息,但达到一定规模的个人信息或者基于海量个人信息加工形成的衍生数据,如果一旦遭到篡改、破坏、泄露或者非法获取、非法利用,可能危害国家安全、公共利益,也应满足重要数据保护要求。

一般数据:一般数据一旦遭到篡改、破坏、泄露或者非法获取、非法利用,可能对个人、组织合法权益造成危害,但不会危害国家安全、公共利益。

(2)《工业数据分类分级指南(试行)》

根据不同类别工业数据遭篡改、破坏、泄露或非法利用后,可能对工业生产、经济效益等带来的潜在影响,将工业数据分为一级、二级、三级等3个级别。其中:

三级数据是指潜在影响符合下列条件之一的数据:易引发特别重大生产安全事故或突发环境事件,或造成直接经济损失特别巨大,对国民经济、行业发展、公众利益、社会秩序乃至国家安全造成严重影响。

二级数据是指潜在影响符合下列条件之一的数据:易引发较大或重大生产安全事故或突发环境事件,给企业造成较大负面影响,或直接经济损失较大;引发的级联效应明显,影响范围涉及多个行业、区域或者行业内多个企业,或影响持续时间长,或可导致大量供应商、客户资源被非法获取或大量个人信息泄露;恢复工业数据或消除负面影响所需付出的代价较大。

一级数据是指潜在影响符合下列条件之一的数据:对工业控制系统及

设备、工业互联网平台等的正常生产运行影响较小；给企业造成负面影响较小，或直接经济损失较小；受影响的用户和企业数量较少、生产生活区域范围较小、持续时间较短；恢复工业数据或消除负面影响所需付出的代价较小。

《网络安全标准实践指南——网络数据分类分级指引》与《工业数据分类分级指南(试行)》数据分级对应如表 4-4 所列。

**表 4-4　数据分级对应**

| 序号 | 《网络安全标准实践指南——网络数据分类分级指引》 | 《工业数据分类分级指南(试行)》 |
| --- | --- | --- |
| 1 | 核心数据级 | 工业数据三级 |
| 2 | 重要数据级 | 工业数据二级 |
| 3 | 一般数据级 | 工业数据一级 |

#### 4.2.5.2　煤炭企业数据安全防护定级建议

结合以上两个规范及《信息安全技术 网络安全等级保护基本要求》(GB/T 22239—2019)，建议煤炭企业采用如下数据安全防护定级：

① 针对核心数据/三级数据，建议采用不低于三级的等级保护要求，如重点煤炭企业生产、调度、管理、指挥、作业、控制等需要严格进行安全防护的系统数据。

② 针对重要数据/二级数据，建议采用不低于二级的等级保护要求，如非涉及工作秘密、商业秘密、敏感信息的办公系统和管理系统数据。

③ 针对一般/一级数据，建议采用不低于一级的等级保护要求，保护煤炭企业一般的信息数据。

#### 4.2.5.3　煤炭企业数据安全防护目标

2021 年 9 月，《中华人民共和国数据安全法》实施后，煤炭企业收集、存储、使用、加工、传输、提供、公开数据资源，都应当依法建立健全数据安全管理体系，采取相应技术措施保障数据安全。

数据作为煤炭企业关键生产要素，其安全性直接涉及煤炭企业生产经营正常运行。数据安全防护目标就是要在不同的业务场景应对多样性的安全挑战，包括但不限于数据泄露、数据篡改、数据滥用、违规传输、非法访问、流量异常等数据安全风险。做好煤炭企业的数据安全防护，主要应做好以下三个方面的工作：

① 满足数据安全基本需求，包括数据保护、数据合规、敏感数据管理等。

② 重视数据分级分类，实现数据角色授权，对数据安全进行全生命周期的场景化管理。

③ 建设数据安全闭环管理体系，推动数据安全管理体系持续改善。

4.2.5.4 煤炭企业数据安全存在的问题

① 数据的价值日益突出，特别是错综复杂的国际国内竞争环境，使得越来越多网络攻击往往以窃取数据为目的，对煤炭企业生产数据安全造成严重威胁。

② 煤炭企业数据形态多样、格式复杂、异构特征明显，分类分级管理与防护难度大，数据安全分类分级措施和授权访问机制落实困难。

③ 煤炭企业数据采集范围日渐丰富、采集粒度逐步细化，数据体量持续积累，由此不可避免地引入大数据技术，对数据收集、挖掘、分析并融合应用进行有效的安全防护是企业面临的重要问题。

④ 煤炭业务应用部署日益云化，企业业务人员对数据合理、合法、合规、安全使用没有准确地理解，易造成对云化数据资源的滥用。

⑤ 煤炭企业数据应用不断变化，应用的多样性需求、数据的开放共享，势必涉及数据隐私保护的难题。

⑥ 煤炭企业数据安全管理体系建设无法跟上业务的快速发展，企业对数据生命周期保护缺乏系统规划的指导，业务人员缺乏数据安全的系统培训。不能及时防范数据安全风险对企业经营存在的重大隐患，对企业利益和商誉都会带来极大的损失。

4.2.5.5 煤炭企业数据安全防护技术

数据安全防护技术主要涉及数据采集、传输、存储、使用过程中机密性、完整性、可用性、可控性、数据不可否认性、数据库安全技术、数据冗余备份恢复等技术。

(1) 数据机密性

机密性也称保密性，指在数据产生、传输、处理和存储的各个环节中不泄露给非授权的个人和实体的特性。数据加密是防止数据非法泄露的最基本手段，主要强调有用数据信息只被授权对象使用的特征。数据的机密性可以通过数据加密、身份认证、访问控制、安全通信协议等技术实现。

数据加密利用密码技术对信息进行加密，实现信息隐蔽，从而起到保护数据安全的作用。密码技术通过加密算法和加密密钥将明文转变为密文，而解密则是通过解密算法和解密密钥将密文恢复为明文。加密的核心是密码学。

按照作用的不同，数据加密技术可分为数据传输加密技术、数据存储加密技术、数据完整性鉴别技术和密钥管理技术。

① 数据传输加密技术采用数据安全传输协议、密码技术对传输中的数据流加密，通常有线路加密与端到端加密两种。

② 数据存储加密技术采用密码技术、数据防泄露、文件加密等技术防止在存储环节上的数据失密，数据存储加密技术可分为密文存储和存取控制两种。

③ 数据完整性鉴别技术采用加密认证技术实现身份认证、访问控制，对数据传送、存取和处理的人的身份和相关数据内容进行验证，防止数据被非法访问。一般包括口令、密钥、身份、数据等项的鉴别，通常使用数字签名或散列函数对密文进行保护。

④ 密钥管理技术包括密钥的产生、分配、保存、更换和销毁等各个环节的保密措施。

（2）数据完整性

数据完整性是指在数据的生命周期内，所有数据都是完全的、一致的和准确的程度，即数据在传输、交换、存储和处理过程中，保持数据不被破坏或篡改、不丢失和数据未经授权不能改变的特性，也是最基本的数据安全特征。

在实际使用过程中，数据完整性常常和数据保密性联系在一起，采用密码技术和鉴定校验技术保证传输、交换、存储和处理过程中数据的完整性。

(3) 数据可用性

可用性也称数据有效性，指数据资源可被授权实体按要求访问、正常使用或在非正常情况下能恢复使用的特性。可用性是衡量网络信息系统面向应用的一种安全性能，在系统运行时正确存取所需数据，当系统遭受意外攻击或破坏时，可以迅速恢复并能投入使用，以保障为应用及相关用户提供服务。

数据的可用性可以从数据的一致性、准确性、完整性、时效性等方面进行判定：

① 数据的一致性：指数据信息系统中各相关数据信息之间相容、不产生矛盾。

② 数据的准确性：指数据信息系统中每个数据表示现实物体的精准程度。人们对数据进行操作的各个环节都可能影响数据的准确性。

③ 数据的完整性：指数据不被破坏或篡改、不丢失和数据未经授权不能改变。

④ 数据的时效性：是指在不同需求场景下使用数据的及时性和有效性。

(4) 数据可控性

数据可控性是指数据在传输范围和存放空间内的可控程度，是对数据传输、使用具有控制能力的特性。数据可控性需要对数据实施安全监控管理技术与措施，通过计算机、网络、密码技术和安全技术，保护数据在网络中传输、交换和存储时的保密性、完整性、真实性、可靠性、可用性、不可抵赖性等，防止非法或滥用数据信息。

(5) 数据不可否认性

不可否认性又称拒绝否认性、不可抵赖性，指通信双方在数据交互过程中，确信参与者本身和所提供的数据真实和同一性，即所有参与者不可否认或抵赖本人的真实身份，都不可否认或抵赖曾经完成的操作和承诺。

不可抵赖性包括对发送接收数据的不可抵赖及对操作行为发生时间的不可抵赖。通过进行身份认证和数字签名可以避免对发送接收的数据抵赖，通过数字时间戳可以避免对操作行为发生的抵赖。

数字签名技术以加密技术为基础，本质特征是该签名只有通过签名者的私有信息才能产生，即一个签名者的签名只能唯一地由他自己产生，并可由第三方验证。数据签名最重要功能就是接收方能够证实发送方的真实身份，发送方事后不能否认所发送过的报文。

（6）数据库安全技术

数据安全涉及数据库对数据存储、使用的安全，尤其是大数据的安全。数据库安全指以保护数据库系统，数据库服务器，数据库中的数据、存储、应用及相关网络连接为目的，防止数据库系统及其数据遭到泄露、篡改或破坏的安全技术。进行数据库安全防护需要经历如下三个过程：

① 事前扫描：主动发现数据库存在的漏洞、配置错误、弱口令等风险，及时进行修复；扫描过程也可设定为定期运行。

② 事中控制：实时监控、识别数据库操作行为。

③ 事后追溯：完整记录数据库的操作人、操作过程等关键信息，提供完整的追溯证据链。

数据库的安全技术主要包括数据库加密、数据库漏扫、数据库防火墙、数据脱敏、数据库安全审计等技术。

① 数据库加密：提高数据库安全性最简单的解决办法就是加密。数据库加密通过数据库存储加密等方法实现数据库存储数据保密和完整性要求，使得数据库以密文方式存储并在密态方式下工作，确保数据库存储的数据安全。数据库系统一般采用数据项级存储加密，即数据库中不同的记录、每条记录的不同字段都采用不同的密钥加密，加以校验措施来保证数据库数据存储的保密性和完整性，防止数据被非授权访问和修改。

② 数据库漏洞扫描：主要功能就是漏洞扫描、口令检测、渗透检测，包括数据库自动扫描探测。数据库漏洞扫描是专门对数据库系统进行自动化安全评估的专业技术，通过数据库漏洞扫描能够有效地评估数据库系统的安全漏洞和威胁并提供修复建议。

③ 数据库防火墙：也称为数据库安全网关。数据库防火墙技术一般采用主动防御机制，通过学习期行为建模，预定义风险策略；结合数据库虚拟补丁、注入规则和应用关联防护机制，实现数据库的访问行为控制和高危风险监控，利用监控数据与保护规则比较，当与规则匹配时，发出警告或直接

进行处置。

④ 数据脱敏:数据库包含大量个人信息,其中包括一些非常敏感的数据,需要采用数据脱敏技术,对敏感数据进行脱敏,实现数据使用的隐私保护。

数据脱敏技术是指对敏感数据进行屏蔽、随机替换、乱序处理和加密等,将敏感数据转化为虚构数据,将个人信息匿名化,为数据的隐私安全提供基础保障。数据脱敏技术分为静态脱敏和动态脱敏两种实现方式。

静态脱敏是指将数据抽取出生产环境脱敏后分发至测试、开发、培训、数据分析等场景。动态脱敏是指不脱离生产环境,对敏感数据以角色和权限为驱动,将查询和调用结果进行实时在线脱敏。

数据库脱敏的核心能力包括库到库脱敏(源和目标都是数据库)、库到文件脱敏、文件到库脱敏、文件到文件的脱敏和实时在线脱敏。

⑤ 数据库安全审计:数据库安全审计实时记录网络上的数据库活动,对数据库操作进行细粒度合规性审计,对数据库遭受到的风险行为进行告警,对攻击行为进行阻断。数据库安全审计旁路部署在网络中,通过对访问数据库的行为、内容等进行采集、存储、分析,实现完全独立于数据库的审计功能,并生成合规报告,便于数据安全事故追根溯源,保障数据资产安全。

(7) 数据冗余备份恢复

数据备份系统应该遵循稳定性、可靠性、实时性等原则,保证数据完整性、可用性。对企业关键信息处理系统的数据进行热冗余,保证重要系统的高可用性;对企业核心及重要数据的存储,采用本地备份与恢复技术、异地实时备份技术。

#### 4.2.5.6 煤炭企业数据安全防护工作要点

《中华人民共和国数据安全法》明确提出了数据安全保护的义务。综合煤炭企业数据安全的防护目标及存在的问题,煤炭企业数据安全防护应主要做好以下几个方面工作:

① 煤炭企业对数据进行分级分类。明确核心数据、重要数据及一般数据,并针对不同等级的数据确立不同的权限访问及保密性要求。

② 实施数据安全技术措施。应用相关安全技术，保障数据在采集、传输、存储、使用过程中完整性、保密性、数据不可否认性、隐私性等的安全。

③ 建立健全全流程数据安全管理体系。组织开展数据安全教育培训，采取相应的技术措施、管理措施、制度保障及其他必要措施，保障数据安全。

④ 数据收集应当采取合法、正当的方式。不得窃取或者以其他非法方式获取数据。法律、行政法规对收集、使用数据的目的、范围有规定的，应当在法律、行政法规规定的目的和范围内收集、使用数据。

⑤ 煤炭企业开展数据处理活动应当加强风险监测。发现数据安全缺陷、漏洞等风险时，应当立即采取补救措施；发生数据安全事件时，应当立即采取处置措施，按照规定及时告知用户并向有关主管部门报告。

⑥ 煤炭企业应当对数据处理活动定期开展风险评估。确定面临的数据安全风险及其应对措施等，并向有关主管部门报送风险评估报告。

⑦ 煤炭企业应当明确数据安全负责人和管理机构。对核心、重要数据的处理者落实数据安全保护责任。

⑧ 数据安全责任人应由具有相关管理工作经历和专业背景的人员担任；参与有关数据活动的重要决策，直接向主要负责人报告工作。数据安全责任人履行下列职责：

a. 组织制定数据保护计划并督促落实。

b. 组织开展数据安全风险评估，督促整改安全隐患。

c. 按要求向有关部门和网信部门报告数据安全保护和事件处置情况。

d. 受理并处理用户投诉和举报。

对于煤炭行业信息安全从业人员来说，数据安全防护能力建设是最艰巨的任务之一。数据安全防护能力的建设，包括预防、发现、消除泄密隐患为主的数据安全体系，实现对数据采集、传输、存储、处理、交换、销毁全生命周期的管理；进一步包括数据风险核查能力、数据威胁监控预警能力等，最终实现对全过程数据安全的支撑能力。

总体来说，煤炭企业的数据安全防护形势较为复杂和严峻，已出现多起相关安全事件。企业不仅要从数据安全技术层面，还需要从数据安全管理层面加强防护；不仅要考虑数据安全的体系建设，还需考虑制度培训等领域的配套保障。安全技术和安全管理同步加强，制度与建设同步实施，才能对煤炭企业的数据安全起到有效的防护作用。

### 4.2.6 应用安全防护技术

#### 4.2.6.1 煤炭企业应用系统范畴定义

用于煤炭企业经营、采购、销售、财务、人力资源、物资、工程项目、绩效考核等管理系统；煤矿生产调度、安全管理、机电管理，设备管理等应用系统；直接或者间接使用煤矿生产过程控制的数据，用于经营、管理、计划、调度且不对煤矿生产做过程控制的系统。

#### 4.2.6.2 煤炭企业应用系统的主要特征

煤炭企业业务系统分散，数据种类多，来源分散，存储集中，访问的人员多，访问终端类型多（计算机终端、移动终端、智能终端等），访问方式种类多（有线、无线，移动通信），访问途径多（内部网络、互联网、政府部门）。

目前多应用系统融合统一平台成为趋势，应用趋向 Web 化。基于 Web 应用基本成为煤炭企业主流应用类型，因此本书应用研究对象是 Web 应用安全。

#### 4.2.6.3 煤炭企业应用系统安全存在的问题

（1）Web 开发数据访问验证不充分

由于煤炭企业部分应用属于互联网应用，在 Web 开发时未充分强化数据库访问安全性，诸如 SQL 注入、NoSQL（非结构化查询语言）注入、OS（操作系统）注入和 LDAP（轻量目录访问协议）注入的恶意代码注入攻击容易成功，易造成应用系统故障，或者造成盗取关键数据事件发生。

（2）应用系统多、账户多、管理不到位

由于煤炭企业应用系统多，各系统使用账户多，员工为了方便管理和保存，通常多系统账户密码设置简单，长期不更换，导致暴力破解等手段容易实施成功，从而获取煤矿应用系统访问凭证信息，登录应用系统，执行恶意操作。

（3）应用账户授权机制不完善

账户授权机制不健全，存在多人共享账户、单账户权限大的风险。部分Web应用通过HTTP传输，账号盗取时常发生或者监听获取用户的通信内容，导致企业敏感数据泄露。

（4）应用维护工作量大，容易造成疏漏

煤炭企业Web系统数量庞大，系统种类多，运维难免疏漏，应用系统错误配置不可避免，将导致系统可能在未知的情况下被攻破，用户数据可能随着时间被全部盗走或篡改，甚至导致整个系统被完全破坏。

（5）终端防护不到位成为跳板机

由于煤炭企业终端安全防护不统一，用户在浏览互联网过程容易遭受浏览器劫持。攻击者在终端用户浏览器中执行脚本以劫持用户会话，插入恶意内容，重定向用户，使用恶意软件劫持用户浏览器等，从而导致终端被入侵，成为跳板攻击内部重要的业务系统。

（6）Web开发使用含有漏洞的组件

煤炭企业采用的Web应用开发过程不透明，未严格实施研发阶段安全管控，开发过程中使用含有漏洞的组件，是应用系统可能造成严重的数据丢失或服务器被接管问题。

（7）日志记录和监控不足

不足的日志记录和监控，以及事件响应缺失或无效，使攻击者能够进一步攻击系统，并保持持续性或转向更多系统，以及篡改、提取或销毁数据。大多数缺陷研究显示，缺陷被检测出的时间通常超过200天，且通常通过外部检测方检测，而不是通过内部流程或监控检测。

#### 4.2.6.4 应用系统安全防护等级

《计算机信息系统安全保护条例》中提出了“计算机信息系统实行安全等级保护”，第一次提出等级保护的概念，等级保护成为我国信息安全保障的基本制度。《信息安全技术 网络安全等级保护定级指南》（GB/T 22240—2020）和《信息安全技术 网络安全等级保护基本要求》（GB/T 22239—2019）对应用系统保护定义了五个安全防护等级及每个等级的安全防护能力要求，如表4-5所列。

**表 4-5 应用系统保护定级标准及要求**

| 等级 | 定级标准 | 安全防护要求 |
| --- | --- | --- |
| 第一级 | 等级保护对象受到破坏后，会对相关公民、法人和其他组织的合法权益造成损害，但不危害国家安全、社会秩序和公共利益 | 应能够防护免受来自个人的、拥有很少资源的威胁源发起的恶意攻击、一般的自然灾难，以及其他相当危害程度的威胁所造成的关键资源损害，在自身遭到损害后，能够恢复部分功能 |
| 第二级 | 等级保护对象受到破坏后，会对相关公民、法人和其他组织的合法权益造成严重损害或特别严重损害，或者对社会秩序和公共利益造成危害，但不危害国家安全 | 应能够防护免受来自外部小型组织的、拥有少量资源的威胁源发起的恶意攻击、一般的自然灾难，以及其他相当危害程度的威胁所造成的重要资源损害，能够发现重要的安全漏洞和处置安全事件，在自身遭到损害后，能够在一段时间内恢复部分功能 |
| 第三级 | 等级保护对象受到破坏后，会对社会秩序和公共利益造成严重危害，或者对国家安全造成危害 | 应能够在统一安全策略下防护免受来自外部有组织的团体、拥有较为丰富资源的威胁源发起的恶意攻击、较为严重的自然灾难，以及其他相当危害程度的威胁所造成的主要资源损害，能够及时发现、监测攻击行为和处置安全事件，在自身遭到损害后，能够较快恢复绝大部分功能 |
| 第四级 | 等级保护对象受到破坏后，会对社会秩序和公共利益造成特别严重危害，或者对国家安全造成严重危害 | 应能够在统一安全策略下防护免受来自国家级别的、敌对组织的、拥有丰富资源的威胁源发起的恶意攻击、严重的自然灾难，以及其他相当危害程度的威胁所造成的资源损害，能够及时发现、监测发现攻击行为和安全事件，在自身遭到损害后，能够迅速恢复所有功能 |
| 第五级 | 等级保护对象受到破坏后，会对国家安全造成特别严重危害 | 一般不涉及 |

#### 4.2.6.5 煤炭企业应用安全防护技术

根据等级保护要求，煤炭企业应用系统安全防护技术应包含如下技术。

(1) 身份鉴别技术

① 应提供专门的登录控制模块对登录用户进行身份标识和鉴别，并保证用户身份标识的唯一性。

② 应采用两种或两种以上组合的鉴别技术实现用户身份鉴别。

③ 登录验证模块应能防止身份鉴别暴力攻击(如登录模块应采用随机

验证码进行验证,并且保证验证码不易被自动预测、识别)。

④ 应提供并启用用户登录口令复杂度检查功能,保证身份信息不被冒用。例如:应不含有常用字符组合、数字组合、键盘顺序等可预测密码组合。

⑤ 应避免认证错误提示泄露信息,在认证失败时,应向用户提供通用的错误提示信息(如不应区分是账号错误还是密码错误),避免这些错误提示信息被攻击者利用。

⑥ 应支持账号锁定功能,系统应限制连续登录失败次数,在客户端多次尝试失败后,服务器端需要对用户账号进行短时锁定,且锁定策略支持配置解锁时长。

⑦ 应采用加密方式存储用户的登录口令信息。

(2) 应用访问控制技术

① 工业应用程序管理后台不应暴露在公网,管理接口通信内容不应使用明文协议。

② 应由经过授权的主体配置访问控制策略,严格限制各用户的访问权限,按安全策略要求控制用户对业务、数据、网络资源的访问。

③ 访问控制的覆盖范围应包括与资源访问相关的主体、客体及它们之间的操作。

④ 当进行业务权限更改时(如密码重置、密码找回等),应设置相关策略,防止暴力破解攻击。

⑤ 应授予不同账号为完成各自承担任务所需的最小权限,并在它们之间形成相互制约的关系。

⑥ 应对访问主体实时风险评估,根据评估结果动态调整访问权限。

⑦ 业务订购、变更、退订流程应根据实际业务需求,应采用"认证码"或"二次短信认证"等方式加强安全性,应限定同一用户每日业务订购次数。

(3) 应用数据存储安全

① 对于不同类别的数据,如日志记录和业务数据,应采取相应的隔离措施和安全保护措施。

② 禁止在客户端本地存储用户敏感数据,如用户密码、身份信息等。

③ 应避免在代码中硬编码密码(即在代码中直接嵌入密码,会导致密码

修改困难甚至密码泄露),可从配置文件载入密码。

④ 在配置文件中禁止明文存储密码(如数据库连接密码、服务器密码、主机密码、外部系统接口认证密码等)。

(4) 应用数据传输安全

① 对于应用系统数据的通信和传输,应采用加密机制,保证传输过程的保密性。

② 对于应用系统数据的通信和传输,应采用校验机制,保证传输过程的完整性。

(5) 剩余信息保护

① 应保护用户鉴别信息所在的存储空间被释放或在分配给其他用户前得到完全清除,无论这些信息是存放在硬盘还是内存上。

② 应保证系统内的文件、目录、数据库记录等资源所在的存储空间被释放或重新分配给其他用户前得到完全清除。

(6) 会话管理安全

① 应确保会话的安全创建。在用户认证成功后,应为用户创建新的会话并释放原有会话;创建的会话标识应满足随机性和长度要求,避免被攻击者猜测;会话与 IP 地址可绑定,降低会话被盗用的风险。

② 应确保会话数据的存储安全。用户登录成功后所生成的会话数据应存储在服务器端,并确保会话数据不能被非法访问;当更新会话数据时,要对数据进行严格的输入验证,避免会话数据被非法篡改。

③ 应确保会话数据的传输安全,防止泄露会话标识。

④ 应确保会话的安全终止。当用户登录成功并成功创建会话后,应在 Web 应用系统的各个页面提供用户登出功能,登出时应及时删除服务器端的会话数据;当处于登录状态的用户直接关闭浏览器时,需要提示用户执行安全登出或者自动为用户完成登出过程,从而安全地终止本次会话。

⑤ 应设置合理的会话超时阈值,在合理范围内尽可能减小会话超时阈值,可以降低会话被劫持和重复攻击的风险,超过会话超时阈值后立刻销毁会话,清除会话的信息。

⑥ 应限制会话的并发连接数,限制统一用户的会话并发连接数,避免恶

意用户创建多个并发的会话来消耗系统资源，影响业务的可用性。

⑦ 在涉及关键业务操作的 Web 页面，应为当前 Web 页面生成一次随机令牌，作为主会话标识的补充。在执行关键业务前，应确保用户提交的一次性随机令牌与服务器端保存的一次性随机令牌匹配，以避免跨站请求伪造等攻击。

⑧ 当系统通信双方中的一方在一定时间内未做出任何响应，另一方会自动结束会话。可以手工配置参数，对系统的最大并发连接数进行限制，并禁止单个账户的多重并发会话。

⑨ 限制系统多个最大并发会话数，对一个时间段内可能的并发会话连接数进行限制。

⑩ 应能够对一个访问账户或一个请求进程占用的资源分配最大限额和最小限额。

⑪ 应能够对系统服务水平降低到预先规定的最小值进行检测和报警。

⑫ 应提供服务优先级设定功能，并在安装后根据安全策略设定访问账户或请求进程的优先级，根据优先级分配系统资源。

(7) 应用入侵防范

① 应提供数据有效性检验功能，保证通过人机接口输入或通过通信接口输入的内容符合系统设定要求。

② 应在服务器端进行输入验证，避免客户端输入验证被绕过。

③ 关键参数应直接从服务器端提取，避免从客户端输入，防止关键参数被篡改。

④ 应能发现可能存在的已知漏洞，并在经过充分测试评估后，及时修补漏洞。

⑤ 应能够检测到对重要节点进行入侵的行为，并在发生严重入侵事件时进行报警。

(8) 应用日志记录

① 后台日志记录范围应覆盖到每个用户的关键操作、重要行为、业务资源使用情况等重要事件(如普通用户异常登录、发布恶意代码、异常修改账号信息等行为，以及管理员在业务功能及账号控制方面的关键操作)。

② 应禁止在后台以及客户端日志中记录用户登录口令等敏感信息，如果确实需要记录敏感信息，则应进行模糊化处理。

③ 应防止日志欺骗，如果在生成后台日志时需要引入来自非受信源的数据，则需要进行严格校验，防止日志欺骗攻击。

④ 应确保后台日志数据的安全存储并严格限制日志数据的访问权限，可对后台日志记录进行签名以实现防篡改。

(9) 应用安全审计

① 审计范围应覆盖到每个用户的关键操作、重要行为、业务资源使用情况等重要事件（如普通用户异常登录、发布恶意代码、异常修改账号信息等行为，以及管理员在业务功能及账号控制方面的关键操作）。

② 应保护审计记录，保证无法删除、修改或覆盖等。

③ 业务相关审计记录应包括事件日期、时间、发起者信息、类型和结果等信息，便于事件跟踪溯源。

④ 对日志信息的访问权限要做访问控制策略。

⑤ 对重要日志进行专门的采集、备份、管理，定期对日志进行安全分析，生成审计报表。

#### 4.2.6.6 煤炭企业应用系统安全定级

根据等级保护定级要求，建议煤矿企业将各类影响生产业务的应用系统（如生产调度、机电管理等）定级为三级；将销售等核心业务系统定级为三级；其他办公、物资管理等定级为二级。

#### 4.2.6.7 煤炭企业应用系统安全防护工作要点

① 煤炭企业应用系统访问控制应实施多因子认证，提升口令复杂度，至少半年更换一次口令，增强账号破解难度。

② 煤炭企业应建立多应用系统统一登录认证机制，降低用户保存多账号和口令的难度，减少账号丢失滥用概率。

③ 煤炭企业应部署应用访问代理隐藏应用系统，同时设施精细化用户权限管控，梳理不用用户的访问需求，建立应用权限管理矩阵。

④ 煤炭企业应部署 Web 防火墙和数据库审计系统，加强 Web 恶意攻击防御能力。

⑤ 煤炭企业应按照重要性分类实施部署隔离，避免一个应用被攻破，然后作为跳板攻击其他应用。

⑥ 煤炭企业应加强终端侧安全防护和监测，通过终端安全预警机制，及时发现终端侧安全风险。

### 4.2.7 物理环境安全防护技术

物理安全风险主要是指：网络周边的环境和物理特性引起的网络设备和线路的不可使用，从而造成网络系统的不可使用，甚至导致整个网络的瘫痪。它是整个网络系统安全的前提和基础，只有保证了物理层的可用性，才能保证整个网络的可用性，进而提高整个网络的抗破坏力。例如：机房缺乏控制，人员随意出入带来的风险；网络设备被盗、被毁坏；线路老化或是有意、无意地破坏线路；设备在非预测情况下发生故障、停电等；地震、水灾、火灾、雷击等自然灾害；设备部署后，相互之间的电磁干扰等。

因此，在考虑信息化系统建设安全风险时，应首先考虑物理安全风险。保证网络正常运行的前提是将物理层安全风险降到最低，或是尽量考虑在非正常情况下物理层出现风险问题时的应对方案。

#### 4.2.7.1 煤炭企业物理环境安全防护定义

物理环境安全防护涉及整个煤炭企业及煤矿的机房及现场设备的安全。物理安全是指在物理层面上保护企业资源和敏感信息所遭遇的威胁、可能存在的缺陷和采取的相应对策。为了确保设备防盗、防破坏、防干扰等，应在机房等地设置防盗报警系统或视频监控系统等。

#### 4.2.7.2 物理环境安全防护技术要点

物理环境安全是最基础的安全，同时也是整体信息安全的基础。物理环境安全应按照国家及煤炭行业有关标准设计实施，应具备消防报警、安全照明、不间断供电、温湿度控制和防盗防破坏报警，以保护系统免受水、火、电、有害气体、雷击、地震等各种不利因素的危害。涉及的安全防护技术可从机房部署、井下信息化设备、室外控制设备三个方面来考虑。

(1) 机房部署

① 机房出入口应配置电子门禁系统，控制、鉴别和记录进入人员。采用

密码技术实现电子门禁系统用户的身份鉴别，保证重要区域进入人员身份的真实性。

② 应设置机房防盗报警系统或设置有专人值守的视频监控系统，并在非工作时段启用自动报警，实时展示报警区域的视频监控图像。采用密码技术实现电子门禁系统进出记录数据的完整性保护及监控系统音像记录数据的完整性保护。

③ 机房应选择建设在具备防震、防风和防雨能力的建筑内，应避免将机房部署在建筑物的顶层或地下室，以防顶层漏水、地下室雨水倒灌或地下水渗透。

④ 接地与防雷。各类机柜、设施和设备等通过接地系统安全接地；采取措施防止感应雷，如设置过压保护装置或防雷保安器等防雷击措施。

⑤ 防火。机房应设置火灾自动消防系统，自动检测火情、自动报警并自动灭火。

⑥ 防水防潮。机房应设置防水检测和报警系统。

⑦ 防静电。机房应采用防静电地板或地面，并有必要的接地防静电措施。

⑧ 温湿度控制。机房应设置温湿度自动调节设施。

⑨ 电力供应。机房的供电线路应配置稳压器和过电压防护设备；提供短期备用电力供应；应设置冗余或并行的电力电缆线路。

⑩ 电磁防护。应对关键的设备实施屏蔽、隔离、滤波、吸波、接地等电磁防护，并防止辐射干扰。

⑪ 防爆。机房布线、设备如部署在有瓦斯、煤尘环境下，应采用防爆技术措施或设置相应的安全防护。

⑫ 对重要的物理设备设置物理隔离，以避免在发生危险的情况下影响重要设备的运行。

（2）井下信息化设备设施

目前我国煤炭开采以井工开采为主，具有工作区域相对狭小、照明条件相对较差、温度高、潮湿、粉尘浓度高等特点，瓦斯浓度高、腐蚀性有害气体浓度高等情况不同程度地在一些煤矿存在。煤矿井下信息化设备主要包括:网络通信设备,用于采掘、支护、运输等生产过程的控制设备,监测监控设备设施等。为了适应矿井下的特殊环境,井下信息化设备设施应主要考虑如下安全防护措施:

① 井下应部署通风、压风、排水、供电、瓦斯抽放等安全生产监测监控设备设施。除必须安全防爆外,还应实现防火、防水、防潮以及温度、湿度控制等安全防护。

② 井下设备设施应有防盗窃和防破坏措施。如对设备进行固定,并设置明显的不易除去的标志。

③ 井下设备宜采用耐高温、耐潮湿、耐腐蚀的材质。

④ 井下电力设备设施应实施电力供应安全措施,如配置稳压器和过电压防护等。

⑤ 井下关键设备应实施电磁屏蔽,防止周围环境或设备的电磁干扰。

(3) 室外控制设备

① 室外控制设备应做好防盗、防破坏技术及管理措施。

② 室外控制设备应放置具备防火功能的箱体或装置内,箱体或装置具备透风、散热、防盗、防雨与防火功能。

③ 室外控制设备应设置接地与防雷措施。设备通过接地系统安全接地;采取措施防止感应雷,如设置过压保护装置或防雷保安器等防雷击措施。

④ 室外控制设备应远离强电磁干扰、强热源等环境;对关键设备实施电磁防护及辐射干扰保护。

⑤ 室外控制设备应采用防爆技术措施或设置相应的防爆安全防护。

## 4.3 运营要求

安全运营应作为企业管理者和信息化管理部门持续不断思考、优化的命题与活动。安全运营是一系列规则、技术和应用的集合,用以保障企业核心业务平稳运行等相关活动;通过灵活、动态地实施控制以达到组织和业务需要的整体范围及可持续性正常运行。

安全运营应明确目标，从系统性、动态性和实战性的角度加强认识：

① 系统性。一是组织业务自身的系统性和完整性，二是针对防护体系的系统性和完整性。安全运营应将构成业务系统完整运行的各个要素看成一个整体，防护体系的构建应当完整、有效，不应因遗落或“木桶”原理造成整体性影响。

② 动态性。安全运营应不断提升管理和技术防护能力，当前组织面临的网络安全风险层出不穷，除传统的外部攻击威胁以外，地下黑产驱动的漏洞利用，内部员工主动恶意行为等对现有安全防护手段产生了威胁，要求安全运营应当更加具有针对性，并及时调整工作流程和行为规范。

③ 实战性。网络攻击具有突发性、隐蔽性、潜伏性、持续性等特点，安全运营工作应保证良好的网络安全攻防状态，应具有应对经验和攻防能力储备。安全运营团队要不断进行深入思考与刻苦练习，始终保持良好的预警监测、分析研判和处置总结能力。

### 4.3.1 目标和原则

#### 4.3.1.1 煤炭企业网络安全运营目标

网络安全运营能力建设应坚持“事先防范、事中控制、事后处置”的理念，以安全治理为核心、风险态势为导向、安全合规为基础，结合组织基础安全能力，在人、技术、过程层面不断完善组织网络安全体系，满足安全运营的系统性、动态性和实战性的需求，不断提升组织安全防御能力。

为进一步落实强化网络安全保障体系建设，有效支撑国家数字化发展战略，建立健全网络安全运行监控机制，形成一体化的网络安全防御、监测预警和应急处置体系，要求煤炭企业应明确以下工作目标：

① 坚持统筹谋划、整体推进。统筹煤炭企业生产区、办公区安全监控重点，统筹资源配置和关键技术管理，构建全网网络安全监测预警能力，推进各项任务的有序开展。

② 坚持协同配合，分级管控。整合煤炭企业内部资源，坚持全网网络安全一盘棋；分层组建网络安全运营监控队伍，明确工作界限，形成分级协同的安全运行监控体系。

③ 坚持面向实战,安全运营。重点突出网络安全运营监控体系的实战能力与保障能力,以安全事件发现、分析研判、通告预警、响应处置、追踪调查为核心,构建面向实战的安全运营体系;将技术、管理、流程进行有机整合,支撑业务实战,形成保障业务、促进业务的闭环安全运营环境。

④ 坚持及时响应,降低影响。建立网络安全运营监测值班机制,确保及时发现网络安全事件,形成网络安全与系统运行协同的一体化监控、应急防护体系,统筹协调事件处置,全力降低安全事件影响范围。

#### 4.3.1.2 煤炭企业网络安全运营原则

煤炭企业网络安全运营应遵循以下原则:

① 标准性原则。煤炭企业应严格遵循现有与网络安全运营相关的国家、行业标准,不断完善企业标准,包括在技术框架中与运营技术相关的标准以及在管理框架中与安全管理相关的标准。

② 整体性原则。煤炭企业应从宏观、整体的角度出发,系统地建设网络安全运营监控体系、安全管理体系和运营保障体系,推动安全技术体系发挥最佳的保障效果。

③ 实用性原则。煤炭企业应建立网络安全运营监控体系,针对网络和信息系统的特点,在煤炭业务系统现状分析和风险评估的基础上有的放矢地进行。网络安全运营的实用性必须体现在建设过程中,必须坚持分步骤有序实施原则,循序渐进进行建设。

④ 先进性原则。网络安全运营监控工作中所涉及的安全技术和机制,应具有一定的先进性和前瞻性,既能够满足当前系统的安全要求,又能够满足煤炭业务系统未来3～5年系统建设的需要,为网络和信息系统提供有效的安全保障。

### 4.3.2 体系建设

煤炭企业网络安全运营监控工作流程,应采用自适应安全框架,必须以资产为基础,以持续监控与分析为核心,整个安全运营流程分为:预测、防御、检测、响应四个维度,自适应于不同基础架构和业务变化,形成统一的安全策略。

#### 4.3.2.1 安全预测

应基于资产进行安全预测,获取并记录资产中主机及传统服务器上系统各端口、网站、Web容器、第三方组件、数据库、进程、账号等信息,进行统一管理,解决安全运营阶段中网络安全监控能力和分析能力不足的难题。应做到及时了解资产风险,提前做出预测,从外部威胁及系统自身脆弱性两个维度进行全面分析,站在威胁视角,以网络入侵、异常流量和僵尸蠕虫为切入点,做到知彼;站在脆弱性视角,以系统漏洞和网站安全为切入点,做到知己;提供全方位、全天候的感知能力。

#### 4.3.2.2 安全防御

根据安全预测的结果及时调整安全防护措施,解决网络设备、安全设备、主机资产等各类形态IT资产,所产生的安全信息孤岛难以形成威胁情报的难题。利用数据采集、实时检测技术等手段,分析和发现攻击行为、流量异常等安全威胁,实现单一的安全信息能力转化为自适应安全信息能力。从端点安全的角度,全天候监控服务器的运行情况,确保第一时间发现服务器问题,最大限度缩小排除故障时间,协助管理人员进行针对性处理。

#### 4.3.2.3 安全检测

应通过安全检测手段对信息系统的配置操作进行安全风险评估,杜绝安全配置错误,满足信息系统设备安全配置要求。各煤炭企业要根据自身实际情况,制定针对自身业务系统特点的配置检查清单和操作指南,同时严格遵守国务院《计算机信息系统安全保护条例》以及公安部颁布的一系列网络安全运营等级保护标准,切实满足信息系统安全等级保护测评要求。

#### 4.3.2.4 安全响应

应建立有效的应对机制,采取必要措施,应用科学、技术、规划与管理等手段,保障企业财产、基础设施、应用系统、信息数据等安全。预先制定行动方案,网络安全应急预案体系,针对各级各类可能发生的网络安全事件和所有风险源制定专项应急预案和处置方案,并明确事前、事发、事中、事后各过程中相关部门和有关人员的职责,明确各类网络安全事件分级分类和预案框架体系，落实好网络安全事件的应急方针、政策以及应急组织结构和相关应急职责。

### 4.3.3 态势感知

习近平总书记在讲话中多次明确提出了关于在信息系统中建立态势感知机制的重要性，包括“全天候全方位感知网络安全态势”“感知网络安全态势是最基本最基础的工作”“加强大数据挖掘分析，更好感知网络安全态势，做好风险防范”等一系列重要观点，从网络安全战略层面，明确了态势感知能力建设的重要性。

近年来，网络安全领域快速发展变化，面向企业业务和用户数据的攻击行为向着技术更专业、组织性更强、隐藏度更高、分散分步实施等方向发展。虽然企业不断投入资金进行网络安全防护，增加防火墙、IDS、防病毒、终端防护等各类安全设备系统，但还是不能掌握全网安全状况，在与黑客的攻防斗争中往往落于下风。其中一个重要因素，就是企业没有有效地整合串联所有的安全监控资源以及安全数据信息，没能把这些数据有机地利用起来，形成全网统一监测、集中分析、集中呈现的态势感知机制。

网络安全态势感知强调对组织单位总体安全局势的把控，既了解攻击方对我方的威胁态势，也识别我方是否有效抵御攻击以及防护目标的实际风险程度。态势感知能力建设的益处显而易见，但其建设过程不是一朝一夕可以完成的，它需要组织单位持续安全建设的积累，需要在网络安全的各个环节有相应的防护或监测机制，并且最重要的是，需要建设一个专业的并可兼容各类监控数据的态势感知系统平台，实现安全信息的集中采集、集中处置分析以及态势感知的呈现。

态势感知系统要求灵活对接用户网络中的安全设备或安全子系统，实现各类型多厂商安全监测防护资源的整合，通过现有及待建安全子系统的对接，态势感知系统可覆盖全网攻击行为信息、资产及业务脆弱性信息、异常流量信息、威胁情报及未知威胁等信息，并在此基础上综合分析呈现，形成包括被攻击对象和攻击源识别、脆弱性识别、攻击过程及影响分析、安全风险态势等在内的多视角全方位的态势感知系统。

#### 4.3.3.1 煤炭企业网络安全态势感知系统建设要求

(1) 宏观安全态势感知功能要求

宏观安全态势感知功能，应分为技术指标和管理指标两个方面。以宏观的纬度与指标化的手段来呈现当前网络的运行态势与信息化工作的完成情况。技术指标通过宏观分析模型对当前网络访问情况进行计算，从而判断当前网络运行状况是否存在异常；管理指标则要结合管理层对信息化工作的管理要求，将其中能够在网络中进行采集或统计的管理项(如防病毒软件安装率)进行整合与计算，从而呈现当前管理要求的实现状况。

(2) IT 资产管理功能要求

ISO 17799:2005 中对资产的定义是:“任何对组织和企业有价值的事务”。设备资产是企业和组织的 IT 环境的核心，承载了当今绝大部分企业和组织的业务。重要资产的安全属性决定了企业和组织的核心竞争力和命脉。企业安全管理的一个很重要的工作就是确保资产安全。

(3) IT 资产运行状态监控要求

运行状态监控功能应能够主动、周期性地采集各种不同厂商的安全设备、网络设备、主机、操作系统以及各种应用系统的性能与可用性信息，采样周期、采集参数可以独立配置。系统应支持通过 SNMP(简单网络管理协议)、Telnet(远程登录)、SSH(安全外壳)、SSH2(安全外壳第二版)、ODBC(开放式数据库互连)、JMX(Java 管理扩展)、协议仿真等方式对 IT 资产进行性能与可用性信息的采集。管理中心内置性能信息采集，也提供独立安装的性能信息采集器。

(4) 安全事件可视化要求

应借助信息可视化技术实现安全事件的可视化展示，大大提升信息化人员的安全运维工作效率，使信息化人员的日常工作实现从认知到感知的跨越。态势感知平台应该至少具备以下几类安全信息可视化展示功能:

① 基于业务信息系统或安全域的安全视图功能，能够在安全视图上实时、动态反映核心业务系统或核心域的整体安全状态。

② 安全事件攻击图。反映安全事件之间的指向关系，并能够在世界地图上展示出来。

③ 安全事件时间线。动态地展示最近一段时间各个事件片的安全事件数量,以及每个事件片中不同等级的安全事件的数量和比例。

(5) 安全事件实时监控要求

事件实时监控功能是网络安全工作的主要组成部分。实时监控不依赖于事件存储数据库,而是直接从管控中心服务器的内存中进行事件分析,从而能够帮助信息工作人员及时高效地发现安全隐患。管理员可以自由地定义各类实时监视的场景,并在不同的场景之间快速切换,及时掌握全网各类设备、主机和业务系统的安全运行状态。

实时监控的场景具有丰富的可视化展示能力,可以通过二维或者三维的形式清晰完整展现整个用户机房的运行状态,方便管理人员进行感知运维。

(6) 快速故障定位要求

快速故障定位是安全运维管理和网络安全工作的核心部分,快速的故障定位是体现企业内部信息工作能力的直接体现,快速故障定位主要体现在两个方面:一是快速定位故障在系统拓扑上的逻辑位置,二是快速定位故障出现在机房机架的物理位置。

(7) 安全事件报警要求

为了快速、准确定位安全事件来源,及时处理安全事件,态势感知平台需要具备实时报警功能,报警方式应该多样化,如实时屏幕显示、电子邮件和短信等。

对于需要进行后续处理的重要安全事件,态势感知平台能够与电子工单系统对接,向电子工单系统自动提交电子工单。

(8) 安全事件响应功能要求

在事件管理系列功能成功发现当前网络中的潜在威胁时,信息化人员需要对该威胁及时做出响应,这就需要建设适合煤炭企业信息化人员工作习惯的安全响应功能。在发生重要事件后能够提醒相关人员及时处理,帮助煤炭企业信息化人员高效、准确地解决当前网络中的问题。

(9) 安全事件采集功能要求

企业如果没有建设集中的事件采集系统,信息化人员就无法查看当前网络中的重要日志，难以对一些设备故障或者高危操作做出及时响应，因此需要建设事件集中采集功能，来实现当前网络中设备日志的采集与汇总工作。

① 数据来源与内容。事件数据源需要包括煤炭企业信息系统各组件的日志产生点，如主机操作日志、操作系统日志、数据库审计日志、安全设备日志等。网络告警信息一般来自网管系统，而数据库日志和管理员操作日志来自数据库审计系统和运维审计系统。如果网管系统、数据库审计系统及运维审计系统没有覆盖到，则需要管控平台直接采集。

② 数据分类。安全事件在采集后必须进行分类，以便于管控平台的安全管理人员能快速对事件进行分析。

(10) 安全事件关联分析要求

外部入侵和内部违规行为从来都不是单一的行为，都是有时序或者逻辑上的联系。黑客的攻击和内部的违规操作往往是分为若干步骤的，每个步骤都会在不同的设备和系统上留下蛛丝马迹，单看某个设备的日志可能无法发现问题，但是将所有信息合到一起，就可能发现其中的隐患，而这正是关联分析的目的所在。

为了解决目前日益严重的复合型风险威胁，煤炭企业安全态势感知系统应具有关联分析功能：将不同安全设备的响应通过多种条件关联起来，以便于管理员分析和处理。例如，当一个严重的事件或用户行为发生后，从网络层面、主机/服务器层面、数据(库)、安全层面到应用层面可能都会有所反应(响应)，这时候审计系统将进行数据挖掘，将上述多个层面、多个维度的事件或行为数据挖掘和抽取、关联，将关联的结果呈现给使用者。系统的关联分析引擎不仅要能够帮助管理员发现外部入侵，还要能帮助管理员识别内部违规行为，进行合规性审计。

(11) 威胁情报要求

威胁情报是关于IT或信息资产所面临的现有或潜在威胁的循证知识，包括情境、机制、指标、推论与可行建议，这些知识可为威胁响应提供决策依据。从来源上讲，威胁情报又分为外部的威胁情报和企业内部的威胁情报，在态势感知系统建设中，引入内部和外部的威胁情报辅助进行事件分析，能够帮助管理员更快更好地发现网络中的安全风险。

(12) 异常流量监控功能要求

某些企业虽然已经建设了流量控制设备,但是流控设备并不擅长发现流量中的攻击行为,异常流量监控功能通过DFI(深度/动态流检测)技术去分析发现当前流量中的攻击行为,与IDS类检测在攻击行为的监测方式上形成互补,从而使态势感知系统的安全监控功能覆盖面更加广泛而有效。

(13) 风险管理功能要求

风险是资产价值、弱点度量值与威胁度量值根据量化算法而得到的一个量化的安全检测结果。风险分析过程是建立在资产管理、弱点管理和威胁管理的基础上的。态势感知系统自动化、定量化计算资产及其业务系统的风险值的功能,能够协助煤炭企业信息化人员进行定量地评估风险。通过对当前网络进行风险评估以及通过事件处理、故障排除等手段来降低当前网络风险的过程,态势感知系统实现了整个网络安全建设的良性循环。

(14) 安全报表要求

报表是信息化工作成果总结的主要手段,因此态势感知系统需要具有报表功能,呈现灵活多样的报表功能。报表应支持多种格式导出。信息化人员可以对报表生成制定计划,定期自动生成报表,并支持邮件递送。系统能够针对存储的海量事件快速生成月报、季报和年报。

#### 4.3.3.2 煤炭企业网络安全态势感知系统建设目标

态势感知系统的建设目标应满足煤炭企业安全管理需求,支撑煤炭企业应对安全管理工作存在的诸多全新挑战,保证煤炭企业的网络安全管理有效、系统、完整并可持续改进地进行。态势感知系统应实现海量信息的采集、分析与展示,对多种管理类系统整合,保证煤炭企业业务信息系统的安全运营,应符合并体现网络安全管理体系和等级保护的要求,并能够进行持续运营和改进。主要建设目标如下:

(1) 实现海量分散信息采集、汇总、分析和展示

态势感知系统为了获悉全网的整体安全态势,必须从分散的各类安全系统和IT系统中采集相关的安全信息,而这些信息是海量的,每天的数据量可能达数百吉字节。这些海量安全信息是态势感知系统的基础,完整采

集、分析并展示这些信息对态势感知系统来说，非常必要且重要。

首先，如果不能采集到这些海量信息，分析的准确性就会打折扣，而安全问题的回溯和取证就可能出现信息缺失。

其次，如果不能对海量信息进行快速分析、提取出真正有意义的安全事件，就无法让安全管理人员聚焦到重要的安全事件上，反而陷入数据的汪洋大海之中。

最后，如果不能直观地展示分析结果，并将分析结果与响应处理过程挂钩，也就无法使执行层的安全管理流程运转起来，更无法为管理层提供决策支持。

因此，如何采集这些分散在网络各处的海量信息，进行实时不间断的处理、分析，并以客户能够接受的形式有效地展示出来，成为考验态势感知系统技术水平的一把重要标尺。

(2) 实现多种管理类系统的整合

通过建设态势感知系统，不仅要能够打破安全防御的孤岛，将分散的安全设备和IT系统中的安全机制有效地集合到一起，还能够与针对不同管理目标的管理类系统有机地整合到一起，实现与各种管理类系统的协同工作。态势感知系统必须理清与客户现有或待建的安全审计系统、终端/内网安全管理系统、身份管理系统、授权与访问控制系统、网络管理系统、应用服务管理系统、业务管理系统、资产管理系统、IT服务管理系统之间的关系，在全局性管理体系的指导下，制定好态势感知系统与各类管理系统之间的接口和分工，避免新的“孤岛”产生。

(3) 保障业务信息系统的安全

对于煤炭企业而言，态势感知系统建设的根本目标，就是要保障核心业务系统的安全，从而有效地保障组织的战略实施和生产经营稳定。因此，需要从业务系统的高度去看待态势感知系统，其功能设计、分析对象以及展示角度都需要考虑到煤炭企业业务系统的构成、运行和保护要求。

(4) 符合并体现等级保护及网络安全管理体系的要求

网络安全已经逐渐从技术上升到管理的高度，企业需要形成完整有效的网络安全保障体系和管理体系，达到系统地、完整地保障组织网络安全的目的。对于煤炭企业而言，等级保护和网络安全管理体系/ISO 27000 建设已经成为安全管理工作中必不可少的要求。态势感知系统能否及如何符合和体现等级保护和网络安全管理体系的要求，成为其面临的重大挑战。这需要对等级保护和 ISO 27000 系列标准深刻理解，以及对态势感知系统功能进行重新梳理。

(5) 建立安全管理长效机制

煤炭企业通过态势感知系统，不仅要实现全网的整体安全，还要实现持续的安全运营，成为安全管理长效机制得以落实的关键保障。因此，态势感知系统必须具备持续监测的能力、安全量化的能力以及安全运维的能力。

#### 4.3.3.3 煤炭企业网络安全态势感知系统建设原则

根据煤炭企业建设目标要求，在方案设计和软硬件产品选型过程中，建议严格遵守以下建设原则：

(1) 统一性原则。通过统一的信息态势感知系统实现对各类资产的管理，即采用完全一致的上层数据处理逻辑来实现数据的处理、分析和展现。

(2) 先进性原则。基于先进的 IT 管理理念，采用成熟的信息态势感知系统产品，采用适当先进的技术架构，把握信息态势感知系统技术的发展潮流，最大化客户的投资。

(3) 实用性原则。态势感知系统应根据煤炭行业和企业特点需求，进行特色化定制，满足企业实际的管理需要，做到有的放矢，真正解放管理人员的日常维护工作。

(4) 可扩展性原则。充分考虑到未来技术的发展趋势和企业潜在需求的变化，态势感知系统架构应具有灵活的可扩展性，方便扩充功能模块及规模，不应由于新的管理功能或者被管对象的加入，而产生架构上的变化。

(5) 最小化影响原则。项目建设和上线应尽可能小地影响系统和网络的正常运行，不能对业务工作产生显著影响(包括被管系统性能明显下降、网络拥塞、服务中断等)。

(6) 可靠性原则。为保证信息态势感知系统本身的可靠性，产品需具备可靠的自身管理机制，实时监控影响系统正常运行的可能因素(如资源利用率情况、服务异常等)，保证系统不间断工作。

(7) 兼容性原则。能同第三方的管理软件集成,充分保护客户的原有投资。

(8) 标准化原则。系统所采用的各项技术应遵循国家、行业相关标准和技术体制,没有相应国家、行业标准的,应遵循国际标准。

(9) 可管理性原则。保证整个管理系统应具备较高的资源利用率并便于管理和维护。

#### 4.3.3.4 煤炭企业网络安全态势感知系统建设范围

态势感知系统应根据煤炭企业 IT 系统的现状和需求进行分主次、分阶段、分步骤建设。不是所有的企业,都应马上建设该系统。

部分企业网络建设水平高,网络基础设施完善,配套的网络安全设备齐备,数据也进行了集中管理,整体安全水平较高,已经进入了体系化网络安全管理的阶段,则需要建立一套网络安全保障体系,有效防范和化解安全风险,统一安全问题处理规范和流程,增强业务信息系统的网络安全整体防范能力,以保证组织的信息系统平稳以及各项业务的持续开展。此类企业建设态势感知系统对信息系统进行集中系统管理是安全建设的必然要求,应建设完整的态势感知平台系统。

部分企业 IT 基础设施、网络安全设备尚不完善,不能针对特定的安全技术和内容进行有效的监管。在这种情况下,建设态势感知系统可能会变成无源之水、无本之木,无法对 IT 系统进行有效的管理。此时,企业应先建设相关的安全设备,如防火墙、入侵检测系统、日志审计系统等,待相关的安全设备能覆盖必要的安全管理之后,再进行态势感知系统建设。

## 4.4 方案建议

煤炭企业数字化是将煤炭企业生产、销售、成本、库存、运输、财务、事务处理、人力资源、客户交互等各个业务过程数字化,通过各种信息系统加工生成企业所需的各项信息资源并提供给各层管理者,使管理者能够及时掌握业务中的一切信息,从而做出有利于生产要素组合优化的决策,使企业资源更加合理配置,从而取得更大的经济效益;通过对信息和知识资源的有效开发利用，调整或重构企业组织和业务模式，服务企业发展目标，提高企业竞争力的过程。

网络安全体系建设是保障煤炭企业数字化转型的必要手段，需要根据最新网络安全相关法律、法规和国家标准，结合煤炭企业自身的业务特性和行业的有关要求，建设符合企业自身业务场景的安全防护系统，巩固安全防护能力，以主动实现对企业经营生产数据的防护，助力企业的数字化转型。因此，针对煤炭企业在实际生产经营中出现的各种应用场景，结合最新的数据安全要求，提出以下安全建设方案。

## 4.4.1 煤炭企业网络安全建设方案

### 4.4.1.1 基于AI技术的企业云网安融合方案（华为）

(1) 方案背景

煤炭生产企业下属单位多、管理网规模大、相应的暴露面大、安全运营和运维的工作量大，但企业通常安全专业团队为3～6人不等，有的企业无专职人员。以态势感知预警，人工处置为主的方式难以应对层出不穷的网络安全威胁。

(2) 方案架构

基于AI技术提出的云网安融合方案如下：

① 协同多个安全设备，多源信息采集和AI智能风险，提升威胁检测的准确性和时效性。

② 联动防火墙、交换机、路由器、云主机等多个信息化基础设施，基于AI溯源技术，精准阻断，最小化阻断和隔离威胁源。

③ 整体架构分为执行层、控制层、管理层三个层次，如图4-4所示。

a. 安全执行层。负责采集数据及流量和威胁的阻断任务，由终端、网络、云三个均包含各自的网络设备、安全设备组成，如防火墙、探针、IPS、终端安全软件、云安全资源池等。

b. 安全控制层。由终端管理系统、网络管理系统，安全控制器、云管理平台组成。其中，终端管理负责收集终端资产、终端状态、终端安全日志，并负责主机威胁的阻断和隔离；网络管理系统，安全控制器负责统一管理控制

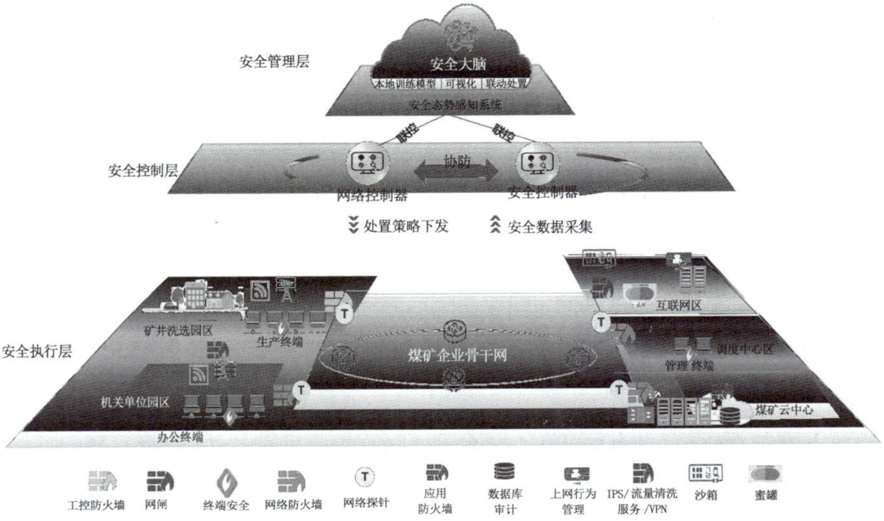


图 4-4　基于 AI 技术的企业云网安融合方案(华为)架构

物理和虚拟网络,负责收集相关日志和流量,以及执行阻断命令;云管理平台负责云业务的部署,以及虚拟网络、虚拟机创建等服务,收集虚拟机、虚拟网络的日志和流量,同时执行阻断命令。

c. 安全管理层。实现整网威胁态势感知和处置决策。

(3) 构建企业纵深防护体系

基于互联网攻击内外组合和多层次攻击考虑,因需要从互联网边界到企业网内部区域边界,从云计算中心、网络、终端多层次防护技术融合构建企业纵深防护体系。纵深防护体系中的安全设施融合了防火墙、IPS、探针等功能,在防护安全域边界安全同时,检测出入本安全区域的异常流量行为,多区域安全数据上送安全大脑,安全大脑精准分析威胁后自动选择合适的安全设施实施威胁阻断命令,完成威胁的快速阻断。

① 安全管控平台系统。安全智慧大脑和安全管理系统组合为安全纵深防体系的大脑和中枢,负责安全纵深防护体系内安全设施的防御调度、安全数据采集和风险分析。安全智慧大脑是关键系统,以发现威胁、阻断威胁、取证、溯源、响应、处置的思路设计,基于大数据技术、威胁知识图谱,结合智能检测算法,进行多维度海量数据关联分析,主动实时发现各类安全威胁事

件，还原整个 APT 攻击链攻击行为，实现全流程威胁事件闭环处理。

② 终端侧安全防护。智能终端泛指具备操作系统和一定计算能力的终端，主要包含计算机终端、移动终端、工控机、智能屏等。煤矿企业终端安全防护参差不齐，不少企业的终端系统最基本的杀毒软件都未安装，有些企业员工直接从网络上下载免费杀毒软件。有效的终端安全防护系统，应具备杀毒、未知威胁检测，风险端口检测、数据防泄露等多重安全防护功能。

哑终端是无屏幕的设备，如打印机、传感器等，由于计算资源有限，无法安装安全软件，可在就近的网络设备检测进入哑终端设备的流量，实现哑终端的安全防护。

③ 网络侧安全防护。安全域合理划分非常重要。目前煤矿企业普遍只划分了内外网安全域，如互联网与企业网，政府部门与企业网间建立安全域边界。企业内网未按照园区或者单位划分安全域，企业内部网络是一个安全域，造成一旦内网某个终端中毒或者被攻陷，其余区域网络基本将难以幸免。煤矿企业网络外部网络边界划分为互联网区域、政府部门的外联网区域以及企业总部接入边界，内网按照不同职能部门的工作区网络划分单位安全域。

互联网区域：煤矿企业向外部发布企业信息 Web 主站，员工上网，以及离岸员工通过 VPN 接入企业网的入口，流量大，直面外部 DDoS 攻击，应该部署高性能支持 IPS 的防火墙、抗 DDoS 系统和沙箱系统，对进入企业网络的流量和文件进行威胁防御，同时部署上网行为管理系统，对员工访问外网的行为进行适当管控，避免出现合规风险。

外联区域：政府部门采集煤矿企业安全生产相关数据作为监管需要。为防止数据泄露和外部网络给煤矿企业网带来风险，部署防火墙或者网闸等安全设施，只开启必要的数据外发端口，从外到内的主动访问端口必须关掉。

内部区域：按照企业组织职能部门工作区划分安全域，每个安全域边界部署防火墙即可，按照职能部门的重要性来制定防火墙策略，原则上只开放职能部门工作区向外访问的权限，主动从外向内访问的权限去掉。通过缩小内网安全域，来防范内网具备区域终端被攻陷导致横向攻陷的风险。针对重要职能部门内网可部署具有威胁检测能力的交换机，检测职能部门网络内网东西向威胁，能够有效降低局部网络内威胁风险。

④ 云计算中心安全防护。云计算中心边界防护，与企业其他区域通过交换机互通，通过部署硬件防火墙防护云中心边界，部署硬件WAF(Web应用防护系统)防护Web应用系统安全，部署堡垒机防护云计算中心的运维安全。

云计算中心内部防护，特有的虚拟化技术，无法使用硬件防火墙作为云计算中心的虚拟网络边界防护，通过云计算的VPC技术隔离不同业务的虚拟计算资源，对互通的VPC通过软件防火墙防护。

云计算中心数据防护，煤矿企业管理类数据、生产调度类数据和过程控制类数据集中存储在数据中心，随着煤矿智能化推进，更多的管理、生产、调度、安全、控制和维护数据融合共享应用，数据逐渐成为企业的生产要素，因此需要进行分级分类防护。通过部署数据库审计系统、数据库防火墙防护数据写入安全，部署数据库加密系统、数据库脱敏系统防护数据读出安全。

(4) 方案价值

① 智能威胁防御，安全专业人员投入少。基于AI威胁防御系统，多源数据采集和智能分析，既准确又及时。

② 全网联防联控，安全事件处置效果好。基于网络拓扑知识和威胁溯源技术，快速锁定威胁源，最优位置阻断威胁，抢先机止损效果好。

#### 4.4.1.2 云网安融合统一建设方案(新华三)

(1) 方案背景

煤炭企业数字化涉及生产、存储、销售、财务等各个环节。云平台、视频/物联网络、工业互联网络等都已成为煤炭企业的核心信息基础设施。随着安全建设的发展，传统“外挂”式安全建设的局限性不断显现。例如，网络设备与安全设备割裂造成部署运维和策略管理的不统一问题，安全能力不能深入云环境内部实现租户级虚拟层安全灵活调用问题等。

当前，“云网安融合”成为企业数字化基础设施安全建设的主要思路。通过安全能力与网络的深度融合，以SDN(软件定义网络)技术为支撑，可以实现安全与网络的统一、一键部署，并可基于业务情况，实现流量的按需灵活调度和安全防护，保证城市基础网络安全。通过安全能力与云平台的深度融合，在保证云平台自身安全的基础上，更可以实现云环境内部以业务安全需求为导向、东西向流量灵活、按需防护、全面保证的煤炭企业云安全。同时，以“云网安融合”思想为指导，面向企业实际业务，加强视频/物联安全能力、工业互联安全能力等场景化安全能力建设，最终实现打造安全、稳定的企业信息基础设施。

(2) 方案架构

方案架构如图 4-5 所示。

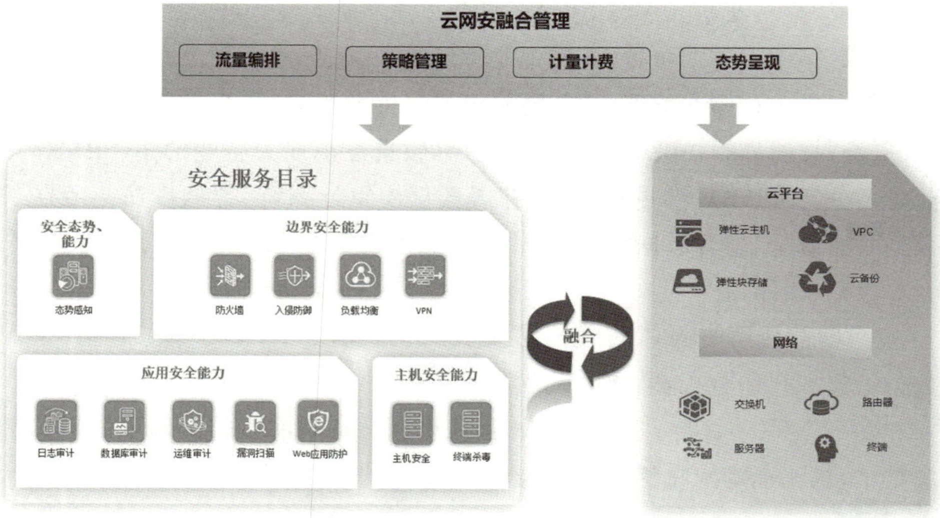


图 4-5　云网安融合统一建设方案(新华三)架构

方案秉承主动安全核心理念，基于“安全资源化、编排自动化、处置智能化”的思路，通过安全能力服务化，构建云网安融合安全防护体系。

① 建设云网安融合管理区。主要包括集中控制器系统，实现整体安全策略调度、安全能力应用、高效威胁处置，将烦琐的安全业务交付重新进行定义，从用户业务的角度出发，抽象为必要的实现逻辑，同时可结合态势感知域外网监测平台，加强风险分析能力。

② 建设弹性安全防护能力。通过建设安全态势能力资源池、边界安全资源池、应用安全资源池、主机安全资源池等服务化安全资源池，将各类安

全产品通过资源池化对外提供服务，可提供相对应的安全防护、病毒检测、综合审计等功能，进而实现安全服务化、流量编排、策略调优、精准防护、态势呈现等诸多功能，以云网安融合的形式为企业安全保驾护航。

(3) 方案内容

具体建设内容包括：

① 网络架构安全体系。通过弹性服务化的DDoS、NGFW(下一代防火墙)、SSL VPN(基于安全套接字层协议建立远程安全访问通道的VPN技术)、IPS等防护功能，解决网络隔离、大流量攻击、L2～L7层攻击、网络入侵、病毒传播、远程用户接入合法性等安全问题，与沙箱配合使用，解决APT攻击，保证网络的安全性和有效性；在数据中心出口部署高性能综合安全网关，并启用网关中的多虚拟系统，对用户访问服务器的南北访问流量，以及服务器区横向跨区访问的东西向流量，提供设备虚拟化安全能力，满足租户业务隔离和独立安全配置和管理需求。纵向网络间建立安全IPSec VPN(基于为IP网络提供安全性的协议和服务的集合的VPN技术)加密通道，保证数据传输的安全性。

② 网络应用安全体系。对网络应用层攻击进行清洗，对企业网内传输的网站和邮件系统的恶意攻击进行清洗，保证系统的正常运行。

③ 安全资源编排与调度。通过多种引流模式，PBR(策略路由)引流、SDN网络引流、VRF引流、VPN引流等，灵活适应客户网络架构；方案采用面向大型高性能场景的引流模型，通过各种接入方式[PBR、VPN或VXLAN(虚拟扩展局域网)]将流量进行灵活调度，通过硬件编排器进行防护服务的编排。

④ 安全统一运维。实现一张图掌握全网运营状况的运维管理目标，全局掌握核心网络、认证网站、出口、资源使用、业务系统运行、无线网络的软硬件资源健康水平，同时与安全运维无缝结合，实现统一综合管理。

(4) 方案价值

① “一体化”安全资源部署优势体现在，从安全硬件资源、网络总体架构、控制器平台系统等各层有机耦合，并且通过统一的页面入口进行集中管理，有效摒弃了割裂的、孤岛式的安全管理。而该方案采用一体化B/S(浏

览器/服务器)架构设计，通过统一的页面接口即可对所需的安全业务进行集中管理，包括统一安全资源管理、统一策略管理、统一系统运维、统一安全态势呈现、统一安全事件处理、统一数据安全治理等。

②“自动化”安全运维管理。方案充分利用“软件定义”的优势，通过部署统一的硬件资源承载一体化的软件平台，并纳管各类安全管理资源与安全防护资源实现安全管理自动化、安全运维自动化、安全运营自动化的能力。

③“智能化”安全威胁发现。智能化的方案优势体现在方案中平台组件与模块充分发挥了主动防御思想在安全领域践行的“智能进化”的理念，通过全栈感知、意图分析、业务使能三大层级构建企业安全智能化演进能力。

4.4.1.3 “5G全景视频融合＋远程控制”安全解决方案(中兴)

(1) 方案思路

采用5G技术，将井下全景视频通过5G网络传输到地面数据中心，再通过视频融合，可实现对煤矿综采面的远程集中控制。视频数据传输的安全性、可靠性直接影响到集中控制的质量，需要充分考虑采用5G技术对企业网络通信及应用的安全性影响。

(2) 方案架构及内容

为解决井下综采面视频监控屏幕分散的问题，并满足井下高清视频等对带宽的要求，利用5G网络的低时延、高带宽实现视频数据的传输，达到远程监控与无人值守的目的。方案架构如图4-6所示。

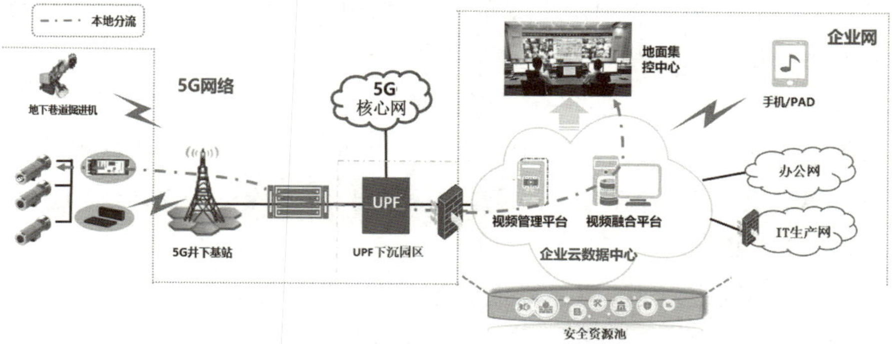


图4-6 “5G全景视频融合＋远程控制”安全解决方案(中兴)架构

5G网络实现掘进面、综采面、主运输大巷、辅助运输巷道、风巷等场所5G网络覆盖，提供高带宽、低时延的网络通信线路。5G网络一般由运营商建设，提供井下终端接入控制、二次认证、数据加密传输等安全能力；终端的控制面与用户面数据采用IPSec/SSL VPN安全隧道方式，保证信令及数据的完整性。

为实现数据不出园区，采用5G UPF(用户面功能)网元下沉到园区的方式。UPF对煤炭企业的数据流，直接在本地分流，实现企业数据不出园区。煤炭企业的园区网与5G网络的边界安全，采用防火墙作物理隔离。生产网是重点需要进行安全保护的网络，采用防火墙与企业内网其他区域进行隔离。

井下煤矿的视频数据通过5G网络传送至企业云数据中心，通过云平台部署的视频管理及融合平台进行视频数据建模和处理，把多路视频数据和信号集中展示在一张动态生产图上。在井下集控室或井上调度中心对综采面生产情况进行实时、在线全景监测；当设备异常或工作面空间环境异常时，及时做出处理，实现综采面的排障。

视频管理及融合平台是部署在企业云数据中心的视频应用，由云数据中心提供的安全服务保障其安全。云数据中心除自身的安全保障外，调用云数据中心安全资源池为云上的业务提供安全服务：对业务应用提供身份认证、访问控制；为视频应用提供Web防火墙功能；对视频数据提供数据防泄露、数据库安全审计等安全防护功能。

(3) 方案价值

基于“5G全景视频融合＋远程控制方案”对综采工作面实时监测设备的运行状态，远程对设备进行调控；5G网络为视频数据的传输提供了安全保障。因此，方案才能得以安全、可靠地实施，真正发挥效率，同时为后续矿山数字孪生建设奠定坚实的基础。

### 4.4.2 煤炭企业应用安全建设方案

#### 4.4.2.1 基于“零信任”的应用服务安全方案(华为)

(1) 方案背景

煤炭企业数字化转型，推动传统的经营管理、生产调度、安全监管等单项系统，逐渐升级为平台化综合性应用，即大数据平台应用，极大地提升了企业运行和运营效率。但随着信息技术在煤炭企业的推广和普及，导致新安全风险出现，如终端数量多，网络环境更宽泛，应用的暴露面更大，被攻击路径更多；终端管控不足，灵活的网络环境，更容易成为攻击应用的跳板；应用自主防护弱，口令安全性差，易被暴力破解。

(2) 方案架构

"零信任"安全解决方案以"身份"为中心，实时感知实体的安全环境变化，持续通过多维(终端风险、网络流量、用户行为日志等)的环境风险评估，动态调整实体的信任等级，并据此进行实时的访问授权变更，保障员工在任意环境下(互联网、办公网、生产网)、任意方式(VPN、有线、无线，5G/4G)接入下，企业应用系统持续安全可靠。方案架构如图 4-7 所示。

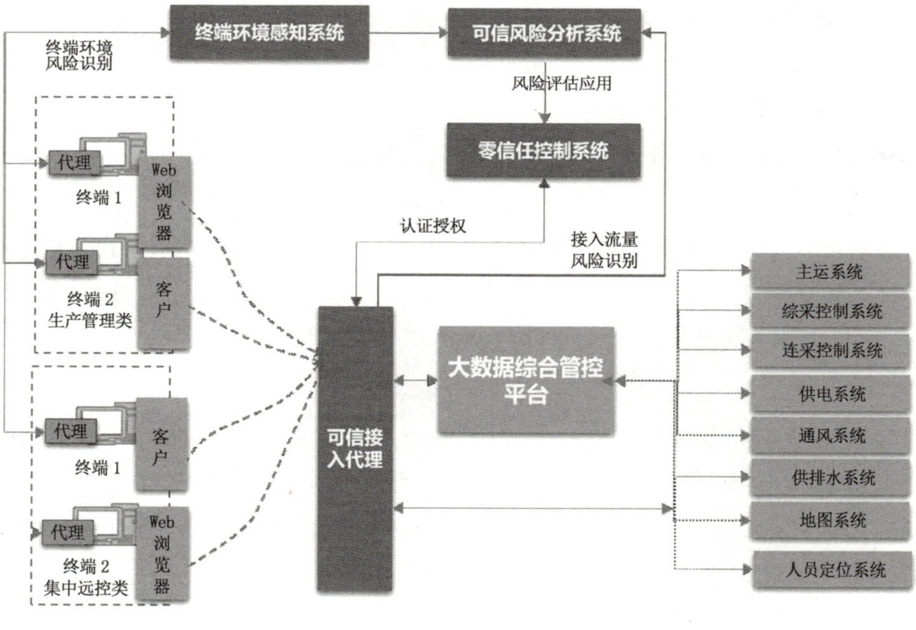


图 4-7　基于"零信任"的应用服务安全方案(华为)架构

① 终端环境感知系统。"零信任"安全的核心理念是将终端安全风险纳入应用系统访问安全，从应用接入源头加强安全防护，对终端和人员做身份鉴别，防止终端被仿冒、替换或非法滥用，对终端系统行为做安全风险检测，

杜绝终端系统存在木马、病毒甚至异常的系统行为。

终端环境感知系统负责终端身份可信标识，系统环境威胁感知和风险评估由两部分组成。一部分成为终端安全代理，安装在终端系统上，负责终端行为数据检测和采集；一部分为终端环境感知系统，独立部署在安全管理中心，负责对采集到的终端安全数据进行风险评估，检测的风险评估结果作为终端访问应用系统权限管控的一个风险因素，直接影响终端访问应用的权限调整。如在低风险时可以对一个应用系统进行查询、修改或远程控制，终端在访问过程中被终端环境感知系统动态分析处于风险高时，会被动态收回远程控制权限，修改权限，只保留查询权限，在风险消减后，自动恢复权限。

② 可信接入代理。可信接入代理是"零信任"安全实施动态访问控制的载体，部署在终端和被保护的应用系统之间，隐藏应用系统对外的 IP 地址和协议端口，对终端只暴露可信接入代理的 IP 地址，终端侧到应用侧的 IP 路由不可达。终端访问应用的流量只能送到可信接入代理，可信代理会提取终端的身份信息上报"零信任"权限控制中心做身份鉴别和获取授权信息，获得"零信任"控制中心授权可访问时，代理终端对应用系统发起访问，未获取授权时拒绝实施代理，拒绝访问。注意未获取授权时，可信接入代理会产生异常访问告警，作为终端用户的安全信誉评估数据，达到"零信任"控制中心的安全风险可承受度会对终端的访问权限进行降级(这个安全信誉评估策略需要根据企业的安全管理策略来制定)。用这个机制可遏制终端被恶意控制时或者用户账户被盗取时对应用发起的非法访问，这种情况下终端侧的环境感知系统无法识别终端向应用系统发起的异常网络行为，特别是从攻陷的终端发起非法网段和端口的扫描行为，能起到非常好的防御效果。

③ "零信任"控制系统。"零信任"控制系统负责用户/设备身份鉴别和应用系统访问控制，部署在安全管理中心，保存所有终端、用户、应用系统的身份信息和授权用户可访问的应用清单和应用接口清单，同时是用户接入应用时做身份验证的交互入口，自身具有非常强的安全性。

"零信任"控制系统统一了所有被保护的应用系统的用户登录认证接

口，一个用户/设备只需要一个身份账户，就可以实现所有系统的访问验证。提升了用户保护账户的能力，不需要保存多个应用系统的账户和密码，减少了账户丢失风险，"零信任"控制中心提供复杂长字符串密码、防暴力破解机制以及账户登录锁定功能，降低了应用系统自主访问控制的技术难度，加强了所有应用系统的访问控制和防护能力。

"零信任"控制系统提供多种基本的认证方式，如静态密码、动态口令、UKey（电子钥匙）等，可以集成多种 AI 认证，如指纹、人脸等生物认证。

④ "零信任"风险评估系统。"零信任"风险评估系统负责账户风险评估，会收集终端系统安全数据和账户网络行为数据，这个过程是持续和实时的，只要终端系统活跃，或者在网络上有终端的流量都会被检测，将分析的风险结果传给"零信任"安全控制系统，作为授权和控制的主要因素。

"零信任"风险评估系统通过对终端、网络流量、日志分析等数据，依据风险评估模型进行综合风险评估，通过分数来量化风险严重程度。用户与实体行为分析通过大数据分析技术，进行模式匹配、基线建立、异常发现，关联不同用户与实体的日志数据，建立数据模型，协助审计人员分析判断异常行为，解决不合格操作、访问滥用、蓄意破坏和篡改、内部缓慢攻击、内部持续渗透等问题。

（3）方案价值

① 隐藏应用系统，黑客无法探测具体位置和网络路径。

② 防御终端作为跳板机渗透攻击系统。

③ 访问应用的方式更加灵活、环境更加宽泛。

4.4.2.2 "零信任"应用服务安全解决方案（新华三）

（1）方案背景

全面"服务化"，是当前企业数字化建设的一个重要特征。所谓服务化，一方面是指企业面向员工或相关单位等提供的访问服务能力，另一方面也是指在云计算、大数据、微服务等技术支撑下，IT 建设趋向于以服务形式并基于业务需求，实现不同组件之间的服务化交互。要保证企业的应用服务安全，除了基于传统安全思维进行应用安全能力建设（如 Web 应用安全、FTP 安全、邮件安全等）以外，大量的开放 API（应用程序编程接口）安全防护以及基于身份和权限管理能力的增强，成为企业业务安全的重要建设方面。

“零信任”安全理念是在传统边界安全理念基础上的重要补充和提升，也是有效应对向下企业应用服务风险的重要手段。秉承“永不信任、持续验证”的核心理念，针对物联感知终端接入、应用服务开放、多角色多资源运维等业务场景，通过基于身份、行为等多因素的安全评估和权限的细粒度、动态管理，全面保障企业应用服务的安全交互。“零信任”安全体系已成为解决应用服务安全管控的有效手段。

(2) 方案架构

基于身份(人员、设备、网络、行为)为中心，动态、按需开放身份权限内的资源，并在访问过程中随时检测、随时鉴别，访问结束后立即关闭所有权限。整体方案在默认状态下能够实现网络资源隐身，防止资源暴露，保障资源只有合法访问者在合法行为下才可以访问或使用。方案架构如图 4-8 所示。

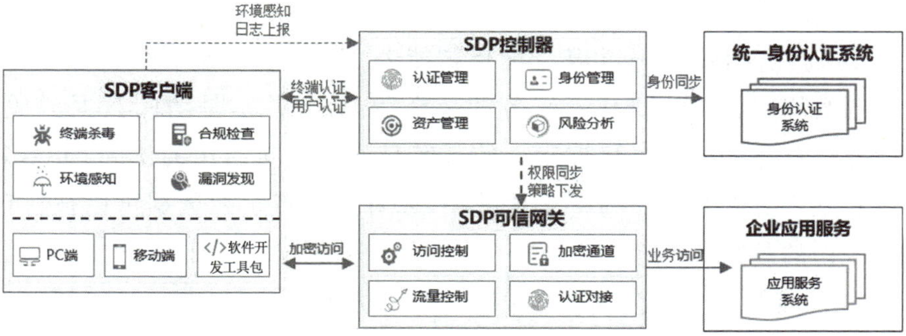


图 4-8 “零信任”应用服务安全解决方案(新华三)架构

“零信任”安全解决方案是基于 SDP(软件定义边界)“零信任”网络安全架构的安全解决方案。通过 SDP 架构可以隐藏用户核心网络资产与设施，保障其极大程度免受各种网络攻击与安全威胁。SDP 弥补了 TCP/IP 架构的缺陷，避免重要网络资产直接暴露在网络中，实现关键资产隐藏和“零信任”，在架构上实现彻底安全防护。整体架构包括三大核心组件：

① SDP 控制器。SDP 控制器相当于“零信任”架构中的大脑，它通过收

集终端环境感知信息、终端使用日志、情报数据和其他风险数据等信息，经过综合分析评估之后做出细粒度权限决策，并将相关策略下发可信网关。同时，在统一身份平台配合下，通过持续动态风险评估，实现针对各用户访问权限的动态调整，及时感知风险变化。

② SDP 客户端。SDP 客户端是保证终端安全的核心组件。一方面，通过终端杀毒、漏洞发现、安全基线检查等能力，深度保护终端自身安全。另一方面，全面收集终端环境信息并上报 SDP 控制器，实现整体安全的动态评估。

③ SDP 可信网关。SDP 可信网关是实现安全访问控制和代理，以及应用隐藏的重要组件。一方面，基于 SDP 控制器的动态权限信息，实现动态、细粒度的访问控制和流量控制。另一方面，通过建立加密通道，实现 SDP 可信网关与客户端之间的数据加密传输。

(3) 方案价值

① 帮助企业实现由内向外保护。越靠近应用服务的地方，保护性就越强。“零信任”由内向外的层层保护都本着相同的目的——更加有效地保护应用安全。

② 提升企业以身份为基础的保护能力。账户仅仅是一个信息化符号，是访问数据库、业务、操作系统等的一个凭证，但并不是访问数据的凭证。“零信任”总是尽可能以接近于人的真实身份来定义应用的访问，定义某个人或者某个身份可以访问特定的数据，或者定义特定的数据可以被特定的代表身份的规则所访问。

③ 实现从正常行为和特征推断安全。访问数据的正常行为是可以被定义和穷尽的。“零信任”理念默认所有在穷尽的访问定义列表之外的访问都是不合规、不安全的。而且，通过对于历史访问行为的学习，可以刻画出正常访问的特征，不符合正常访问特征的访问行为都是不合规的、不安全的。

### 4.4.3 煤炭企业云安全建设方案

#### 4.4.3.1 煤炭企业私有云安全建设方案(中兴)

(1) 方案背景

煤炭企业应用上云已经成为数字化转型的重要内容之一，云应用的安全性、可靠性也成为煤炭企业上云最为关心的问题。煤炭企业上云可遵循“系统自保、平台统保、边界防护、等级保护达标、安全确保”的策略，全面建设企业云安全纵深防护体系，保障网络安全、云主机安全、业务应用及数据安全。

(2) 方案架构及内容

各种通信联络器、监测监控设备通过 4G/5G、WiFi 及其他方式，将采集数据传输至煤炭企业云数据中心，云上部署的各种业务应用实现煤矿安全生产控制，协助企业管理者进行智能分析决策。云数据中心提供了安全能力保障云应用的安全性。方案架构如图 4-9 所示。

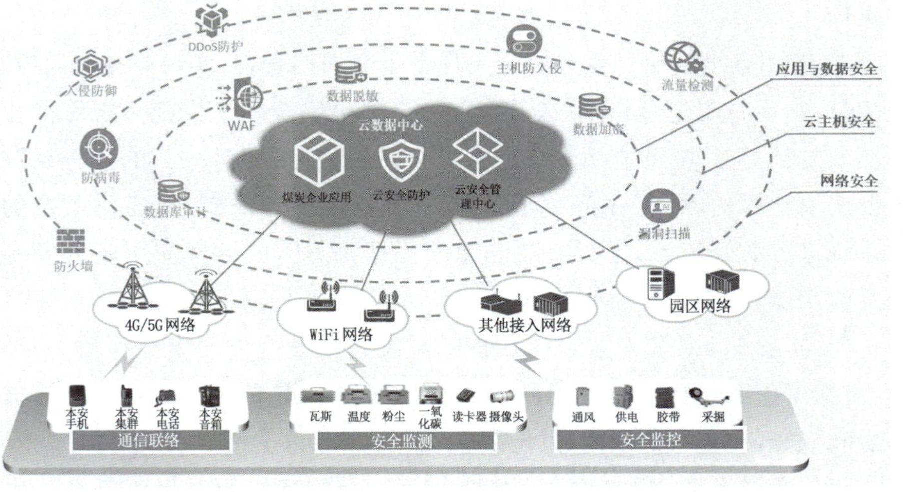


图 4-9 煤炭企业私有云安全建设方案(中兴)架构

参考 CSA(云安全联盟)最新推出的《云安全指南 V4.0》的云安全要求，云数据中心安全信息系统由安全应用支撑平台和在平台上运行的应用软件系统两部分组成。

安全应用支撑平台。由信息安全基础技术和信息安全机制支持来实现。其中信息安全基础技术包括：密码技术、系统安全技术、网络安全技术以及其他安全技术。这些基础技术提供了身份认证、访问控制、安全审计、可用性保护、机密性保护、完整性保护、监控、隔离、过滤等安全机制，形成覆盖计算环境、区域边界、通信网络的安全保护。

数据中心云承载的应用软件系统。采用安全应用，支撑平台提供的身份认证、访问控制、安全审计、应用隔离、镜像安全等各种安全技术，实现企业应用和数据的安全防护。

① 网络安全。对企业的虚拟网络进行整体规划，按照应用系统安全基本功能的不同进行安全域的设计，在不同安全域之间部署访问控制措施。在不同 VPC 网络边界处部署入侵防范、边界隔离、访问控制等措施。对整个云网络的运维操作、远程接入应进行安全审计和控制。

② 云主机安全。对云主机操作系统及运行环境进行保护，包括主机的漏洞管理、主机防入侵、防病毒等，并对主机的运维管理进行访问控制和操作审计。

③ 应用安全。通过业务应用实现全生命周期管理，实现业务访问控制，业务镜像、终止安全，防止非法、恶意应用；通过安全技术措施实现重要业务的隔离防护。对 Web 应用系统进行安全防护，不仅要对入云的业务系统进行漏洞安全评估，对实时 Web 访问流量进行监测和防御，还需对重要的业务系统进行访问审计，保留追踪溯源的证据；此外，关键性应用还需要考虑防篡改功能，防止内容被改成非法的信息。

④ 数据安全。应对自身的数据库系统进行安全漏洞安全评估、安全审计，对数据库入侵行为进行阻断和防护。同时还需要实现核心重要数据的备份和恢复，防止单点故障导致系统数据丢失。

除了实施安全技术措施外，构建信息安全管理机制是保障安全技术措施发挥作用的最有效手段。建立健全信息安全管理机制不仅是国家网络安全等级保护的要求，也是安全信息体系不可或缺的重要组成部分。实际建设中，通过引入安全管理中心，实现安全策略编排、安全集中管控、安全审计、安全态势感知等安全运维管理功能，构建完整的云应用安全应用支撑平台，以形成全面的企业云安全保障体系。

(3) 方案价值

煤炭企业私有云安全建设方案为煤炭企业业务上云提供了指导：

① 企业业务上云，需要关注云自身安全、网络边界安全和企业使用云主机的安全。由云平台提供的安全技术措施，支持煤炭企业上云后业务及数

据的安全，为企业业务上云提供全方位的保护。

② 信息安全管理体系的建设，倡导把安全管理放在重要的地位。真正落实安全的措施，让安全为企业业务的正常运行保驾护航。

#### 4.4.3.2 煤炭企业混合多云安全建设方案(深信服)

(1) 方案思路

针对混合多云环境下新的安全攻防挑战和安全管理风险，在安全建设思路上也必须进行创新，应充分发挥云计算的优势，用云的思路和框架保护云。同时以安全左移为基本前提，数据驱动为基本要求，自动化为基本手段完善云安全防护体系。

① 多云安全风险管理思路。为解决不同云平台服务标准的不一致，通过第三方安全管理平台，统一服务标准，消除差异，提供统一的接口，是解决多云安全风险的可行途径之一。

② “透明一致、全栈保护”的混合多云安全建设思路。通过多云安全平台，统一不同云平台的服务标准，消除差异，提供一致的云安全能力、一致的云安全配置、一致的云安全分析和一致的云响应处置，给用户感觉好像在使用一朵云一样。同时，通过全栈安全能力，覆盖云上业务生命周期的每一个瞬间，覆盖各类形态资产、应用全生命周期、云上各类安全风险和云上各类攻击手段。

(2) 方案架构

结合德国 Gartner 公司和美国 MIRTE 公司的云安全防护思路，构建了在混合多云环境下“透明一致、全栈保护”的一站式云安全平台，解决多云安全“难题”。平台全面连接阿里云、腾讯云、华为云、AWS、Azure、OpenStack 及 Kubernetes 等各类公有云、私有云和容器云，可实现云主机安全、云 WAF、云防火墙、云日志审计等各类云安全组件在各个云环境中的按需分发和自动部署，帮助实现混合多云架构下的统一资产管理、统一云安全配置管理、统一云合规管理和统一云安全能力管理。方案架构如图 4-10 所示。

多云安全平台方案在架构上分为两层：上层为平台管理相关功能模块，由多云安全平台提供；下层为对接的云环境和云安全产品，通过 API 接口为多云安全平台提供数据，并接受来自多云安全平台的指令，执行安全组件创

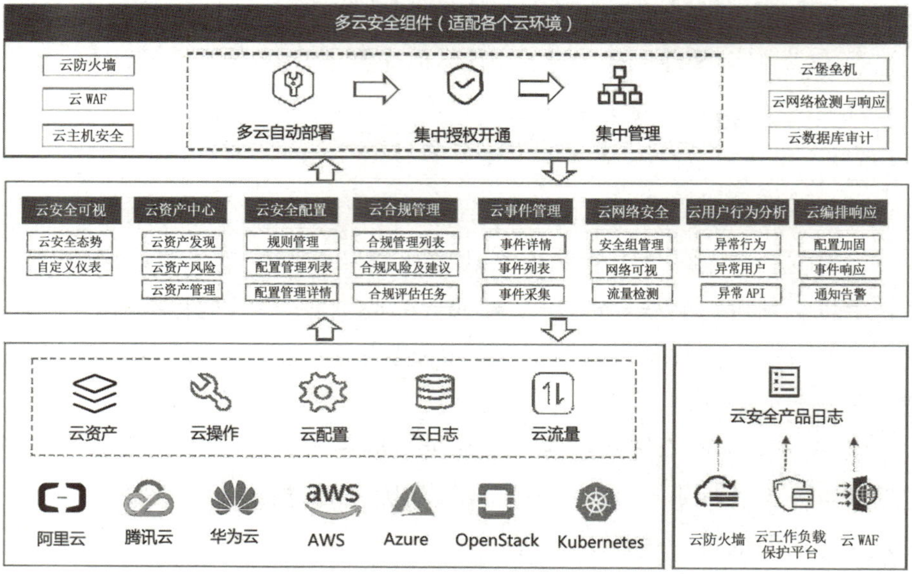


图 4-10　煤炭企业混合多云安全建设方案（深信服）架构

建、网络配置和安全配置调整等指令。

多云安全平台全面连接阿里云、腾讯云、华为云、AWS、Azure、OpenStack 及 Kubernetes 等各类公有云、私有云和容器云，通过云平台开放的 API 接口，基于用户的云账号 Access Key 授权许可获取用户云上资产、云原生服务配置和云安全产品日志等信息。

多云安全平台将各个云平台的 API 接口数据归一化和标准化，然后将多云的资产信息进行统一呈现，将配置进行统一评估，对外提供云安全可视、云资产中心、云安全配置评估、云合规管理、云网络安全、云事件中心等云安全服务，实现混合多云统一的云原生安全防护。另外，平台还调用 API，实现云主机安全、云 WAF、云防火墙、云日志审计等各类云安全组件在各个云环境中的按需分发、集中授权和自动部署，并以平台作为各类云安全组件的管理入口，实现集中管理。

（3）方案设计

多云安全平台支持云端 SaaS 接入和本地化部署两种方式，可防护用户公有云、私有云和混合云业务。方案设计如图 4-11 所示。

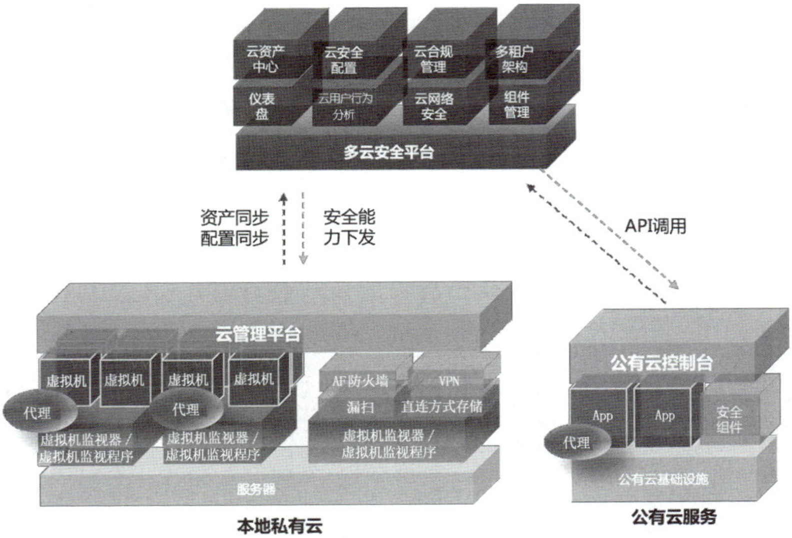


图 4-11　煤炭企业混合多云安全建设方案(深信服)设计

为了实现混合多云环境下的安全防护,将安全设备以虚拟化形态部署在云平台的用户 VPC 内部,直接由云服务商的虚拟化底层和虚拟化网络承载和管理,分布在多云上的安全组件统一接受同一个多云安全平台,用同一个账号进行管理,实现多云无缝连接。同时,云端平台以 SaaS 化的方式,实现对云端业务的安全配置评估和合规性检查,并可扩展漏洞扫描、运维安全管理等安全功能,实现"云端+近源端"相结合的防护体系,在安全措施上覆盖识别、预防、防御、检测、响应五个环节,为用户的云服务和云应用提供全生命周期的安全保护。

### 4.4.4　煤炭企业数据安全建设方案

#### 4.4.4.1　数据安全治理和全生命周期防护方案(新华三)

(1) 方案背景

数据的集中化以及基于业务需求的数据交换传输和使用,成为当下煤炭企业数字化发展重要的业务特征。数据一旦被泄露、破坏或篡改,将对企业运转造成严重的影响。因此,建设安全的数据平台至关重要。从整体上看，数据安全建设需要从数据安全治理角度规划和落地。数据安全建设最重要的特征是安全与业务的融合。在完成数据安全相关组织和制度建设的基础上，首先需要聚焦数据的全生命周期，针对各类企业数据业务场景，进行数据资产的分类分级和风险评估，之后针对具体业务场景中的数据风险，分别规划具体的防护措施，通过多种数据安全手段的组合，满足差异化的安全防护需求。

从落地实践来看，安全措施与数据平台的兼容适配，以及基于业务场景的灵活调用，成为数据平台建设的重要挑战。通过安全能力与数据业务的融合原生，保证安全措施以能力化的形式实现与数据平台的深度耦合，成为应对挑战的有效途径，也是企业数据平台安全建设的重要方式。

(2) 方案架构

在数据成为生产要素的新形势下，围绕“让数据资产更安全”的愿景，数据安全治理安全框架主要基于“人员、策略、技术”三个核心能力领域设计安全框架，结合实际的数据安全防护情况，通过专业的数据安全治理团队、明确数据安全治理策略和流程，以技术手段为支撑，围绕数据使用的业务场景和活动分析安全需求，在数据安全管理体系、数据业务活动以及数据安全技术等方面综合指导数据安全顶层设计，提升数据的体系化保障能力。方案架构如图 4-12 所示。

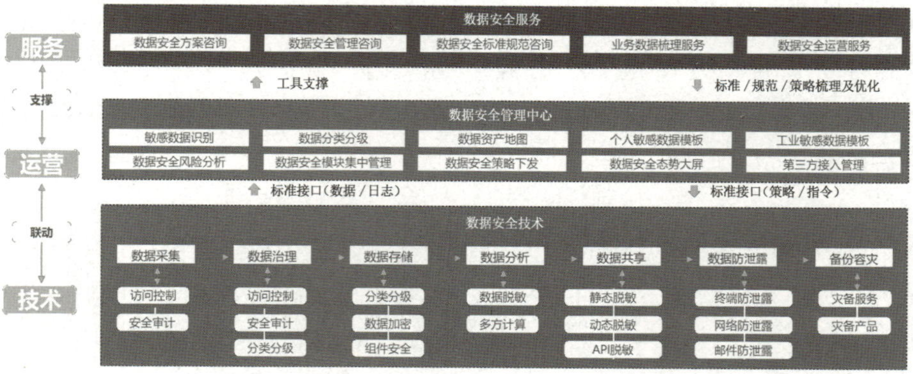


图 4-12 数据安全治理和全生命周期防护方案(新华三)架构

通过数据安全审计、数据脱敏、访问权限控制、数据防泄露等技术手段，保障不同用户的数据安全合规基本需求；通过数据安全治理，结合数据安全防护方案，保障企业用户的场景化数据安全管控需求；通过数据安全运行服务，结合数据安全治理和防护方案，满足行业用户数据资产整体安全治理需求。

(3) 方案价值

① 建立大数据＋AI的技术保障能力。改变传统以特征和规则匹配为基础的技术保障体系，建立以大数据＋AI为驱动的智能化技术保障体系，通过汇聚全网安全数据进行协同分析，将微小的线索联系起来，由点及面，发现安全攻击和风险。同时基于业务对数据流进行节点建模，对数据流转的所有节点及节点之间的数据流建立安全画像和安全基线，利用对大数据的实时在线分析、离线综合分析及AI分析等方法，发现异常行为及安全风险。

② 形成全天候全方位安全监测体系。从传统的单点的安全防护向全面的数据安全监测转变，通过汇聚全网的安全数据，形成安全数据大脑，并利用大数据和人工智能分析引擎，从网络、业务、数据和人员四个维度对全网的安全风险进行分析和识别，实时掌控全网的安全风险，为安全策略提供相应的决策依据。

③ 构建以数据为核心的安全防护基础。改变传统以信息系统为防护对象的设计思路，构建以数据为保护对象的安全防护体系，建立覆盖数据流转的安全防护体系，加强数据采集、存储、处理、交换等关键环节的保障能力建设，综合利用传输加密、加密存储、数据防泄露、监管审计、数据访问控制等技术，实现在数据流转过程中的安全防护。

④ 具备一体化的安全运营支撑能力。打造以管控平台为核心的一体化的安全运营中心，构建数据安全保障体系。通过建立“纵向监督、横向联动”的安全管理及运营机制，利用大数据、人工智能等技术，汇聚全网安全大数据形成安全数据大脑，利用“实时、全样、精准”的安全大数据建立全程在线、全域覆盖、实时反馈的“数据安全态势地图”，从而快速有效地感知、预警、调度和处置相关数据安全风险，提高管理决策的科学性和精准性，提升管理效率和应急响应能力，有效实现全网风险控制与应急支撑。

#### 4.4.4.2 数据安全保护数据处理活动建设方案(深信服)

(1) 方案思路

数据安全保护涉及数据分类分级、数据运营、数据风险场景识别等工作,都需要业务部门、人力部门等诸多非信息化部分参与。因此,为做好数据安全保护工作,按照法规要求及各行业实践,一般都是在现有网络安全组织体系之外,建设数据安全组织体系,依据国内数据安全法和个人隐私保护法的核心纲要,切实落实“同步设计、同步建设、同步运行”的数据安全建设原则,建设形成“可视、可控、可管、可追溯”的数据安全治理体系。本方案以保护数据处理活动为核心目标,从数据资产梳理、数据安全风险评估、数据安全建章立制、数据安全技术、数据安全运营体系多个层面出发,围绕数据安全建设的三大痛点展开数据安全建设,落地数据安全护航数字化转型。方案架构设计如图 4-13 所示。

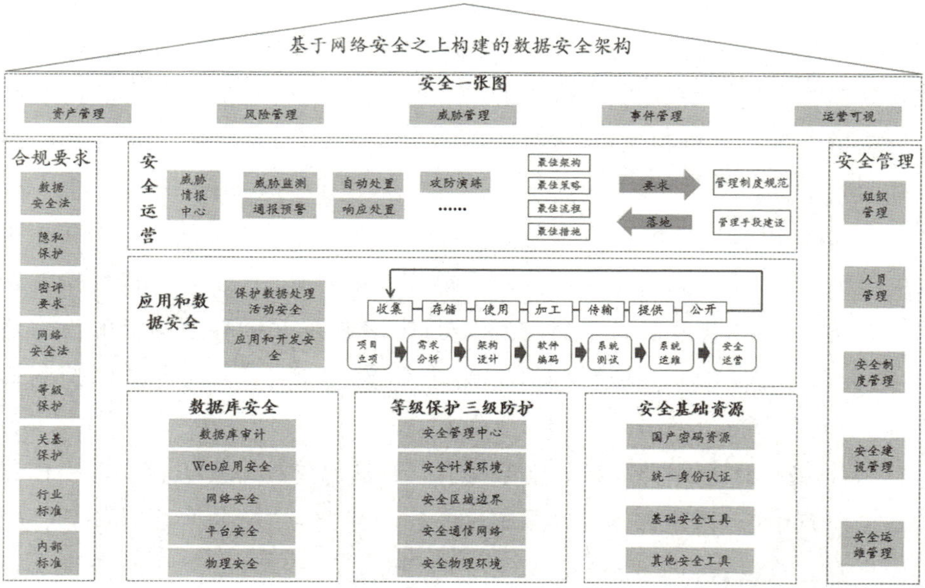


图 4-13 数据安全保护数据处理活动建设方案(深信服)架构设计

(2) 方案内容

基于平台进行集中化的数据安全标准化、规范化、常态化管理,全面掌握敏感数据资产分类、分级及分布情况，有效监控敏感数据流转路径和动态流向，通过围绕数据处理活动进行策略管控，数据分布、流转、访问过程中的风险识别和安全防护。

平台核心是通过自动化安全能力编排和建构，进行策略管控与持续运营的服务，主要通过数据资产自动梳理、数据流转实时监测、“零信任”防护能力联防联控、安全管控统一运营等四大核心主流程来实现。

① 数据资产自动梳理。根据识别规则对全网数据进行敏感数据和重要数据扫描发现，通过识别模板对发现数据进行数据定位、分类分级梳理，对数据资产进行差异化的重点保护与监控。

② 数据流转实时监测。建立敏感数据和重要数据流动监控机制，自动感知异常数据流转行为，能够对数据安全风险隐患进行评估预警，对不断变化的数据流转进行持续跟踪，尤其对外接口进行备案和重点监测。

③ “零信任”防护能力联防联控。通过提供风险因子和风险场景的识别，主动预防、发现、响应潜在的数据安全风险，进行策略管控与持续运营服务。

④ 安全管控统一运营。可提供数据安全泄露事件溯源追踪手段，针对特定数据泄露事件，能够识别数据泄露途径，大幅降低数据泄露事件的人工溯源排查时间。同时可实现自动化安全能力编排和建构，进行敏感识别、分类分级、脱敏、水印、数审、溯源、合规检查等多重组合管控防护。通过对数据安全的合规监测、数据流转监测、行为监测，可进行审计分析、溯源分析、风险主体分析，全方位全流程进行数据安全管控防护。

(3) 方案核心能力

① 数据资产管理。对数据库、文件源等静态资产自动扫描，在不影响企业内部业务系统正常运转的情况下，能对流动中的重要业务系统、业务接口、业务数据库等动态资产进行自动化识别和梳理，完成全量资产的底账盘查和资产管理。支持通过数据目录对数据标签进行全文检索。同时支持各个系统的资产清单查询。建立全网的数据资产库，对敏感数据进行生命周期管理。

② 数据流转监控。通过对流量的解析，对识别的内容进行敏感数据标

注。根据流转探针上报的涉敏事件，通过对数据流量的合规监测、数据流转监测、行为监测，在监测分析和溯源分析中，可根据不同类型的审计流量，输出内容丰富且具有针对性的数据安全运营报告，方便用户通过动态视图监测跟踪并了解数据资产和数据流转情况。

③ 数据安全策略。管理策略下发至能力中心，根据业务部门提供对应的合规策略，可对防护策略进行管控。

④ 数据安全运营。提供安全运营所需的针对数据、策略、监控、事件等的可视化展示，其中包括安全视图、风险视图、资产视图、流转视图、防护能力视图以及大屏展示。

⑤ 数据安全防护能力兼容。平台包含各原子级能力的接口开放，平台通过向下赋能敏感识别、分类分级、脱敏、水印、数审、溯源、合规检查等安全能力，并通过接口实现策略中心按需组合配置和编排多种管控原则，实现可编排的安全管控策略，通过下发的管控策略进行多种防护能力的联动，可视化监测多种防护功能的实施完成情况。

(4) 方案价值

针对应用系统、内部运维、外部开发测试等对大数据系统的访问业务场景，利用细粒度访问控制、存储数据透明加密、脱敏、三层关联审计等技术手段，保障业务访问中大数据安全。并基于大数据安全需求，从组织管理、人员管理、流程和操作管理、大数据安全权责划分等方面，定义了大数据安全管理要求和框架。技术和管理并重，共同保障大数据系统和大数据资产的安全。

### 4.4.5 煤炭企业工控安全建设方案

(1) 方案背景

当前，煤炭工控网络的工业控制系统已广泛应用，主要工业控制系统包括：集散控制系统、安全仪表系统、可编程逻辑控制器、安防视频监控系统、工业机房门禁控制系统、火灾报警系统等。这些系统在煤炭企业运行中发挥着巨大的作用。从网络安全角度来看，由于通信协议、交互方式、部署环境等方面的特殊性，工业控制系统安全与传统网络安全建设方案相比，具有一定的差异化要求。根据工业控制系统的特性，结合煤炭企业生产控制系统的实际情况，建议从外到内构成“纵深防御、分区防护”体系。

① 工控网络采用独立组网，并根据业务特点划分不同网络安全区域，在不同网络安全区域之间进行网络隔离；对关键网络设备和线路实现冗余备份，对广域网传输的数据采用加密技术确保传输信息的保密性等。

② 对工控网络内部各安全域之间以及工控网络与非工控网络的数据访问进行控制，只允许授权访问通过边界保护设备；对工控网络协议进行分析监测，对网络攻击、病毒等安全事件进行检测，及时发现网络中的威胁事件。

③ 加强服务器、工程师站等工业主机的身份鉴别和访问控制措施，严格限制用户访问权限；保证工控应用系统身份认证数据和业务数据的完整性和保密性，防止非授权操作、误操作或信息泄露；并根据需要实现数据定时备份或实时备份功能，保证数据可用性。

④ 加强网络设备和安全设备集中认证和审计日志的集中统一管理；加强对网络运行状况的集中监控；实现系统管理员、安全管理员、审计管理员的权限分离、身份鉴别以及操作过程的监控审计等功能。

(2) 方案架构

方案架构如图 4-14 所示。

① 边界安全防护。在各生产业务系统间冗余部署工控防火墙，实现区域边界防护；在生产自动化系统与 ERP(企业资源计划)系统、办公网间部署隔离网闸，实现不同安全域间隔离防护；设置严格的访问控制策略，通过基于 IP、端口、协议等访问控制设置，杜绝控制系统的非法访问，隔离网络攻击和病毒(包含工业病毒)的跨区域传播，保护工业环网的安全运行。实现不同系统之间的逻辑隔离，解决生产网各工控系统之间、管理网与生产网之间的违规访问与边界防护。

② 网络监测与审计。在工业环网交换机、核心交换机上旁路部署工控安全监测审计系统，监测审计引擎对工控流量进行监测分析，识别出工控协议，并对工控协议深度解析，同时将违规操作、非法操作、程序下载、IP 变更、组态变更、PLC 启停等关键事件以及病毒、木马、黑客等攻击行为数据传送到部署在管理网的工控安全监测审计管理系统中。工控安全监测审计管理

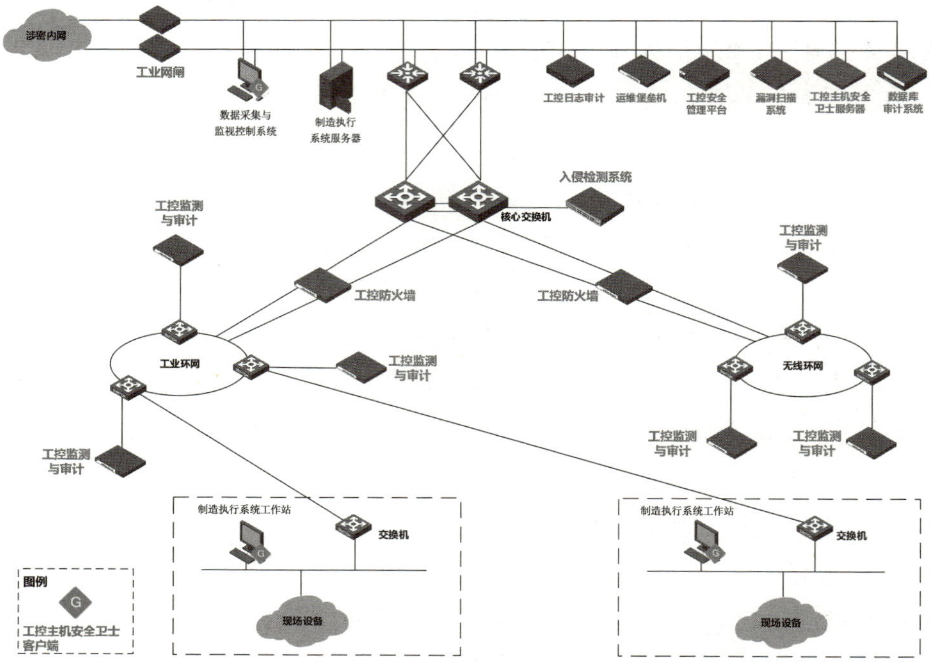


图 4-14　煤炭企业工业安全控制方案(新华三)架构

系统对监测引擎进行统一监控与管理,将监测审计引擎传送过来的异常数据进行统计分析,并告警显示,同时依据通信流量生成节点网络拓扑动态图;工控资产识别,实现对工控网络的监测与审计,为事后提供追溯分析依据。解决生产网各工控系统中对于病毒、木马等攻击行为缺少检测手段引发的安全隐患以及违规操作、误操作行为无法监测的问题。

③ 入侵检测安全。在网络关键节点处通过入侵检测进行入侵攻击行为的检测识别,发现并防止网络攻击行为,尤其对基于工业控制漏洞、工业控制异常指令、恶意代码以及关键事件进行及时告警,避免入侵行为或疑似入侵攻击的行为发生。

④ 主机安全防护。为保证主机设备的正常运行,操作员站和工程师站基本不安装杀毒软件,导致主机设备可能存在未被发现的恶意代码程序且无法抵御病毒、木马等恶意代码的入侵。本方案在生产网各工控系统中的

操作员站、工程师站以及服务器等工业主机上安装部署工控主机安全卫士客户端。安全管理中心部署工控主机安全卫士服务端对主机卫士系统进行统一管理与监控、策略下发、异常报警等。实现对工业主机的进程白名单管理，对流量、USB口管控，有效抵御未知病毒、木马、恶意程序、非法入侵等针对终端的攻击，实现工业主机安全防护。解决多数工业主机操作系统为Windows XP系统，系统补丁更新难、所部署杀毒软件与工业应用软件兼容性较差以及杀毒软件病毒库不更新导致的安全风险问题。

⑤ 安全运维管理。在安全管理中心部署运维堡垒机，进行集中账号管理、集中登录认证、集中用户授权和集中操作审计。实现对运维人员的操作行为审计，对违规操作、非法访问等行为有效监督，为事后溯源提供依据。解决远程运维过程中无法监控的问题，以及对运维人员在资源访问和操作过程无法做到权限控制、安全审计、事后溯源等问题。

⑥ 数据安全。在安全管理中心内部署数据库审计系统，通过数据库审计系统全面审计在使用数据库过程中的访问过程，对于越权访问、异常数据库操作以及对数据库关键数据或关键指令操作过程全面审计，检测识别非授权操作的行为，避免数据库删除、篡改、异常访问等情况发生。

⑦ 漏洞扫描服务。通过漏洞扫描定期对网内设备进行漏洞检查并形成漏洞分析报告，漏洞扫描系统可以实现资产探测、系统漏洞扫描、数据库漏洞扫描、基线配置核查、应用漏洞扫描、视频监控安全检测、操作系统安全加固、等级保护合规关联等功能，全面、精准地检测信息系统中存在的各种脆弱性问题，包括各种安全漏洞、安全配置问题、不合规行为等，提供专业、有效的漏洞分析和修补建议。

⑧ 集中日志审计。在控制中心通过日志审计系统，实时、不间断地将来自不同厂商的安全设备、网络设备、主机、操作系统、数据库系统、用户业务系统的日志/警报等信息汇集到审计中心，实现全网综合安全审计。如果客户网络中重要网络和业务系统无法产生日志，日志审计系统也能通过部署硬件探测器的方式主动侦测网络中的协议通信，并转化为日志，汇集到审计中心。

⑨ 集中监控，安全预警。在安全管理区部署的工控安全管理平台，收集

安全设备的告警信息、日志信息、审计数据，基于机器学习和大数据分析，统一管理安全设备，进行策略下发，实现安全态势预警、基线核查、日志分析等功能。

（3）方案价值

① 整体方案符合政策法规要求。

② 保护生产控制系统区域免受办公网的攻击。

③ 防止恶意病毒木马在生产控制区域的工作站之间“串染”。

④ 有效阻止工作站及相关服务器对生产控制系统的恶意指令下发。

⑤ 安全事件的事后审计和追溯事件源，协助管理员快速解决安全事件。

⑥ 通过工控安全管理平台，有效提升工作效率，节省运维人力。

⑦ 控制各生产业务区域之间的互访行为和恶意攻击行为。

⑧ 避免工业主机遭受恶意软件感染，避免其扩散，避免通过普通 U 盘感染主机。

⑨ 及时发现产品漏洞主动防御。

⑩ 各类针对网络和主机的攻击进行实时可视化展示。

⑪ 管理操作人员对现场控制设备的各类行为，避免越权操作和误操作造成生产事故。

### 4.4.6 云数据中心安全中台建设方案

（1）方案概述

安全中台方案是提升网络安全风险发现、威胁预警、响应处置能力的关键体系。体系通过对各级网络全时空、全要素、全过程的数据与资产采集，建立起网络全局安全态势感知能力。利用安全大数据技术，进行必要的关联计算和分析，实现网络安全管理的智慧化和可视化，为运维单位提供直观的数据图表支撑，提升各级网络风险发现能力，辅助开展信息安全决策管理。

通过安全事件的攻击链刻画，建立安全事件、威胁漏洞的跟踪管理，对突发事件进行快速响应及处置。建立安全事件的动态跟踪机制，及时收集、获取、分析、利用相关安全突发事件数据，有针对性地采取信息安全处置措施。及时研究和反馈系统的安全状况，分析系统当前的安全威胁和安全隐患的特点和解决办法，指导和帮助各级政务网络安全运维方及时调整安全处置策略，不断提高安全事件处置水平。

（2）方案架构

安全中台体系整体架构如图 4-15 所示。

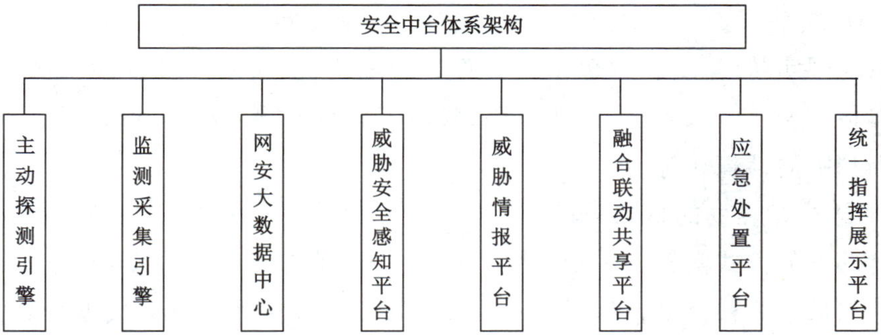


图 4-15　安全中台体系整体架构

① 主动探测引擎。以主动探测的方式，对现网资产、漏洞等信息进行全面采集，实现对网络各类设备、应用端口、系统服务、口令信息、漏洞风险等数据的采集与管理。

② 监测采集引擎。以被动采集的方式，对现网报文、流量等信息进行全面采集，实现对网络异常特征、攻击行为、未知威胁等数据的采集与管理。

③ 网安大数据中心。构建大数据计算、存储平台。大数据存储支撑监测系统的海量日志存储与处理；大数据的快速处理为高速网络流量的深度安全分析提供了技术支持，为高智能模型算法提供计算资源。

④ 威胁安全感知平台。建设专项风险识别模型，针对报文监测、异常行为、恶意域名、NAT 溯源、IPv6 风险等进行统一分析与感知。

⑤ 威胁情报平台。建设本地威胁情报支撑体系，辅助系统分析决策。融合与共享国际网安威胁分析部门、国家信息安全权威单位、国内主流安全厂商等情报信息，及时获取安全新动态。

⑥ 融合联动共享平台。平台具备开放融合能力，集成统一数据总线接口，实现与网络、运维、第三方平台的对接与数据共享。

⑦ 应急处置平台。提升风险处置能力，实现包括全网联动下的一键处置、以预警为目标的通报处置以及相关处置反馈与考核评价等功能。

⑧ 统一指挥展示平台。提升统一指挥调度能力，构建前端可视化风险展示，打造网络安全驾驶舱。

(3) 方案价值

① 构建全面无死角的资产探测能力。企业网络面临规模大、资产多且分散的现实状况，中台提供全面资产普查能力，支持对资产存活探测，支持对设备类型、厂家、版本、地理位置、属性等指纹探测，支持 POC（概念验证）探测和脆弱性探测等。

② 构建强劲的日志采集和分析处理能力。中台采用高性能平台服务器集群部署的方式实施。采用大数据技术支撑，在集群满载情况下，查询返回值时间低于 2 秒。平台提供横向平滑扩展能力，为后续业务数据变化提供扩容保障，能够满足网络安全监测体系的性能处理要求。可以实现数据分析、日志留存、日志检索等主要功能。提供与全网网络设备（路由器、交换机）的联动和策略下发。

③ 构建精准的安全事件分析能力。中台内置安全知识图谱功能，基于高阶 AI 分析技术，深度挖掘资产、网元之间的关联性，并以图谱形式直观呈现，实现实体、关系、属性的链接，能够直观有效帮助运维人员评估风险的影响力和破坏力，快速对攻击进行追踪溯源。同时，提供多种视角的安全态势呈现，能够根据人员角色权限进行自定义呈现，实现内容精准推送。

④ 构建自动化威胁处置能力。中台提供自动化威胁处置能力，通过内置 SOAR（安全编排自动化与响应）引擎协助，通过剧本固化处理流程及处理优先级，将已有的安全处置与决策流程经验数字化、流程化、标准化。

### 4.4.7 煤炭企业人才能力建设方案

(1) 方案背景

网络安全人才队伍建设与能力提升是煤炭企业网络安全建设的重要环节之一，也是目前煤炭企业网络安全领域普遍面临的主要问题之一。本方案面向煤炭企业信息化运维专业人员，聚焦培养和提升相关人员在信息系统安全运维、信息安全应急防御等方面的实战化技能。

(2) 方案内容

根据当前煤炭事业信息系统部署及应用情况，结合现有人才队伍能力现状，满足现阶段企业网络安全日常管理、运营与维护、应急响应与防御的实际要求，并适当结合未来业务、技术发展趋势，建议从“学习平台、课程与实践、培训与认证”三个维度进行建设。以智能化学习培训平台为基础，搭载与煤炭企业网络安全管理与运维实际工作密切相关的技术技能课程资源和实操实践环境；结合高质量、高水平的网络安全配套培训，以“理论＋实践＋专题培训＋能力认证”一体化方式，全面提升煤炭企业网络安全人才能力水平。

① 学习平台建设。针对煤炭企业网络安全人才培养需求，搭建具备技术理论教学、网络实验靶场、安全专题培训、能力认证考核等多元化功能模块的矩阵式教育培训平台，同时支持灵活的部署和拓展方式，可支持人才能力培养以线上、线下、线上和线下等多种教学与实操模式，适应企业个性化需求，快速应对各种不可抗因素；同时突出教学沉浸式、实操实战化、角色场景化，能够满足煤炭体系网络安全技术人才体系化、专业化的知识学习、靶场实操、攻防竞赛等多元化需求。

② 课程＋实践资源建设。从信息安全意识、网络攻防渗透、网络安全运营三个维度建设课程体系。

信息安全意识课程。从分析典型信息安全事件开始，深入浅出地介绍各类信息安全事件发生的原因，以理论讲解、案例分析、视频演示、现场实验等手段，展现出信息安全的必要性及重要性。

网络攻防渗透课程。主要介绍从攻击视角进行网络安全防御工作的完善。从 HTTP 协议基础入门，重点结合 OWASP Top 10(开放式 Web 应用程序安全项目总结的 10 种最严重的 Web 应用程序安全风险)介绍 Web 安全，在 Web 安全后，参照实战攻击路径扩张到内网渗透相关主题。

网络安全运营课程。参照网络安全运营中心的思想，结合网络安全运营平台和安全管理，对安全事件分析处置，以达到安全常态化运营的目标，维持良好的企业网络安全生态。

③ 人才能力培训+认证体系建设。常态化、高质量的专题培训能够快速、有效地提高煤炭企业网络信息安全技术人员的能力；同时，为建立科学、客观、行之有效的网络信息安全技术人员晋升通道，搭建人才发展梯队，应当在培训之后进行相应专业能力的认证考核，通过体系化、智能化的人才技术能力考核认证标准，促进煤炭行业网络信息安全技术人才生态的建立和可持续发展。

人才能力培训。可从网络安全法律法规、操作系统基础、应急响应（安全事件管理处置）、网络安全运维基础、网络安全等级保护（至少包含等级保护定级、等级保护测评、等级保护体系建设、等级保护通用标准要求等方面）几个维度开展，为后续的人才能力认证夯实理论和实践基础。

人才能力认证标准建设。在培训课程基础上，对培训成效和个人能力掌握程度进行考核，考核标准至少包含：网络安全法律法规解读、细则及案例掌握、DNS 服务介绍、DNS 服务器搭建与配置、DHCP（动态主机配置协议）介绍与安装、Web 服务器安装与配置、Linux 文件系统和目录、Linux 文件权限管理、Linux VIM 文件编辑器、安全事件分级分类、安全事件处置思路指导、安全事件处置案例分析、Windows 应急响应、Windows 应急响应工具与日志、Linux 应急响应、OSI 与 TCP/IP 基础、IP 网络基础、IP 路由工作原理、TCP/UDP 基础、应用层协议介绍、路由操作平台基础、路由协议基础、静态路由基础、RIP（路由信息协议）动态路由基础、RIP 动态路由、OSPF（开放式最短路径优先）动态路由基础、路由引入、以太网基础、VLAN 技术、VLAN 路由、STP（生成树协议）的基本原理、RSTP（快速生成树协议）与 MSTP（多区域生成树协议）、链路聚合与 VRRP（虚拟路由冗余协议）基础、DHCP 基础、Telnet 与 SSH、广域网 PPP（点对点协议）的原理与配置、访问控制列表的概述、NAT 概述、IPv6 基础、等级保护工作环节和过程、等级保护 2.0 标准、等级保护定级标准、网络安全等级保护测评实施、等级保护测评方法和测评技术、交换机设备测评、路由器设备测评、防火墙设备测评、Linux 系统测评、Windows 系统测评、MySQL 数据库测评、等级保护安全技术设计、等级保护体系建设整改、等级保护体系建设方案案例、交换机设备安全加固、路由器设备安全加固、防火墙设备安全加固、Linux 系统安全加固、Windows 系统安全加固、MySQL 数据库安全加固、等级保护 2.0 标准变化概述、物理环境和通信网络、区域边界和计算环境、管理中心和管理制度、管理机构和管理人员、建设管理和运维管理、等级保护高风险项等能力评测技能点。

(3) 方案价值

① 帮助煤炭企业信息化技术人员具备对网络安全软硬件设备操作的各项基本能力(操作系统、网络设备、安全环境搭建等)。

② 帮助企业技术人员加强对网络安全事件的重点监控,理解网络安全运营闭环,规划企业网络安全运营发展与体系建立。

③ 帮助企业技术人员熟悉网络安全运营流程及日常安全相关工作,有能力对网络安全设备进行应急响应排查。

## 4.5 趋势展望

### 4.5.1 工业互联网安全发展

作为"新基建"的重要部分,工业互联网是新一代信息通信技术与先进制造业深度融合所形成的新兴业态与新模式。新技术带来新机遇的同时,往往也会带来新问题。工业互联网中各种设备互联,设备种类多、数量多,漏洞后门多,攻击路径多,攻击可达性强,所以安全方面的问题需要重点关注。

目前,在工业互联网的发展过程中主要面临着多方面的安全,需要做好以下几个方面的安全保障工作:

(1) 设备安全保障。传统工业设备更多注重业务连续性需求,日常运行维护主要也是针对安全生产内容开展相关工作,各个环节对网络安全内容涉及较少,基本不具备防护各种网络攻击的能力。但是,工业互联网将越来越多的智能化设备引入到工业控制系统中,直接参与生产,使得工业控制系统面临严重的设备安全风险。

(2) 网络安全保障。网络 IP 化、无线化、组网灵活化,给工业互联网环境下的工业控制系统带来更大的安全风险。TCP/IP 等通用的网络协议在工业网络中的应用,大大降低了网络攻击门槛,传统的工业控制系统防护策略无法抵御多数网络攻击。为了满足生产需要,无线通信网络在各工业生产场景下得到广泛使用,趋于单一的安全防护机制让攻击者极易通过无线网络入侵,并实施网络攻击。同时,网络的互相融合,使得工业组网越来越灵活复杂,传统的防护策略面临攻击手段动态化的严峻挑战。

(3) 控制安全保障。工业控制系统安全目前面临着网络安全与工控系统自身安全融合的要求。目前工控安全产品还处于产品阶段 1.0 版本的时代,与目前 IT 网络安全和 IT 系统的适配程度相比还有比较大的差距。工业控制系统安全产品是与业务应用相关度比较高的产品。目前的工控安全产品体现在与业务的融合度不够,在深度检测与业务相关的攻击行为的时候往往乏力,缺乏创新性的安全检测思路,防护思路往往缺乏真正有效的方法。

(4) 数据安全保障。工业大数据存在"多模态、高通量、强关联"的特性,从智能制造到工业互联网,核心都是利用数据和模型,优化制造资源的配置效率。工业互联网业务结构复杂,工业数据更是种类多样、体量巨大、流向复杂,而且涉及大量用户隐私数据,导致工业数据保护难度增大。

(5) 应用安全风险。随着工业互联网不断催生新的商业模式和工业产业生态,工业互联网相关应用无论从数量还是种类将会出现迅速增长。这对工业互联网安全防护在应用方面提出了更高的要求,以应对工业互联网应用种类多样化、数量巨大化和程序复杂化带来的挑战。

### 4.5.2 新技术新场景安全发展

随着 5G 技术和 5G 网络的不断成熟,"5G＋智慧矿山"成功落地实践并取得了重要进展。从网络安全角度看,以 MEC(多接入边缘计算)为主要特征的企业侧 5G 专网建设场景,网络开放性增大的同时也造成攻击面的扩展。企业侧 5G 专网安全风险主要包括:终端接入安全风险、切片网络安全风险、MEC 安全风险、端到端数据安全风险以及安全无法感知与管理问题。因此,为了做好企业侧 5G 专网的安全防护,需要重点解决以上几个方面的安全风险。

(1) 终端接入安全。为了保证煤炭企业终端的安全接入,需要结合企业侧5G专网的特点,在3GPP(第三代合作伙伴计划)认证能力基础上增强访问控制能力,具体包括:

① 控制经过主认证的终端才能接入5G网络。

② 安全SIM卡(用户识别模块)内置企业数字证书实现二次认证。

③ 实现基于RBAC的细颗粒度控制。

④ 通过核心网控制合法终端只能在园区基站接入企业网。

⑤ 终端接入5G CPE(客户前置设备)的安全控制。

(2) 切片网络安全。为保障终端通过网络切片实现安全接入和数据安全传输,需要做好以下工作:

① 终端接入切片安全。

② 切片ID保护。

③ 切片物理隔离。

④ 切片管理安全。

(3) MEC安全。为保障MEC整体环境安全,需要做好以下安全防护工作:

① 加强组网和边界安全,做好安全域的划分,聚焦UPF和MEC环境之间的N6接口边界安全;5G专网UPF和5GC(5G核心网)之间N4接口边界安全;MEC与外网边界安全;第三方应用面的安全。

② 加强基础设施安全。包括物理基础设施安全和虚拟基础设施安全,以及重要网元和系统安全。

(4) 端到端数据安全。为实现5G专网端到端数据安全保护,需要做好以下工作:

① 构建端到端透传加密管道。做好空口数据保护、端到端VPN透传加密等。

② 构建5G专网,保证数据不出矿。

### 4.5.3 安全运营中心建设

当前,多数煤炭企业在网络安全能力建设方面仍存在以下主要问题:

(1) 缺乏安全监测和应急手段。无法准确掌握全网整体安全状况,无法及时进行威胁分析和事件响应,导致隐藏的问题无法发现,发现后无法解决等,造成基础网络存在较大网络安全隐患。

(2) 网络安全建设与业务脱节。由于安全建设过程考虑实际业务较少,出现安全管控能力粗放、无法与业务深度融合等问题;针对新业务、新场景的安全需求不能有效应对。

(3) 安全效能难以充分发挥。由于前期安全规划不足,出现安全职责划分不清、账号权限管理混乱、制度规范难以落地、人员资源无法保障、缺乏考核量化手段等问题,造成安全效能发挥受限。

针对煤炭企业网络安全存在的问题,建设企业级安全运营中心成为有效的应对手段之一:

(1) 通过安全运营中心建设,能够实现内外部安全资源的有效整合。面向企业全域提供 7×24 小时的网络安全监测和响应机制,为煤炭企业、企业云、一体化大数据中心以及其他企业关键信息基础设施,提供网络安全监测分析、通报预警、应急响应等能力,实现全天候、全方位的网络安全能力输出。

(2) 通过针对煤炭企业全域的网络安全态势感知,及时发现区域内网络安全问题,形成强有力的企业网络安全监管和指挥协调能力。借助全网安全监管能力,“以人员为核心、以数据为基础、以监测为手段”,聚焦网络安全整体态势,建立覆盖全域监测、威胁预警、深度检测、联动防御、指挥调度、响应处置、监督评价等完整闭环的安全保障体系。

# 5 典型案例

## 5.1 国家能源集团煤炭企业工控系统网络安全建设规范*

### 5.1.1 案例概述

#### 5.1.1.1 项目背景

目前针对煤炭企业生产控制系统网络安全防护建设与管理的系统性规范标准在国内外都尚未形成。为满足整个煤炭行业工业控制系统网络安全防护建设需求，规范煤炭企业工业控制系统网络安全防护规划、设计、建设与管理，依据《中华人民共和国网络安全法》，参考网络安全等级保护相关要求，结合国家能源集团煤炭企业工业控制系统网络安全防护建设的实际情况与实践经验，研究制定本企业规范。

#### 5.1.1.2 实施目标

助力国家能源集团煤炭企业实现“三型五化、七个一流”的目标，规范煤炭企业工业控制系统网络安全防护规划、设计、建设与管理。

### 5.1.2 项目实施

#### 5.1.2.1 场景特征

国家能源集团煤炭板块各井工矿已经建立了网络安全相关的基本策略，制定了部分网络安全管理制度，完成了基础网络安全保障工作。但由于

* 本案例具体内容由孟君、李文慧、张佳林、周二平、韩鹏军、王许培等人于 2021 年 9 月完成。

行业规范、标准缺乏，虽然整体网络安全状况领先于同行业，但是相较于电力、石油石化、烟草等行业，在网络安全管理和技术防护方面，仍然存在较大差距，存在不少工控安全问题，如安全管理制度不健全、办公网和生产网之间缺少安全防护措施等。

5.1.2.2 需求分析

(1) 实施企业的痛点、难点

国家能源集团经过多年建设，数字矿山及“两化融合”建设取得重要进展。但煤炭板块工控安全的建设速度滞后于信息化建设速度，工控系统作为煤炭板块生产系统的核心，需构建联防联控的工控系统网络安全体系，杜绝网络威胁攻击，整体提升集团煤炭生产安全防护水平。

(2) 需要解决的实际问题

国家能源集团曾在2016年对原神华煤炭企业工控系统网络安全开展了调研工作，调研中发现多数煤炭企业制定了相应的管理制度及网络安全保障基础工作，但对照国家网络安全要求以及对标电力、石油石化等行业，在网络安全管理和技术防护方面仍存在很大差距。

主要问题包括：工控网与办公网隔离不到位，存在非法外联等情况；终端主机及服务器安全管控不严，未安装白名单、防病毒等主机安全软件；缺少有效安全监测和审计手段；未有效管控终端接口及U盘等移动介质的使用；关键业务数据备份机制缺失；网络安全专业人才匮乏等。

(3) 网络安全建设及管理需求

为适应国家能源集团煤炭企业生产系统网络安全建设与管理的需求，规范煤炭企业生产系统网络安全规划、设计、建设与管理，依据《工业控制系统信息安全防护指南》、《神华集团煤炭企业工业控制系统信息安全管理办法(试行)》、国家能源集团信息化总体规划等要求，参考《信息安全技术 网络安全等级保护基本要求》，结合集团煤炭企业生产系统网络现状与网络安全防护建设实践经验，认真分析、总结和吸取了近年来数字矿山、智慧矿山建设发展的实践经验，制定本规范。

5.1.2.3 对策与措施

(1) 建设原则和策略

本规范为自主编制，在编写过程中，在目标及要求方面考虑到了“内容完整、表达清楚和准确、最新技术水平、为未来技术发展提供框架、能被未参加标准编制的专业人员所理解”，在统一性方面考虑到了“结构的统一和文体的统一”；同时考虑到了规范的协调性、适用性和规范性等。

本规范规定煤炭企业生产系统网络安全防护建设与管理有关的原则、分类、职责和要求，适用于指导煤炭企业煤矿的基建和生产期的工控系统网络安全建设与管理，涵盖了煤炭企业工业控制系统安全防护体系研究与设计报告中界定的管理信息大区及生产控制大区，集团总部管理系统、二级煤炭公司管理系统的访问关系，矿井管理系统和生产系统之间的访问关系，生产系统内部综合自动化系统、人员定位系统、安全监控等子系统之间的访问关系，同时建立清晰的安全防护边界，规范煤炭企业生产系统网络安全建设与监督管理。

（2）实施方法

① 基本思路。组织专家组在集团内部选取调研对象，对调研对象展开现场调研，对被调研对象进行抽象、归纳、总结，依据相关法律及规章制度完成本规范的编制。

② 实施路线。组织专家组编制规范，召开多轮专家研讨会，对规范进行讨论修编，最终完成规范编制，并在集团颁布实施。

③ 组织方式。由国能信息技术有限公司负责组织召集国家能源集团内外各专家，组建专家组。被调研对象企业指派人员配合专家组进行调研工作，国能信息技术有限公司组织专家组进行多轮研讨完成规范的编写。

（3）建设内容

① 研究相关法规文件。

② 井工矿和露天矿生产系统现场的前期调研。

③ 研究分析井工矿信息化程度，对其进行归类划分。

④ 研究分析井工矿工控系统层次结构，对其进行层次划分。

⑤ 研究井工矿生产子系统特性，对子系统进行系统分级。

⑥ 研究井工矿物理环境、通信网络、区域边界、安全计算环境的安全防护技术要求。

⑦ 研究露天矿工控系统层次结构，对其进行层次划分。

⑧ 研究露天矿区域特点，对煤矿进行区域划分。

⑨ 研究露天矿生产子系统特性，对子系统进行系统分级。

⑩ 研究露天矿物理环境、通信网络、区域边界、安全计算环境的安全防护技术要求。

⑪ 编制煤炭企业（井工矿）工业控制系统网络安全防护规范讨论稿。

⑫ 专家讨论煤炭企业（井工矿）工业控制系统网络安全防护规范。

⑬ 编制煤炭企业（井工矿）工业控制系统网络安全防护规范交付稿。

⑭ 编制煤炭企业（露天矿）工业控制系统网络安全防护规范讨论稿。

⑮ 专家讨论煤炭企业（露天矿）工业控制系统网络安全防护规范。

⑯ 编制煤炭企业（露天矿）工业控制系统网络安全防护规范交付稿。

### 5.1.3 案例亮点及应用价值

#### 5.1.3.1 应用价值

通过起草编制煤炭企业工控系统网络安全防护规范，可以更好地促进下属煤炭企业的网络安全防护规范化建设，通过集团内部的安全防护建设项目的成功实施，推进煤矿行业工控系统网络安全防护工作。

制定企业标准，可以规范生产活动，规范市场行为，引领经济社会发展，推动建立最佳秩序，促进相关产品在技术上的相互协调和配合。同时，可以提高本企业产品的市场认同度和知名度，打造企业品牌，获得稳定的市场秩序和社会效益，帮助企业提高整体水平。

#### 5.1.3.2 示范效应

构建工控安全防护标准体系，引领煤炭行业标准化建设。以《中华人民共和国网络安全法》为指导，在充分吸收国内外行业标准、规范与规程的基础上，结合国家能源集团煤炭企业工业控制系统网络安全防护建设的实际情况与实践经验，研究制定本规范。梳理规范建设明细，形成一个合法合规、层次清晰、结构合理、对标明确、体系完整的煤矿企业生产系统网络安全防护建设指引。

# 5.2 神东煤炭集团工业控制系统网络安全规划项目*

## 5.2.1 案例概述

### 5.2.1.1 项目背景

面对日益严峻的工控安全环境，神东煤炭集团作为国家关键信息基础设施运营者和工控系统的使用者，一直紧紧围绕贯彻落实党中央、国务院重大战略决策，以及国家能源集团的战略目标积极推进工控安全建设工作。通过本次神东煤炭集团工业控制系统网络安全规划项目建设，不仅能继续提升神东煤炭集团工业控制系统网络安全的整体防护水平，更能紧跟国家能源集团网络安全与信息化指导意见的相关要求，实现国家关键信息基础设施运营者应承担的社会责任和义务。

神东煤炭集团工业控制系统网络安全规划项目遵照国内外工控安全标准规范与典型实践，结合工业控制系统网络安全现状调研与风险分析的结果，在集团公司"一个目标、三型五化、七个一流"总体发展战略的背景下，保障项目顺利推进。神东煤炭集团工业控制系统网络安全规划项目的推进，不仅在管理上满足国资委、公安部、工信部、能源局等国家部委对国家能源集团煤炭板块工控系统网络安全合规性监管要求，同时也促进了国家能源集团煤炭板块工控系统网络安全相关规范与制度的落实及完善，而且从技术上以边界防护、远程运维、内部监测为抓手，实现神东煤炭集团工业控制系统网络的边界安全、域间安全和域内安全，为《国家能源集团煤炭企业生产系统网络安全防护规范》落地提供强有力的技术支撑。本项目是满足国家能源集团内生产安全需求的重要手段和载体，是国家能源集团信息化建设在工控安全方面的延展与细化执行，与国家能源集团战略具有极高的契合度。

---

* 本案例具体内容由韩鹏军、牛月坤、王许培、吴昊天、王伟刚、王巍等人于 2022 年 2 月完成。

#### 5.2.1.2 实施目标

为满足神东煤炭集团工业控制系统网络安全防护建设及系统运行的合规性、可用性，实现具有抵御外部攻击及系统遭受攻击和破坏后及时恢复的能力，提高关键业务数据的可用性、机密性和完整性。根据国家能源集团网络安全与信息化规划，神东煤炭集团一体化安全管理整体架构由总体安全目标及愿景、分项目标、安全保障框架、信息安全防护建设四部分构成，如图 5-1 所示。

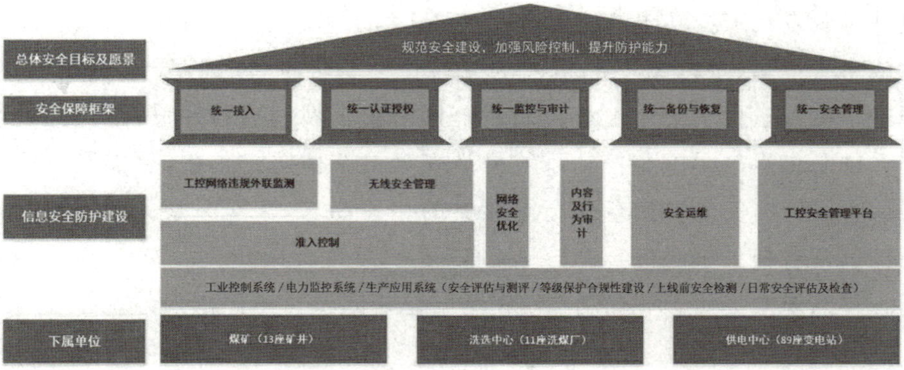


图 5-1　神东煤炭集团一体化安全管理整体架构

信息安全体系范围包括信息安全管理、信息安全运维以及信息安全技术。其中，信息安全管理包括信息安全组织、信息安全流程与制度规范等；信息安全运维包括信息系统等级划分、信息安全运作控制、信息安全技术控制；信息安全技术包括网络安全架构、信息安全服务架构、IT 基础设施安全架构。

项目建设的总体目标：以满足国家能源集团网络安全监管要求为前提，结合神东煤炭集团工业控制系统网络安全现状，以神东煤炭集团工业控制系统网络安全规划项目为基础，在生产专网改造和自动化改造的基础上，对已有综合自动化系统及生产执行系统提供安全防护，构建神东煤炭集团各生产单位稳定、可靠、先进、高效的网络安全管理和运行体系，提升神东煤炭集团工控网络安全监管水平和防御能力。

项目建设范围：主要包括神东煤炭集团煤矿区域自动化系统、9 对生产矿井、洗选中心、供电中心工业控制系统。

### 5.2.2 项目实施

#### 5.2.2.1 场景特征

(1) 工控系统网络安全现状

目前神东煤炭集团共有13个矿井单位,各矿都建成了煤矿生产矿井自动化系统。工业控制自动化系统机房,地面共计建成102个,井下约有80多个变电站,作为工控系统机房;洗选中心共有13座选煤厂、11个外煤站、1个集运站。

矿井综合自动化系统基本上都以大柳塔矿综合自动化系统作为标准推广建设,采用西安华光控制程序配合罗克韦尔PLC集中控制系统,对各矿主运输系统、供电系统、供排水系统、主通风机等设备进行远程集中控制,可以实时反映各系统运行状态及设备主要参数,故障发生后可自动报警并停机,实现了地面三遥,即"遥测、遥信、遥控",实现了无人值守变电所、水泵房,起到了减员提效的作用。

洗选中心自动化生产系统,主要由PLC自动控制生产监测监控系统、无人值守配电系统、装车车辆扫描实现自动配煤。目前洗选中心各选煤厂生产系统是以罗克韦尔PLC为基础的自动化控制系统,通过以太网、控制网、设备网、DH+网等网络实现了生产设备远程集中控制。

目前神东煤炭集团对于工控安全的防护建设相较于传统网络安全仍然处于起步阶段,神东煤炭集团各生产单位工控系统网络安全防护体系尚未健全,目前只开展了部分系统的等级保护测评工作。2019年5月,神东煤炭集团大柳塔煤矿、上湾煤矿、榆家梁煤矿、补连塔煤矿和公司工控项目组共五家单位13台服务器感染病毒,导致系统瘫痪,经调查证明确认感染了勒索病毒,各矿安全监测监控和各类生产系统服务器大量数据丢失,造成了严重后果。国家能源集团2019年6月份组织了全集团的工控网络安全检查和内部攻防演练工作,也发现了神东煤炭集团工业控制系统网络存在较大的安全隐患。为保障神东煤炭集团正常安全生产,依据《中华人民共和国网络安全法》以及集团网信要求,急需对神东工业控制系统网络安全进行统一规划,统一建设,统一运营,以满足相关网络安全要求及标准。

(2) 工控系统等级保护测评现状

神东煤炭集团组织了对基础网络系统、工控系统和应用系统现状摸底调研,组织内部各单位和相关专家进行评审并自主定级。编制了系统安全等级报告,完成了7个信息系统(业务协同平台、内网网站系统、内网网络、区域自动化系统、锦界矿数字化矿山系统、矿井综合自动化系统、洗选中心集中监测监控系统)在归属地公安局和集团信息管理部的备案工作。在启动的等级保护测评项目中,实现了对5个信息系统的等级保护测评工作,并获得了公安部颁发的证书。

(3) 工控安全应急体系建设情况

神东煤炭集团各生产单位根据本单位现状制定了《矿井工控系统网络安全预案》,内容包括目的、编制依据、使用范围、应急工作原则、危险源辨识基本情况、应急组织体系及职责、事故应急救援程序、保障措施、后勤处理、训练和演习等内容。

神东煤炭集团对生产安全事故应急预案有着较为深刻的理解和阐述,通过每年修订完善该项管理制度,包含工控系统安全隐患排查与整改内容,指导公司各矿井单位超前正确开展网络安全工作。近年来国家各相关部委多次开展网络安全大检查,结合公安部组织的2019年实战攻防演练中发现的问题,将工控系统网络安全建设提上日程。公司组织各单位开展工控安全应急预案制定,按照生产任务周期陆续开展各单位工控系统安全应急演练,各单位组织员工定期学习培训《工控网络安全应急预案》,针对可能发生的事故,每年至少组织一次模拟演习,以便出现突发事件时能够在最短时间内科学有效地处理突发事件。

(4) 总体安全策略

总体安全策略以网络安全等级保护2.0标准的最新要求,按照“一个中心、三重防护、三个体系”为核心指导思想,构建煤矿工业互联网安全整体纵深防御保障体系,结合5G网络、工业物联网装备、人工智能机器人、云边协同等关键技术在矿山的深度融合应用,进一步将网络安全技术与煤矿智能化发展新型技术进行深度融合,确保煤炭企业能够实现主动防御的效果,保障煤矿生产业务的系统安全、人员安全和生产稳定。通过开展“网络攻击可视化、工控资产可视化和通信状态可视化”的防御体系建设、工业互联网安全态势感知系统建设，提高动态分析决策处置、核心主机精准防护、威胁情报共享联动等主动防御能力。总体安全策略如图 5-2 所示。

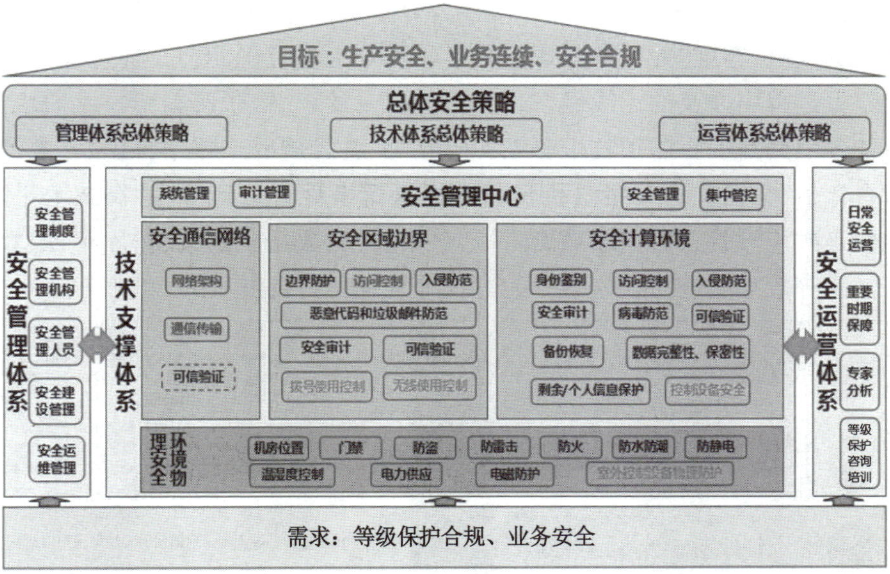


图 5-2 总体安全策略

### 5.2.2.2 需求分析

(1) 网络安全需求现状

神东煤炭集团 2018 年印发了《神东煤炭集团网络信息安全责任制实施办法(试行)》，要求公司各级党委把网络安全纳入重要议事议程，纳入单位领导班子、领导人员年度目标管理，与单位经营管理工作紧密结合，同部署、同落实、同检查、同考核；明确了各级党委承担网络安全责任，各单位成立网络安全领导小组，并向公司网络信息安全领导小组及时报告网络安全重大事项；明确网络安全检查内容分为管理和技术两方面，管理方面主要检查网络安全制度和标准的执行情况，技术方面主要检查信息系统是否符合安全技术防护要求、安全配置要求以及其他安全技术标准规范，列入检查范围的信息系统包括管理信息系统和工业控制系统，网络安全检查包括监督检查和自主检查。

(2) 关键技术研究

通过研究“网络攻击可视化、工控资产可视化和通信状态可视化”的防御体系，部署网络安全态势感知系统，分析研究如何实现动态分析决策处置、核心主机精准防护、威胁情报共享联动等主动防御能力。针对煤矿智能化建设过程中涉及的无线网络、人工智能、云计算、物联网等新技术的应用，采取专项网络安全防护技术研究。研究“关键区域敏感数据自识别、数据风险自评估、数据保护策略自执行和数据泄露事件自审计”的防御技术手段。促使煤矿能够具备数据库隔离防护、数据加密、数据脱敏、数据库审计、数据防泄露等数据安全防护能力。关键技术研究与创新点如图 5-3 所示。

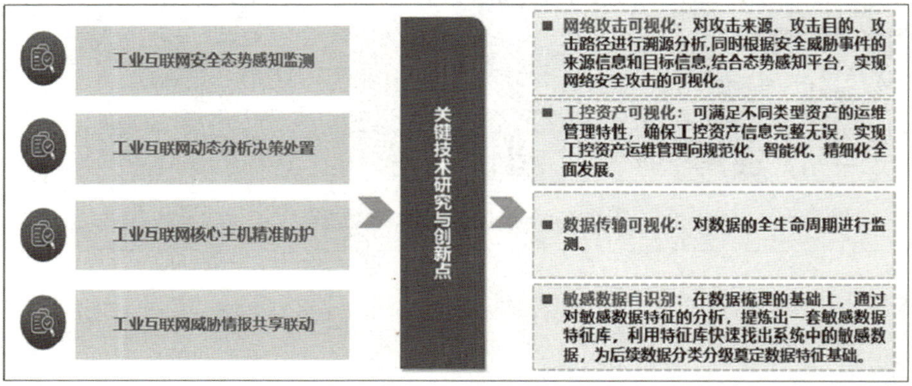


图 5-3　关键技术研究与创新点

#### 5.2.2.3　对策与措施

(1) 安全通信网络

① 企业办公层

企业办公层分布在李家畔煤矿数据机房，企业资源层是基于数据仓库、商业智能技术对信息进行收集、整合、分析和展现，为公司高层及管理人员提供及时、准确的分析报表和数据，提升企业整体生产经营决策水平，增强企业的竞争能力。

企业资源层包括办公网及数据上传链路，主要为企业正常办公、生产区数据查看提供可靠的保障，一是保障办公区自身的信息安全；二是保障访问生产区的安全；三是神东煤炭集团各煤矿通过科技大厦生产专网链路进行数据上传至神东煤炭集团总部的链路安全。

② 生产管理层

生产管理层主要分布在9个矿井及供电中心、洗选中心，总体网络拓扑图中不全部体现。该层是整个神东煤炭集团各矿煤炭生产网的边界，采取有效的保护措施才能有效抵御攻击，保证煤炭生产系统正常有序进行，保证生产人员的安全，避免不必要的损失。

整个生产管理层主要包括神东煤炭集团40 Gbps骨干工业环网、各煤矿调度中心、各煤矿数据中心、各煤矿工业安全隔离区、科技大厦信息机房安全管理中心等。工业安全隔离区是工业安全隔离区，与传统隔离区不同的是其担负整个神东煤炭集团各煤矿生产网与神东煤炭集团核心工业环网之间的有效安全交互工作，不但要保证生产区的安全，同时要保证办公区的威胁不会影响生产区的正常生产，因此在工业安全隔离区要采用物理隔离和逻辑隔离相结合的防御手段。

数据上传通过科技大厦生产专网至神东煤炭集团办公网链路进行上传，中间设立安全隔离区，主要为相关部门和集团调度进行实时监控煤矿生产情况和安全情况的区域，有效保证数据的完整性、可用性、实时性，对煤矿生产整体调度和安全生产起到保证作用。

各煤矿调度中心是对整个煤矿生产调度进行管理和集中调度，调度中心通过访问数据中心数据来实现整体调度。

数据中心是将生产区数据汇总分类到各个子系统，供调度中心和集控中心进行集中控制和集中调度。

安全管理中心对整个生产区的信息安全负责，包括安全设备接入、日志审计、网络审计、数据库审计、安全运维等，为各煤矿、洗选中心、供电中心提供安全保证。科技大厦机房设三级安全管理中心，其他各煤矿及供电中心设立二级安全管理中心。

③ 生产控制层

生产控制层主要分布在9座矿井、供电中心和洗选中心，总体网络拓扑图中不全部体现。该层可细分为现场设备层、现场控制层及过程监控层，其中现场设备层是在煤炭生产控制过程中完成执行控制器发送采集、控制命令，依照控制信号进行执行机构动作的传感控制设备；完成传感器数据的转换与处理，对计算机信号进行控制，实现反馈控制、逻辑控制、顺序控制和批量功能控制；过程监控层主要是煤炭生产过程的执行、监测与数据管理，实现对煤炭生产各环节子系统的远程操控、故障诊断以及应急联动，为现场运行人员提供一个整体的展现。

生产控制层包括井下环网、地面环网、安全监控环网和移动 4G 网络等，为生产数据传输到生产控制层提供必要的网络环境。

生产控制层部署众多生产子系统以及各种井下手机的接入访问生产网及办公网等，因此需要对用户行为及上传数据进行有效监控和过滤，尤其是对各种工业协议的深度解析以及手持终端异常的上网行为进行安全管控。

(2) 安全区域边界

本方案共设立 11 个安全区域，各煤矿含下属洗煤厂。主要包括科技大厦安全区、保德安全区、榆家梁安全区、活鸡兔安全区、哈拉沟安全区、寸草塔一矿安全区、寸草塔二矿安全区、布尔台安全区、石圪台安全区、乌木伦安全区和供电中心安全区。

① 核心安全区域

科技大厦机房作为神东煤炭集团生产工业核心网中心区域。内部设立安全管理中心，并设立与集团办公网上联和数据上传环节。与其他各矿安全区进行明确边界划分，设立工业安全隔离区。

② 各矿安全区域

其他 9 座煤矿、供电中心和洗选中心作为神东煤炭集团工业生产核心网的接入对象，在各煤矿内部设立二级安全管理中心，通过各矿生产环网核心交换机与神东煤炭集团生产专网进行数据上传互联互通。与其他各矿安全区进行明确边界划分，并采取相应横向安全防护措施。

(3) 安全计算环境

安全计算环境方面主要涉及科技大厦生产核心网安全区域、其他 9 个矿及洗选中心、供电中心内部服务器、主机等具备计算能力的上层环境。结合神东煤炭集团安全需求及防护重点，该方面重点是从身份鉴别、访问控制、数据备份恢复、恶意代码等方面进行安全规划设计。

① 核心安全区域

科技大厦机房作为神东煤炭集团工业生产核心网中心区域，重点应针对业务服务器及重要上位机终端进行防护。

② 各矿安全区域

其他9座煤矿及洗选中心、供电中心作为神东煤炭集团工业生产核心网的接入对象，重点应集中在恶意代码病毒防范、第三方厂家运维操作审计等方面。

（4）安全管理中心

安全管理中心设立三级主站、二级分站架构，在科技大厦机房设立三级主站安全管理中心，主要负责科技大厦生产专网安全设备及其余各矿、洗选中心、供电中心安全设备的集中安全管理与审计管理。

（5）移动互联安全防护

矿用无线通信系统不仅能实现语音通信，还能实现数据传输功能。在矿山地面、井下形成一套4G无线通信系统，以满足矿山地面和井下无线通信的需求，无线通信系统将有线调度、IP广播、无线通信等系统融合，统一接入井上下工业环网中，实现了矿用4G手机在井下与井下、井下与地面、地面与井下、地面与地面之间的通话业务以及矿用4G手机在井下和地面与服务器之间的数据网络业务，最终实现有线（有线电话、广播）、无线一体化调度通信。

（6）安全管理制度建设

① 安全策略

制定神东煤炭集团工业控制系统网络安全工作的总体方针和安全策略，阐明机构安全工作的总体目标、范围、原则和安全框架等。

② 管理制度

为了加强神东煤炭集团及所属单位工业控制系统的信息安全管理，神东煤炭集团及所属单位应按照“谁主管谁负责、谁运营谁负责”的原则，建立健全工业控制系统信息安全管理制度，并确保落实到位。

（7）安全运维服务

在神东煤炭集团工业控制系统网络安全规划项目实施建设完成后，13座矿井、供电中心、洗选中心等十几个生产系统网络互联互通后，不仅给工控系统网络安全防护工作带来了更多的挑战，也同样给安全运维工作带来很大压力，尽管从当前的管理角度分析，可能会缩减基层工控网运维范围。基层工控网由各矿负责，但是随着安全集中管控的成熟、工控安全运维模式的成熟，势必会发展为工控安全集中运维管控模式，来全面支撑安全运维工作。因此必须提前规划考虑工控安全运维服务建设，为神东煤炭集团的工业控制系统安全提供优质的网络安全运维服务。

### 5.2.3 案例亮点及应用价值

本项目是神东煤炭集团对国家有关部门关于煤炭板块工控网络安全监管要求的坚决落实，也是对国家能源集团相关制度的有效执行，在其工控网络安全现状的基础上，通过生产专网改造和自动化改造，对煤矿区域自动化系统、9对生产矿井、洗选中心、供电中心工业控制系统提供安全防护。

本项目的实施，满足了工控网络安全规划防护建设的合规性，促成了网络攻击可视化、工控资产可视化、数据传输可视化、敏感数据自识别，实现了动态分析决策处置、核心主机精准防护、威胁情报共享联动等主动防御能力，提升了整体网络安全防护能力。本项目的成果可以在其他类似单位中推广应用，具有良好的应用价值。

## 5.3 乌海能源公司工业控制系统网络安全规划项目*

### 5.3.1 案例概述

#### 5.3.1.1 项目背景

乌海能源公司作为国家能源集团的重要组成部分，一直紧紧围绕贯彻

* 本案例具体内容由韩鹏军、牛月坤、王许培、王伟刚、吴昊天、温泽宇等人于2022年2月完成。

落实《中华人民共和国网络安全法》、《工业控制系统信息安全防护指南》、“网络安全等级保护2.0标准”的各项指标要求，积极推进网络安全防护建设工作。随着“工业4.0”“两化融合”“智能制造”等战略规划的发布实施，以及大数据、云计算、互联网等新技术的应用，工控系统正由原来相对封闭走向开放，由单机走向互联，由自动化走向智能化，与此同时，工控网信息安全正面临更大的威胁和挑战。工控网安全风险将对社会安全稳定和经济发展产生巨大的影响。

#### 5.3.1.2 实施目标

按照“安全分区、网络专用、边界防护、综合管控”的总体技术原则，开展工业控制系统信息安全防护建设工作，具有抵御外部攻击、黑客、病毒、恶意代码等在系统遭受攻击和破坏后及时恢复系统的能力。使得乌海能源公司及下属煤矿工业控制系统满足网络安全防护建设要求的合规性、可用性、安全性，降低煤矿工控系统遭受网络攻击、侵入、干扰和破坏的风险，提升煤矿工业控制系统网络安全防护能力。

### 5.3.2 项目实施

#### 5.3.2.1 场景特征

通过现场调研及梳理网络架构后，归纳总结如下问题：

(1) 网络边界缺少隔离措施

工业核心直连办公网络，没有物理隔离手段，导致生产网络与办公网络边界不清晰，一旦办公网络感染病毒或遭受到攻击，可直接威胁到整个生产控制系统的安全运行。另外网络架构缺少冗余设计，一旦单一部署的防火墙出现故障，整个工控网到办公网的连接都会处于无防护状态，业务数据安全无法被保证。

(2) 数据库缺乏安全审计

普遍缺乏对数据库服务器的安全审计，数据库在使用过程中缺乏必要技术防护手段，使得存储在数据库里的大量敏感信息的安全性无法得到有效保障。主要体现在以下几方面：

① 内部用户可以很方便地利用内部网络通过各种通信协议进行刺探、

获取、删除或者篡改重要的数据和信息。

② 内部授权用户对于系统不熟悉而导致误操作也会给业务系统造成难以挽回的损失。

③ 外部非授权人员对数据库进行恶意入侵，获取或者删除数据库里的数据。

④ 所有针对数据库的安全事件发生后，无法进行有效的追溯和审计。

(3) 核心网络缺乏外来入侵防范措施

工业网络缺少入侵监测能力，无法有效识别并防御利用工业漏洞发起的攻击行为，例如针对 PLC 等控制设备的拒绝服务攻击漏洞、缓冲区溢出攻击漏洞等典型工控漏洞利用攻击。

(4) 主机计算环境缺少管控

工控网缺少终端防护能力。工业网内终端（含 Windows 和 Linux 系统）不具备恶意代码防护和检测能力；缺乏移动介质管控能力，不具备工业网内移动介质的使用权限分配和管理能力，未采取物理封禁接口的方式。

(5) 缺少安全态势感知手段

分析数据中心当前工业网络发现，缺少针对下属各煤矿的工业网络安全事件感知及态势分析能力。单纯的防护无法抵御不断更新的攻击手段，缺少安全事件分析及网络安全态势感知手段，无法有效利用下层各煤矿工业网络产生的安全大数据，更无法通过大数据建模进行入侵行为还原取证、安全威胁情报收集和攻击态势预警等一系列安全分析行为。

#### 5.3.2.2 需求分析

(1) 安全通信网络

① 网络架构

a. 应保证网络设备的业务处理能力满足业务高峰期需要。

b. 应保证网络各个部分的带宽满足业务高峰期需要。

c. 应划分不同的网络区域，并按照方便管理和控制的原则为各网络区域分配地址。

d. 应避免将重要网络区域部署在边界处，重要网络区域与其他网络区域之间应采取可靠的技术隔离手段。

e. 应提供通信线路、关键网络设备和关键计算设备的硬件冗余，保证系统的可用性。

② 工业控制系统扩展要求

a. 工业控制系统与企业其他系统之间应划分为两个区域，区域间应采用符合国家和行业规定的专用产品实现单向安全隔离。

b. 工业控制系统内部应根据业务特点划分不同的安全域，安全域之间应采用技术隔离手段。

c. 涉及实时控制和数据传输的工业控制系统，应使用独立的网络设备组网，在物理层面上实现与其他数据网及外部公共信息网的安全隔离。

d. 在工业控制系统内使用广域网进行控制指令或相关数据交换的应采用加密认证手段，以实现身份认证、访问控制和数据加密传输。

(2) 安全区域边界

① 边界防护

a. 应保证跨越边界的访问和数据流通过边界设备提供的受控接口进行通信。

b. 应能够对非授权设备私自联到内部网络的行为进行检查或限制。

c. 应能够对内部用户非授权联到外部网络的行为进行检查或限制。

d. 应限制无线网络的使用，保证无线网络通过受控的边界设备接入内部网络。

② 访问控制

a. 应在网络边界或区域之间根据访问控制策略设置访问控制规则，默认情况下除允许通信外受控接口拒绝所有通信。

b. 应删除多余或无效的访问控制规则，优化访问控制列表，并保证访问控制数量最小化。

c. 应对源地址、目的地址、源端口、目的端口和协议等进行检查，以允许或拒绝数据包进出。

d. 应能根据会话状态信息为进出数据流提供明确的允许或拒绝访问的能力。

e. 应对进出网络的数据流实现基于应用协议和应用内容的访问控制。

③ 入侵防范

a. 应在关键网络节点处检测、防止或限制从外部发起的网络攻击行为。

b. 应在关键网络节点处检测、防止或限制从内部发起的网络攻击行为。

c. 应采取技术措施对网络行为进行分析，实现对网络攻击特别是新型网络攻击行为的分析。

d. 当检测到攻击行为时，记录攻击源 IP、攻击类型、攻击目标、攻击时间，在发生严重入侵事件时应提供报警功能。

④ 恶意代码防范

应在关键网络节点处对恶意代码进行检测和消除，并维护恶意代码防护机制的升级和更新。

⑤ 安全审计

a. 应在网络边界、重要网络节点进行安全审计，审计覆盖到每个用户，对重要的用户行为和重要安全事件进行审计。

b. 审计记录应包括事件的日期和时间、用户、事件类型、事件是否成功及其他与审计相关的信息。

c. 应对审计记录进行保护，定期备份，避免受到未预期的删除、修改或覆盖等。

d. 应能对远程访问的用户行为、访问互联网的用户行为等进行行为审计和数据分析。

⑥ 无线使用控制

a. 应对所有参与无线通信的用户(人员、软件进程或设备)提供唯一性标识和鉴别。

b. 应对所有参与无线通信的用户(人员、软件进程或设备)进行授权以及执行使用进行限制。

c. 应对无线通信采取传输加密的安全措施，实现传输报文的机密性保护。

d. 对采用无线通信技术进行控制的工业控制系统，应能识别其物理环境中发射的未经授权的无线设备，报告未经授权试图接入或干扰控制系统的行为。

(3) 安全计算环境

① 身份鉴别

a. 应对登录的用户进行身份标识和鉴别,身份标识具有唯一性,身份鉴别信息具有复杂度要求并定期更换。

b. 应具有登录失败处理能力,应配置并启用结束会话、限制非法登录次数和登录连续超时自动退出的相关措施。

c. 当进行远程管理时,应采取必要措施防止鉴别信息在网络传输过程中被窃听。

② 访问控制

a. 应对登录的用户分配账户和权限。

b. 应重命名或删除默认账户时,修改默认账户的默认口令。

c. 应及时删除或停用多余的、过期的账户,避免共享账户的存在。

d. 应授予管理用户所需的最小权限,实现管理用户的权限分离。

③ 安全审计

a. 应启用安全审计功能,审计覆盖到每个用户,对重要的用户行为或重要安全事件进行审计。

b. 审计记录应包括事件的日期和时间、用户、事件类型、事件是否成功及其他与审计相关的信息。

c. 应对审计记录进行保护,定期备份,避免受到未预期的删除、修改或覆盖等。

d. 应对审计进程进行保护,防止未经授权的中断。

④ 入侵防范

a. 应遵循最小安装的原则,仅安装需要的组件和应用程序。

b. 应关闭不需要的系统服务、默认共享和高危端口。

c. 应通过设定终端接入方式或网络地址范围对通过网络进行管理的管理终端进行限制。

d. 应提供数据有效性检验功能,保障通过人机接口输入或通过通信接口输入的内容符合系统设定要求。

e. 应能发现可能存在的已知漏洞,并在经过充分测试评估后,及时修补漏洞。

f. 应能够检测到对重要节点进行入侵的行为，并在发生严重入侵事件时提供报警功能。

⑤ 数据备份恢复

a. 应提供重要数据的本地数据备份与恢复功能。

b. 应提供异地实时备份功能，利用通信网络将重要数据实时备份至备份场地。

c. 应提供重要数据处理系统的热冗余，保证系统的高可用性。

⑥ 控制设备安全

a. 应关闭或拆除控制设备的软盘驱动、光盘驱动、USB接口、串行口或多余网口等，确需保留的应通过相关的技术措施实施严格监控管理。

b. 应保证控制设备系统在上线前进行安全检测，避免控制设备及系统中存在恶意代码程序。

(4) 安全管理中心

① 系统管理

a. 应对系统管理员进行身份鉴别，只允许其通过特定的命令或操作界面进行系统管理操作，并对这些操作进行审计。

b. 应通过系统管理员对系统的资源和运行进行配置、控制和管理，包括用户身份、系统资源配置、系统加载和启动、系统运行的异常处理、数据和设备的备份与恢复等。

② 审计管理

a. 应对审计管理员进行身份鉴别，只允许通过其特定的命令或操作界面进行安全审计操作，并对这些操作进行审计。

b. 应通过审计管理员对审计记录进行分析，并对分析结果进行处理，包括根据安全审计策略对审计记录进行存储、管理和查询等。

#### 5.3.2.3 对策与措施

(1) 边界隔离设计

通过在工业核心交换机与办公网之间部署工控网闸，基于工控协议的深度解析，在应用层禁止办公网到数据中心工控网络的写权限，从而保证在不影响生产业务的情况下实现两个不同安全区域之间的单向隔离，保护工业控制网络不会从网络层面遭受来自办公网的威胁。

(2) 访问控制设计

在隔离区与办公网之间部署工控防火墙，通过防火墙白名单的技术手段，实现基于工业协议的深度识别，对访问控制行为实现细粒度的控制，通过对访问内容与设定的基于安全策略的控制，保护隔离区网络不会遭受来自办公网的威胁。

(3) 数据库审计设计

通过部署数据审计设备，实现对用户数据库服务器的安全判断及攻击检测。数据库审计系统内置了多种攻击检测场景，能有效地对攻击行为做出告警等处理；并且能够通过审计记录发现数据库一些潜在的安全威胁，如 SQL 注入、密码猜解、执行操作系统级的命令等，同时内置了丰富的数据库入侵检测规则库，及时发现并阻止数据库安全威胁，保证数据库安全运行。

(4) 终端安全设计

考虑到应用于煤矿监控环境中，基于黑名单的杀毒软件会误杀监控主机上运行的工业监控系统，因此终端采用基于白名单技术的工业主机卫士，工业主机卫士客户端部署于生产网全部计算机，原则上不允许存在例外，通过对终端的管控，构成工业安全实质层面最外层的安全防线。主机卫士服务器端部署于安全管理中心区域，作为对客户端管控、审计记录统一监控及策略统一下发的管理端。

① 进程及服务管控

主机卫士以最小化设定为原则，对主机中应用进行管控，针对目标应用必要进程及服务开放白名单，非限定进程及服务均禁止运行。该策略在保证生产持续进行条件下有效降低对工控计算资源的占用。

工控环境区别于 IT 环境，其应用多为工业特定应用，且调用进程执行方式在 IT 主机恶意代码检测工具下多会误判为恶意程序加以删除或隔离，从而影响生产正常进行。故基于白名单不仅保障工业应用的正常运行，同时可防范感染恶意代码运行，有效保障了主机工作环境。

② 接口管控

工业生产环境中，计算机普遍存在利用移动存储介质或远程桌面进行文件传输的行为，在缺乏管控条件下，部分感染恶意代码移动存储介质或计算机通过上述方式感染控制系统中上位系统，从而对生产造成极大隐患。故移动存储介质通过终端管控进行分级授权，按使用者用户角色差异进行不同级别的授权（读/写），未经授权移动存储介质从驱动层面禁用。在管理层面，禁止运维移动终端作为工程师个人计算机，第三方调试计算机均需要纳入终端管控范围或要求其使用厂方提供调试终端进行调试维护。

（5）入侵检测设计

通过工控入侵检测设备的部署，可以对生产网络中的数据流量进行深度检测、实时分析，并对网络中的攻击行为进行监测，动态地发现来自内部和外部网络攻击的行为，并发出报警。工控入侵的审计功能可以对通信报文内容进行深度解析，且支持阈值的设定和数据变化加速度范围的设定。对超出设定范围的场景，记录其时间戳、寄存器地址和操作数值，并做出报警响应。最后可通过 Syslog（系统日志）或 SNMP 将日志上传至工控集中管理平台以实现集中管控。

（6）运维安全审计设计

通过部署运维安全审计设备（堡垒机）实现对生产网的安全运维审计记录，以及对账号、授权、认证和综合审计等进行一体化管理，为总部工控网提供统一框架，有效地保障了合法用户的权益，支撑了系统安全可靠地运行。

运维安全审计系统可以为用户提供静态密码、Windows NT 域、Windows Kerberos、双因素、一次性口令和生物特征等多种认证方式，而且系统具有灵活的定制接口，可以方便地与第三方认证服务器对接。可以实现统一、灵活、高强度的认证管理，在方便进行账号管理、单点登录的情况下，保证资产运维管理的安全性和可靠性。

同时，运维安全审计系统提供对堡垒机和资产运维操作的权限管理，实现用户到堡垒机、用户到资产的访问控制。其中用户到堡垒机的访问控制能够实现基于堡垒机访问用户、时间、IP 地址等的细粒度控制，保证堡垒机入口的安全性。而用户到资产的访问控制，不但能够实现基于资产的粗粒度控制，还能够实现基于资产账号、时间、IP 地址、会话、指令等的细粒度控制，保证资产运维操作入口的安全性。

通过权限的管理，可以实现自然人对堡垒机菜单、功能，自然人对每个资产、每个资产账号，自然人对每个指中间件令的精确控制，避免交叉运维操作、资产和账号的越权违规操作。明确运维责任，降低安全事件发生概率。

（7）日志审计

通过部署日志审计类设备。能够实时不间断地采集生产网络中的安全设备、网络设备、主机、操作系统、数据库以及各类业务系统等各类海量日志信息数据，并对海量原始数据进行高效存储、整理与分析。为安全管理人员提供统一监控、安全分析、告警响应，并定期形成安全报告的日常运维支撑系统，满足国家和集团对于审计工作的相关要求。

（8）态势感知设计

旁路部署、统一收集全厂安全日志。对其进行四个方面的安全防护。一是全网监控。监控全网事件，杜绝事件发生不可知，安全事件不可见，关联事件不可控，未知事件不明晰的情况。二是全资产管理。以资产为基础，关联脆弱性分布情况、资产攻击情况、资产受攻击情况与全资产分布态势可视化展示。三是全告警跟踪。收集全安全设备告警信息，并对告警进行分类归档，按照规则自动预警，并对告警处置进行全过程跟踪。四是全态势分析。按照全网、威胁、安全底图、安全处置、攻击、资产、脆弱性网站监测和调查分析进行全面分析。

（9）工控安全集中管理设计

通过安全集中管理平台可以为工控入侵、工控审计、工控网闸等设备配置统一的安全策略，实现工控网络安全联动与整合，及时对网络攻击与异常行为进行快速处置，有效防范和打击破坏工业控制系统的各类恶意活动的能力。同时方便运维人员对不同设备的运维工作，实现对煤矿工控系统全网安全设备、安全事件、安全策略、安全运维的统一集中监控、管理及预警。另外，安全集中管理平台可将工控系统安全信息上传至态势感知系统，作为安全中台为态势感知系统提供底层探针数据。

### 5.3.3 案例亮点及应用价值

(1) 纵深防御体系

本方案抛弃了传统的网络安全单一防护的思路,为适应网络攻防技术快速发展的新现状,为用户设计了纵深防御体系的解决方案。依据《工业控制系统信息安全防护指南》《信息安全技术 网络安全等级保护基本要求》等的要求,在安全区域划分、网络边界防护、通信网络安全、主机终端等不同层面充分考虑安全防护的需要,通过采取边界防护、网络监测、恶意代码防护、安全运维等技术措施,使系统在各个层面均具有较强的网络安全防护能力。

(2) 保障系统稳定运行

安全防护的最终目标,是确保系统稳定运行,纵深防御体系的建立,使得系统具有了较高强度的安全防护能力。

首先,边界防护使得生产网与办公网隔离开,能够保护生产网内部免受来自办公网的安全威胁。其次,边界防护使得生产网内部各安全域之间隔离开,即使某一安全域发生安全事件,也不会在生产网内部发生横向扩散。

在网络层面,本方案通过入侵检测和安全审计等技术手段,实现系统网络运行状况监控,以及 APT 攻击的事前、事中、事后的防护。

在终端层面,通过白名单的方式,对恶意代码威胁的全生命周期进行管控。

在安全运维方面,本方案通过运维审计平台,实现了维护过程的安全接入,并做到了运维过程用户行为记录,便于事后进行追溯工作,同时也满足了网络安全法律对于数据留存方面的要求。

通过构建工控安全态势感知平台,进而开展安全威胁评估、防护加固、攻防研究等工作,达到大幅提升整体安全防护能力,预防突发安全事件,加强企业技术人员安全技能水平,发现入网设备后门漏洞,安全信息共享、支撑国家及集团网络安全战略等目的,保障企业抵御网络攻击事件。同时能够实现对工业控制系统安全状况的定期检查,及时发现系统存在的安全漏洞和风险隐患,让用户知晓工控系统安全现状,为下一步建设整改工作提供安全建议。

(3) 规避信息泄露风险

对于煤炭企业而言,除了要考虑工业控制系统稳定运行之外,系统中的数据安全也是非常重要的。攻击者在完成系统网络渗透后,将相关信息外传,会造成信息泄露事件,对企业的声誉和竞争力将造成重大影响。

纵深防御体系除了使系统能够抵御外来的攻击,还能够对信息泄露事件进行管控。多层次的边界防护,能够快速发现系统非法外联的情况,在网络通信层面对信息进行拦截,防止信息泄露。而对于社会工程学攻击,其最常见的手段是通过 USB 设备,对文件进行拷贝,白名单能够对 USB 设备管控,仅认证通过的 USB 设备才能在系统上运行,结合管理措施,能够有效防止信息通过 U 盘造成泄露。

(4) 满足安全合规要求

本方案在设计过程中充分考虑各种政策、法规、标准、文件要求,融会贯通《中华人民共和国网络安全法》、《工业控制系统信息安全防护指南》和《信息安全技术 网络安全等级保护基本要求》(GB/T 22239—2019)中的各项要求,并结合用户实际需求,提出最具有针对性、最迫切需要的产品,使得用户的网络安全防护满足合规性要求。

## 5.4 中煤集团数字化煤矿运营技术侧网络纵深防护应用*

### 5.4.1 案例概述

#### 5.4.1.1 项目背景

煤矿行业加速向数字化、网络化、智能化方向发展,煤矿生产、加工、利用及装备制造的智能化、数字化技术已成为煤矿行业两化融合发展核心。同时,工业控制系统已广泛应用于国内重大的基础设施中,在我国工控行业中,主要工业控制系统包括 DCS、SCADA(数据采集与监视控制系统)和 PLC

* 本案例具体内容由王喜升、黄韶杰、尹会明、徐瑞锋、白雁斌、刘赟等人于 2022 年 6 月完成。

等，在煤炭开采中发挥着巨大的作用。

中煤陕西榆林大海则煤矿工业控制网络由井下生产工控环网和井上生产工控环网组成，各子系统通过接入光纤环网，所有数据汇聚至生产业务中心，生产业务中心实现对各子系统的数据采集、设备控制、测量、参数调节、以及各类信号报警等功能，现场就地控制主要是接收生产业务中心和现场控制人员的控制指令，以及自定义的控制逻辑，进行对现场阀门或者其他执行机构的控制和保护功能，并能实时地把运行数据传输至远程生产业务中心。一旦外部非法入侵者利用系统上的漏洞或管理上的疏漏侵入矿井工业控制系统，有可能造成系统瘫痪、机密信息泄露甚至系统的运行被恶意控制等问题。

#### 5.4.1.2 实施目标

通过落实边界防护、网络监测、白环境等技术手段，将控制系统按照业务重要性进行分类分级，不同级别的控制系统应用不同的安全防护策略，形成纵深防御体系，为工控网络营造安全可控的运行环境；形成一套工控安全的标准制度、防护策略等，指导后期的工控安全防护建设，为企业工控安全建设增值；满足国家网络安全法律法规、等级保护 2.0 标准对工控网络安全防护的要求，形成中煤集团工控网络安全建设典范。

### 5.4.2 项目实施

#### 5.4.2.1 场景特征

(1) 工业控制系统层次模型

工业控制系统层次模型从上到下共分为 5 个层级，依次为企业资源层、生产管理层、过程监控层、现场控制层和现场设备层，不同层级的实时性要求不同，如图 5-4 所示。

(2) 大海则网络现状

大海则矿井网络建设主要包括办公网虚拟化平台、办公网络、宿舍区网络、安全监测监控网络、视频网络、生产工控网络和 5G 网络等，所有网络最终接入万兆多模光链路，数据、视频、信息等内容汇聚后上传至陕西公司。各网络边界部署了下一代防火墙，并在万兆多模光链路汇聚层建设安全运

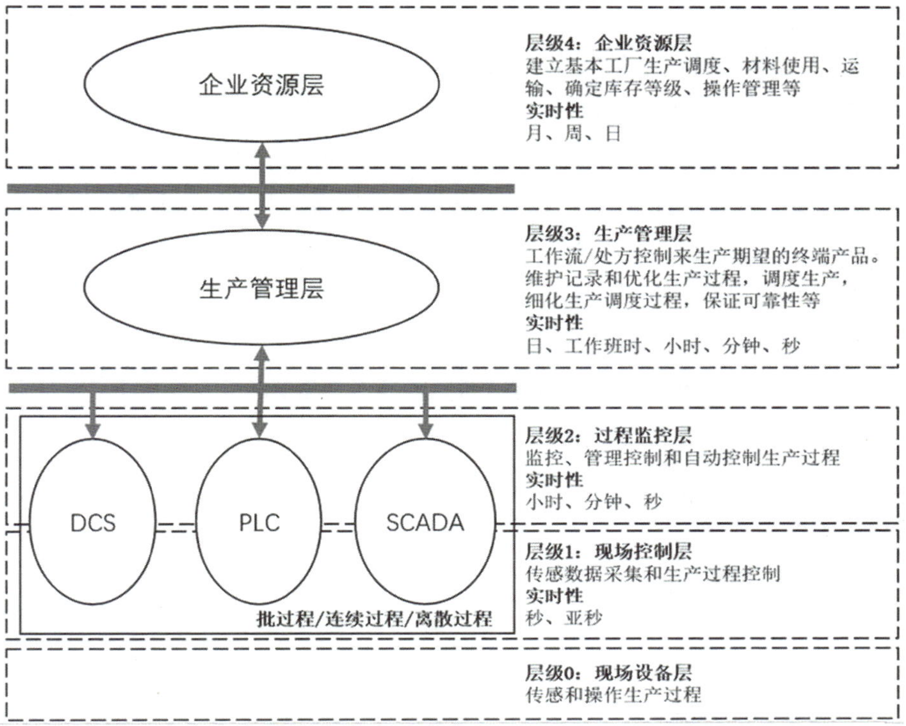


图 5-4 工业控制系统层次模型

维管理区域。安全运维管理区域通过部署入侵检测、漏洞扫描、态势感知、数据库审计、堡垒机等设备或平台实现对信息网的整体安全防护，生产工控网络的整体安全防护尚在规划中。

目前项目整体网络架构已经成型，生产工控网络的整体安全防护对整个生产系统至关重要，大多数工控系统在开发设计时只考虑到效率和实时等特性，并未将安全作为一个主要的指标考虑，这就导致了工控系统在整个网络架构中是相对脆弱的，应对工控网络进行整体安全防护。

(3) 工控网络脆弱性分析

矿井生产工控网络安全内部的脆弱性问题是导致系统易受攻击的主要因素，脆弱性问题的根源可概括为以下几个方面：

① 通信协议漏洞。矿井大量工控系统中使用的协议主要为保证通信实

时性和可靠性，实现这些目标的同时牺牲了协议本身的安全性因素（如认证、授权、加密），存在大量安全性缺陷。

② 操作系统漏洞。目前大多数工业控制系统的上位机和服务器采用Windows 系列、Unix 系列操作系统，为保证过程控制系统的相对独立性和系统稳定运行，通常在系统运行后基本不会安装任何补丁和升级，存在大量已知可利用漏洞和未知漏洞。

③ 应用软件漏洞。由于应用软件多种多样，很难形成统一的防护规范以应对安全问题；另外当应用软件面向网络应用时，就必须开放其应用端口。常规的 IT 防火墙等安全设备很难保障其安全性。

④ 工控设备后门和漏洞。工控设备与传统信息系统设备一样，同样存在各种安全漏洞，而工控系统补丁常常难以及时更新，因此很多工控环境中都存在着高危漏洞。

⑤ 网络结构漏洞。项目生产工控网络中的许多控制网络都是“敞开的”，内部不同的子系统之间都没有进行有效隔离，从而导致如果有威胁通过某种方式进入本系统网络之内，将会很快地在整个内外网络中扩散。

⑥ 安全策略和管理流程漏洞。追求可用性而牺牲安全性，缺乏完整有效的安全策略与管理流程，给工业控制系统信息安全带来了一定的威胁。

⑦ 外部风险来源。控制系统面临的外部威胁可以来自多种来源，包括敌对势力、恐怖组织、工业间谍、心怀不满的员工、恶意入侵者等。

#### 5.4.2.2 需求分析

(1) 控制指令数据通信明文传输

目前控制系统没有针对数据传输的加密机制。业务中心与各系统的通信都是明文数据传输，易被攻击者窃听、解析和重点攻击。

(2) 工业控制安全审计机制缺失

控制系统内部缺乏对系统日常流量数据的实时监控，同时对于日常运维人员的操作指令下发、操作行为等没有进行安全审计管理，对于系统内部出现的异常流量、异常操作甚至人为原因造成的生产业务异常事件无法溯源。

(3) 现场设备存在漏洞

目前企业工业控制系统使用的控制系统多为主流厂家生产的，利用系统公开新增漏洞，厂家可以窃取生产企业的生产计划、工艺流程等敏感信息，甚至获得工控系统的控制权，干扰、破坏自动配煤、提升系统、给水系统等工控系统的正常生产或运营活动。

(4) 工程师站、操作员站和业务服务器缺乏安全防范机制

在整个内部的工程师站、操作员站和业务服务器多为 Windows 系统，基于系统机制和系统稳定性考虑，补丁安装和升级工作不到位，同时主机上可能出厂安装的杀毒软件由于无法及时更新，导致病毒查杀效果无法得到保证。

(5) 主机系统和应用系统身份认证机制不完善

对于生产系统的工程师站、操作员站、业务系统服务器的身份认证机制没有充分的安全性评估和验证，大量中控室操作员站及监控终端都采用公用账号，且系统操作界面长期处于开放状态，导致进出中控室的所有人员都可以对其进行操作。

综上，信息化建设为企业带来便利的同时也增加了企业生产与数据安全风险，主要集中在原始生产数据、工艺的泄露，原始生产数据的丢失，生产停车、篡改数据等方面。

#### 5.4.2.3 对策与措施

工业控制系统等级保护方案设计框架如图 5-5 所示。

(1) 整体防护架构

方案结合大海则矿井项目的实际安全需求和网络安全等级保护要求，从安全管理中心到计算环境防护、边界隔离防护、通信网络防护，实现事前预警、事中防范和事后取证等安全功能。

(2) 建设内容

① 网络架构方面：目前用户在生产网与其他网络及陕西公司之间部署了边界下一代防火墙，通过配置相关策略，可实现隔离的要求。

② 通信传输方面：利用环网边界位置部署的工业防火墙，开启 VPN 功能，与业务中心工业防火墙通过相互认证建立加密隧道，基于国产加密算法实现传输数据的加密，从而在实现数据安全传输的同时保障其完整性和保密性。

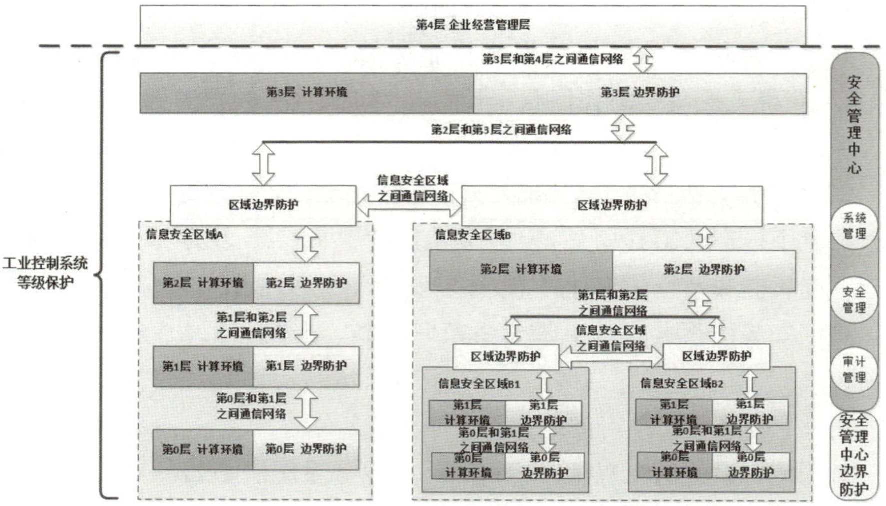


图 5-5　工业控制系统等级保护方案设计框架

③ 边界防护方面：在业务中心网络边界位置桥接部署工业防火墙，各系统网络边界位置桥接部署工业防火墙，对主流工业协议深度解析，综合运用工控威胁特征识别技术、机器自学习与可信白名单技术，在提供传统防火墙的逻辑隔离、访问控制等功能同时，也可有效抵御各类针对工控系统的网络攻击和恶意破坏，为生产控制系统的稳定运行提供安全保障。

④ 安全审计方面：在核心交换机（安全监测监控网络）、接入交换机（生产工控子系统）、汇聚交换机（井上生产工控万兆环网）、核心交换机（生产工控网络）、业务接入交换机（生产工控业务中心）和核心交换机（5G 网络）等位置旁路镜像部署工控安全审计系统，利用黑名单、白名单、自定义规则等多种安全策略，通过内置的工控协议深度解析引擎，实时监测生产网络中违规行为、异常流量和不明设备接入，实时全面掌握工控网络安全运行状况；通过完整地记录并留存生产网络流量，为事后取证和溯源分析提供依据。

⑤ 主机加固方面：在业务中心及各系统的操作员站、工程师站和服务器等设备部署主机安全卫士系统，通过白名单式管控技术，一键固化系统当前运行环境，阻断工控病毒、木马等攻击，细粒度管控外设接口，切断移动介质传播木马的途径。采用双因子认证、注册表保护、重要文件行为审计等功

能，确保主机身份鉴别、访问控制、恶意代码防范、入侵防范得到有效控制。

⑥ 集中管控方面：在安全管理中心部署集中管理平台，旁路接入到生产工控网络核心交换机，对生产网各种安全设备（工业防火墙、工控安全审计系统、主机卫士等）进行统一管理、配置、授权和响应。

⑦ 安全管理方面：制定符合大海则煤矿工控系统的网络安全管理制度，从安全管理制度、安全管理机构、安全管理人员、安全建设管理和安全运维管理等5个方面形成安全管理制度。

（3）关键技术

结合等级保护、防护指南等规范要求，工业防火墙应具备如下功能：

① 支持工业协议。详见图5-6。

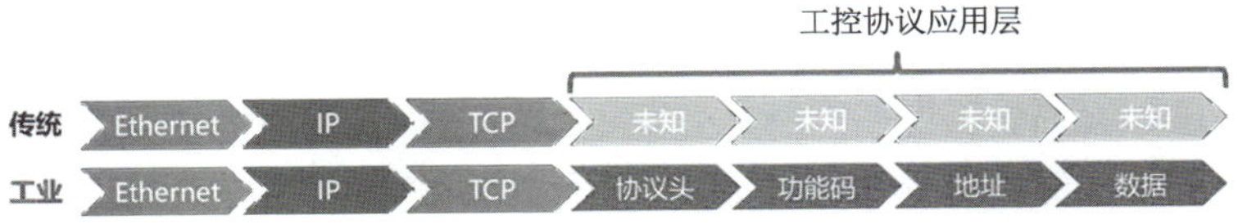


图5-6 传统协议与工业协议对比

② 内置工控威胁库，实现对针对工控协议的威胁进行拦截。

③ 工业防火墙采用白环境设计理念，具备传统防火墙功能又具备工控网络特有的安全防护要求。

### 5.4.3 案例亮点及应用价值

#### 5.4.3.1 项目示范价值

（1）形成煤矿高安全等级的矿井生产控制安全防护典型示范

本项目实施的具有免疫特征的安全防护体系和机制、关键技术可应用于广泛部署煤矿工业控制系统的工业企业与集团，有助于提高全行业工业控制系统整体的网络安全水平。

（2）促进集团下属企业等级保护规范化

项目建设后将满足企业等级保护的技防要求，配合企业安全管理体系的规范化建设，技防配合人防，促进工业控制系统网络安全规范化建设。

（3）全局安全态势掌控与威胁预警

帮助安全管理人员实现对各矿井工控系统、工控终端设备的威胁发现、威胁监控、威胁防护和应急响应的需求。同时提高其技术能力，使之能够及时有效地对发现的威胁进行响应和处理。

(4) 员工网络安全防范意识提升

帮助各级员工系统全面地掌握有关信息安全防护知识，提高了自身信息安全防范意识，同时也减少了病毒、木马、蠕虫等在企业范围内的传播，提高了企业整体安全防范能力。

5.4.3.2 项目推广性价值

① 提高了大海则煤矿控制系统的安全防护能力，促进了项目成果在集团下属生产单位的广泛应用。本项目应用了基于工业控制系统的防护手段，构建了以安全可控为目标、监控审计为特征、持续安全运营为一体的煤矿控制系统新一代主动防御体系，提高了煤矿工控系统整体安全性。

② 促进项目成果在集团内其他单位中的推广应用。本项目采用基于构建可信主机系统及可信的网络环境和白名单机制的安全防护技术及态势感知与威胁预警平台系统来设计构建安全防护体系，借助工业控制协议的深度解析与人工智能学习技术的应用，以全面的工业漏洞库为支撑，使安全防护产品更具有基于行为的主动防御能力。安全防护体系更加贴近工业控制系统环境应用，安全防护更加准确，在保证稳定性要求的同时，效率更强，使用价值更高。

## 5.5 华阳集团网络安全工作顶层设计及整体整改项目*

### 5.5.1 案例概述

5.5.1.1 项目背景

根据 2021 年山西省能源局、山西省公安厅联合下发的《煤炭企业网络

* 本案例第一阶段具体内容由郑海山、王向阳、王辉、吴利群、张伟、邢伟、段翠芳、武文斌、李鹏程、刘晔、郑一丁、董西平、邵慧慧、白海波等人于 2022 年 2 月完成。

安全等级保护工作管理办法(试行)》和《煤矿企业贯彻落实网络安全等级保护制度和关键信息基础设施安全保护制度的工作实施方案》要求,集团公司网络安全防护能力已不能满足网络安全等级保护2.0标准对安全物理环境、安全通信网络、安全区域边界、安全计算环境、安全管理中心的要求。决定开展华阳集团网络安全工作顶层设计及整体整改项目,对集团公司核心网络安全进行整改。

#### 5.5.1.2 实施目标

此次项目建设完成后,华阳集团公司网络安全防护水平要达到等级保护三级要求,在此基础上对集团公司网络安全防护能力进行加固提升,健全完善网络安全综合防控体系,主动防御网络安全威胁,重点加强存储数据保护能力,构建科学合理、稳定可靠、运行高效的网络安全保护生态,为集团公司的发展提供安全保障。具体分三阶段实施:

第一阶段:通过增加日志审计系统,在各区域部署防火墙和流量探针,部署准入管理系统,部署数据库审计系统,部署上网行为管理系统,部署漏洞扫描系统,达到等级保护三级要求。

第二阶段:以构建全方面主动防御的综合防控体系为目的,通过部署网络威胁情报联防处置平台、部署深度安全防御系统、组建VPN虚拟加密链路、部署网络安全管理平台等措施,达到网络深层防护水平,从被防护转向主动防御。

第三阶段:重点提升数据防泄密能力,通过部署数据存储加密网关对重要数据加密,达到重要数据“拿不走”“读不到”。

### 5.5.2 项目实施

#### 5.5.2.1 现状分析

华阳集团网络安全系统主体部门为数链管理部,主要是对集团公司网络安全工作进行管理。目前集团公司主要安全防护设备有:

① 互联网出口部署思科核心防火墙,该防火墙已运行10年,设备老化,病毒库已过期,且不是国产品牌,不满足等级保护产品选型要求。

② 在集团官网部署有WAF、防火墙、抗DDoS等设备用于保护集团网

站安全防护。

③ 按照山西省公安厅建设要求，在集团公司互联网出口部署 ATP（进阶威胁防护）设备，用于发现集团公司核心网络的 APT 攻击威胁行为。

④ 2018 年，按照网络安全等级保护 1.0 标准，集团公司在核心网络处部署了网络安全态势感知平台，并建设了安全资源池，将核心网络分为核心服务器区、ERP 区、办公区、煤炭专网区、运维管理区 5 个区域，通过安全资源池在 5 大区域分别设置了虚拟防火墙，同时部署了堡垒机、EDR 企业杀毒软件等，满足了网络安全等级保护 1.0 标准的三级要求。

#### 5.5.2.2 网络现状及存在问题

随着信息化与各业务的不断融合，当前的网络安全架构面临诸多问题。主要表现在以下几方面：

① 系统漏洞问题频发。

② “弱口令”问题未杜绝。

③ 内外网未采取有效手段进行隔离。

④ 网络链路稳定性不足。

⑤ 核心业务区之间缺乏有效的技术隔离措施。

⑥ 缺乏有效的终端准入内网管理措施。

#### 5.5.2.3 对策与措施

结合华阳集团实际业务情况及网络现状，本着项目不重复投资、充分“利旧”原则，着力构建安全管理中心，实现集团公司总部核心网络安全的报警、跟踪、分析、处理、溯源等全过程管理。

第一阶段：通过等级保护预测评结果，对照等级保护三级要求进行整改建设，达到三级防护要求。

第二阶段：通过深度安全防御加固，提升对抗攻防演练能力，建立全方位、立体化、主动性的网络安全防护体系。

第三阶段：通过对重要数据存储加密，防止重要数据泄露。

本着不重复建设、在原有系统基础上完善的原则，本项目可以利用的原有网络安全设备有态势感知平台（包括 1 个探针）、APT、WAF、安全资源池（虚拟防火墙）、终端防病毒（50 授权）、堡垒机等。

(1) 第一阶段:合规整改建设内容

① 日志审计系统

目前核心网络未部署日志审计系统,不满足等级保护建设要求,需要部署日志审计系统。针对核心网络中的安全设备、网络设备、主机、操作系统以及各种应用系统中杂乱无序的日志数据,进行有效的审计管理,对各类产品的日志、事件进行统一收集、存储、分析、展示。解决企业对日志管理效率低、投入人员成本大的问题。

② 终端安全防病毒系统

集团核心网络部署了终端安全防病毒系统,该系统用于集团核心业务服务器的病毒查杀。目前该系统有 50 个授权已全部下发各应用系统。需对该系统进行扩容,增加 200 个授权,满足现有系统需求。

③ 内网威胁探针

内网威胁探针用于集团信息网络威胁检测、数据审计产品,该产品采用多核的硬件架构,使用全新的威胁检测技术对各种攻击行为以及网络威胁具有高精度的检测能力,对于潜伏在内网威胁流量的异常情况具有非常准确、有效的发现能力。为了解决客户对安全事件过程的调查,利用探针的流量元数据采集技术采集并存储网络流量中的重要数据。

④ 数据库安全审计系统

数据库审计平台通过协议代理和交换机旁路镜像的方式,对运维账号提供单点登录的唯一入口,全程对所有数据库运维操作进行管控,发现违规操作及时阻断,同时记录网络中对数据库的访问行为。经过对访问数据的分析、过滤和解析,记录用户访问数据库所做的操作以及返回的结果,形成审计日志,便于事后查询与追责。

⑤ 网络准入管理系统

网络边界准入管理系统基于发现—识别—检查—评估的设计逻辑,对集团信息网络内全部联网设备自动发现并智能识别归类设备类型,实现摸清“家底”、理清资产,进而针对性地制定入网策略,对未经授权接入设备、非法仿冒设备、对网络边界造成破坏的非法行为、IP/MAC/PORT 绑定不符的行为、双网互联隐蔽性泄密通道行为、IP 地址冲突、违规设备类型等接入事件进行全方位评估，兼顾各种类型的设备管理，根据评估规则，基于网络层准入技术对其隔离阻断，将危险的设备隔离到网络之外，从而提升整体网络安全。

⑥ 上网行为管理

对于网络资源的滥用，封堵还是放任，这是摆在网络管理者面前的难题，上网行为管理产品提供了灵活的管理策略，根据企业的需求，定制个性化的管理方案，帮助各企业建立安全、高效、健康、和谐的网络环境。

⑦ 漏洞扫描

漏洞扫描能够帮助客户识别和发现网络中的各类资产，高效、全面、精准地检查网络中的各类脆弱性风险，根据扫描结果提供验证方案辅助验证漏洞的准确性，并提供专业、有效的安全分析和修补建议，全面提升客户网络环境的整体安全性。

以综合的资产指纹库、漏洞规则库、弱口令字典、基线配置模板等为基础，采用深度主机探测、端口扫描技术、智能分布式爬虫、Active（主动）检测、Passive（被动）检测、原理扫描等多种检测和扫描技术相结合的手段，对标新一代漏洞风险管理产品在识别、检测、分析、响应和运营等方面的特性要求，主要具备以下五个基本功能：

——资产发现。帮助用户对自己的信息化资产由底层设备系统、操作系统到上层端口服务、业务应用进行画像，让用户快速发现自己的资产，并对资产指纹进行全面梳理。

——系统漏洞扫描。针对网络中的各种主机、路由器、交换机、安全设备、中间件的漏洞等进行扫描，帮助客户发现系统漏洞，并给出修复建议。

——Web 漏洞扫描。针对各类 Web 应用漏洞进行扫描，覆盖 OWASP Top 10 及 WASC（Web 应用程序安全联盟）等主要标准定义的漏洞类型，通过专业的修复建议和报告，帮助客户解决 Web 漏洞问题。

——基线配置核查。支持针对各类操作系统、数据库、中间件等的配置基线进行核查，对标网络安全等级保护二级、三级基线配置模板，检查各类系统、设备的配置合规性。

——弱口令扫描。实现内网信息化资产不同应用弱口令猜解，通过对百亿级社工库字典进行大数据分析，形成高发弱口令字典，通过这些字典进行弱口令猜解。

(2) 第二阶段：深度加固建设内容

① 深度安全防御系统

深度安全防御系统以保障集团内网安全为目标，基于动态诱捕技术，为用户提供完善的内网安全解决方案。深度安全防御系统采用全新的主动防御架构，不以先验知识为防御基础，能够有效抵御未知威胁；通过构建动态变化的网络迷宫来增加攻击成本和代价，使攻击者无法定位和预测目标，从而降低威胁发生的概率；深度安全防御系统打造的网络迷宫具备不确定性、迷惑性和欺骗性等特性，大幅提升了网络自身的对抗能力和防御能力，扭转了传统网络防御天生被动的态势，实现了从被动到主动、从静态到动态的突破。

② 网络威胁情报联防处置平台

网络威胁情报联防处置平台用于监测阻断基于威胁情报的研判、预警和威胁拦截，并对互联网发起的恶意攻击 IP 进行全面阻断。实现一点监控、全网阻断、纵横防御、联防联控。

③ 部署 VPN 设备

部署两台 VPN 设备用于集团和分支单位组网需求。

部署 IPSec VPN 1000-GA-X 建立虚拟链路加密隧道，实现数据加密传输，保证网络数据传输的保密性、完整性。主要用于端到端通信网络的安全防护。

部署 VPN 1000-ME VPN 建立虚拟链路加密隧道，实现数据加密传输，保证网络数据传输的保密性、完整性。主要用于用户级通信网络的安全防护。

④ 安全管理平台

系统以集团 IT 资产为基础，以业务信息系统为核心，从监控、审计、风险、运维四个维度建立一套可度量的统一业务支撑平台，使得用户能够对业务信息系统实现可用性、性能及服务水平的监测，结合内外部威胁情报信息的事件、流、漏洞及安全配置分析、审计、预警与响应，风险及态势的度量与评估，以及标准化、例行化、常态化的安全流程管控，通过面向业务的主动化、智能化安全管理，最终实现业务信息系统的持续安全运营。

⑤ 网络安全监测运维

针对威胁信息和事件数量多、技术资源不足且经验难固化、设备孤立技术整合度低、安全保障政策法规要求高的情况，专业安全服务专家借助安全感知平台强大的设备对接能力及安全检测能力，对安全日志、流量进行分析研判并对发现的威胁进行定位。同时，安全服务专家对识别到的威胁进行响应，采取措施降低威胁可能造成的影响，并协助客户闭环处置安全事件。

(3) 第三阶段：重点提升建设内容

数据存储加密网关是一种高性能、具备虚拟化能力、采用前置代理非侵入式技术、为OLAP(联机分析处理)分布式数据仓库提供数据透明加密的设备，为OLAP分布式数据仓库所存储的重要业务数据和个人敏感信息提供密文存储和密文访问控制，为数据分析业务系统所存储的重要数据和个人隐私信息提供透明加密服务，保证集团数据存储安全。

### 5.5.3 案例亮点及应用价值

#### 5.5.3.1 亮点及应用价值

结合华阳集团实际业务情况及网络现状，不重复投资、充分“利旧”，全面提升了集团数据中心网络安全架构，通过开展等级保护测评工作，以“一个中心、三重防护”(安全管理中心、安全通信网络、安全区域边界、安全计算环境)、“三化六防”(网络安全保护“实战化、体系化、常态化”和“动态防御、主动防御、纵深防御、精准防护、整体防控、联防联控”)措施得到有效落实，建立基本网络安全保护良好生态，不断提升网络安全管理能力，达到三级防护要求。

着力构建安全管理中心，实现集团公司总部核心网络安全的报警、跟踪、分析、处理、溯源等全过程管理。

#### 5.5.3.2 示范效应

企业级网络作为专业性较强且保密性较高的网络体系，其有效构建不仅关系到企业在网络技术使用上的效率和准确性，还关系到企业商业信息的安全性和保密性。利用企业级网络，企业内部人员能够实现信息的实时沟通，并利用网络计算机系统进行企业信息的有效管理，大大提高了企业运行效率，实现企业发展的高效率和高质量。

① 降低信息安全风险，提高信息系统的安全防护能力。

② 满足国家相关法律法规和制度的要求。

③ 满足相关主管单位和行业的要求。

④ 合理地规避或降低网络安全风险。

⑤ 由被动式网络安全运维向主动型智能运维管理转变。

## 5.6 山西焦煤大型煤企集团级工业互联网平台建设及应用*

### 5.6.1 案例概述

#### 5.6.1.1 项目背景

山西焦煤集团生产设备数量较多，数据以及基础组件标准不统一，核心设备状态异常无法感知，设备运维效率低、成本高；生产类系统数据缺乏集中管理，各业务系统数据难以融合应用。随着智能矿山的不断发展，煤炭行业对网络的依赖程度越来越高，工控网受到网络威胁风险日益增大，受到勒索病毒、DDoS 攻击、APT 攻击、漏洞、恶意软件等网络攻击的频次明显增多。因此，建立集团级工业互联网平台，实现核心设备的集中统一管理，同步提升集团整体网络安全防护水平，是山西焦煤提升精益化管理水平、全方位推动企业高质量发展的迫切需求。

#### 5.6.1.2 实施目标

① 通过物联网、数据、AI 建模、机理建模、应用开发与管理和安全态势感知等六大平台的建设，搭建集团统一的工业互联网平台，为集团公司信息化、数字化建设提供基础平台支撑，保障集团所属各矿（厂）工控系统的网络

* 本案例一期具体内容由郝志伟、王昱舒、李吉军、马国强、郭超、李红耀等人于 2021 年 12 月完成。

安全，实现集团统一的网络安全监管。

② 建立智能化应用开发标准规范，通过平台数据与应用开发中间件的标准化，解决目前系统多、集成难、不好管理等问题，制定集团统一的数据、AI以及基础组件标准。

③ 通过对所属煤矿多元异构数据的采集、清洗、加工、存储等操作，汇聚形成集团大数据中心，支撑山西焦煤数字资产建设。

④ 按照网络安全与信息系统同步规划设计、同步建设实施、同步验收投运的原则，在建设工业互联网平台的同时同步建设安全态势感知平台，为工业互联网平台的安全稳定运行提供基础保障。

⑤ 通过安全态势感知平台实现从合规管理到威胁检测的演进，从已知的威胁检测到未知威胁检测的升级，从安全的被动响应到主动安全、安全自动化等安全业务快速闭环处理，促推集团公司整体网络安全水平的提档升级。

⑥ 通过对网络地址的重新规划，将原有的IPv4升级为IPv6，在缓解地址紧缺问题的同时，实现集团对内部IP地址的精准定位，提高集团的网络安全整体防护水平。

⑦ 平台通过对与集团企业运营相关的上下游供应商、应用开发者的协同联动，逐步构建形成山西焦煤工业互联网生态，持续增强集团公司在煤炭行业的核心竞争力。

### 5.6.2 项目实施

#### 5.6.2.1 场景特征

(1) 企业特点

作为大型国有煤炭企业，山西焦煤集团所属煤矿较多，信息化建设起步较早，各煤矿单位自行建设了部分业务应用系统，但各业务信息系统间相互孤立，信息孤岛现象严重，全集团业务的横向协同较少，无法支撑数据的有效共享和业务的流程联动。

(2) 行业特点

煤炭行业是国家经济发展的重要支撑，同时也是境内外各类敌对势力的重点攻击对象，网络安全威胁较大。而煤炭生产网络主要由工业以太网构成，其生产过程控制大多采用 DCS、PLC 等控制系统，且以国外厂商为主。

(3) 网络特点

集团总部建设有自己的私有云平台，实行对网络的分区管理，主要分为互联网接入区、核心交换区、办公接入区、多媒体服务区、能源云平台区等多个网络区域，但存在网络安全投入不足、系统不够优化等问题，网络拓扑图如图 5-7 所示。

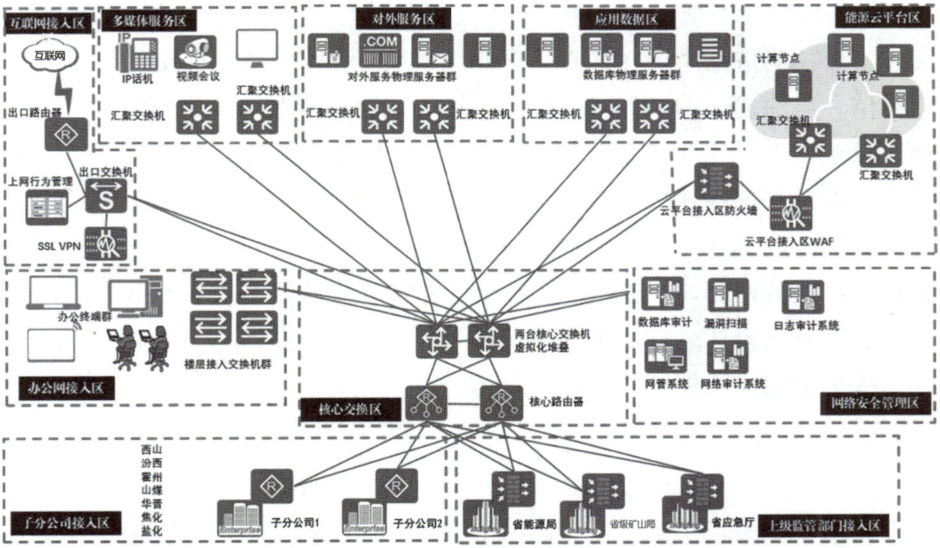


图 5-7 原网络拓扑图

### 5.6.2.2 需求分析

(1) 集团管控力度较弱

受过去管控方式的影响，集团公司对三级矿（厂）的管控较为困难；同时，由于煤矿井下生产工作面条件较为恶劣，集团公司亟待通过信息化、数字化建设，推进实现井下无人少人化，在改善职工工作条件的同时增强集团的管控力度。

(2) 集团网络环境复杂

随着信息化、数字化技术的快速发展，纵向网络数据交互能力要求越来越高，横向网络也越来越开放，原有众多网络的传输安全隔离被打破，集团公司网络环境趋于复杂。

(3) 集团网络安全较薄弱

集团网络安全事件时有发生，现有的安全防御多以被动防御为主，缺乏对未知威胁的预测预警。集团总部网络核心交换区与子分公司及上级监管部门接入区间缺少必要的安全防护手段；当前所采用的 IPv4 地址存在全球地址短缺、与各子分公司间难以互访等问题。

(4) 工控网安全难以保障

工业控制信息系统在日常生产运营和维护中，存在随意使用 U 盘等移动存储介质的现象，有可能将病毒、木马等威胁因素带入生产系统。国有大型能源企业 80%关键控制系统依靠进口，核心技术受制于人，且面对国外设备的技术黑盒现状，缺乏有效手段检测软硬件存在的后门与漏洞，为能源企业安全生产埋下隐患。因防病毒软件对主机设备的内存占用较大，为避免影响主机设备性能，现场主机设备存在未安装防病毒软件的情况。各类生产控制设备在设计时较少考虑安全性，存在较多安全漏洞。能源智慧化的发展催生了系统间更多的互联、互通需求。

#### 5.6.2.3 对策与措施

(1) 搭建工业互联网平台

为满足集团公司精益化管理需求，提高设备的使用效率，对分布于各个矿(厂)生产设备的运行状态进行实时监测、动态管理，以解决当前各生产系统数据集中度低的问题，山西焦煤集团以物联网为基础，通过统一开发框架和中间件组件、建设工业级时序数据库等方式，构建了工业互联网平台，实现对设备的在线管理、实时监控、故障诊断、安全管控等功能。平台自下而上共分为行业设备层、边缘层、IaaS 层、PaaS 层和工业 App 层等五个层面，其中边缘层由物联网平台与数据采集组件组成，PaaS 层由通用 PaaS 平台、工业 PaaS 组件、大数据平台、应用开发与集成平台组成。

通用 PaaS 组件提供的是基础的技术服务组件，平台整体基于微服务架构，提供统一开发框架和微服务治理平台，通过统一服务网关进行应用分发和管理。

工业 PaaS 组件是面向实际应用场景的开发建模组件，包括机理建模、AI 建模、组态绘制平台、趋势分析控件等内容，组件融入行业知识库，具有行业属性，可以为设备管理、数据分析、经营决策等智慧化场景提供专业组件支撑。

工业大数据平台包含数据集成组件、时序数据库、关系数据库及各类分布式存储系统，支持云化部署，且为应用开发提供统一的数据访问接口。

应用开发与集成平台为应用开发提供较为完善的组件支撑，基于组件开发的工业 App 可一键上架并进行应用分发、统一管理；同时平台提供系统间数据集成交换标准组件，支持灵活的应用方案集成，帮助企业快速实现各应用的统一集成管理。

平台采用两级架构、三级应用的模式进行部署，即在集团总部部署工业互联网集团端平台，在各煤矿、选煤厂、电厂部署工业互联网矿（厂）端平台，二级公司不再部署，采用 RBAC 方式共享集团端平台。工业互联网平台架构如图 5-8 所示。

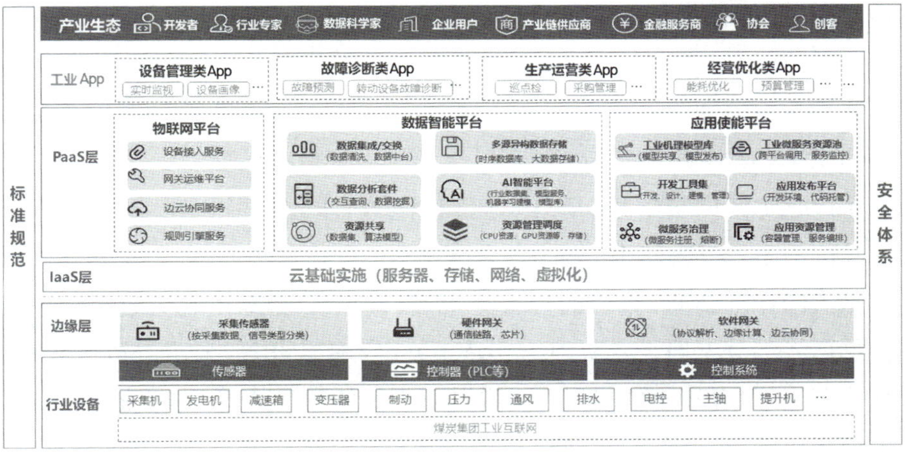

图 5-8　工业互联网平台架构

(2) 构建网络安全体系

作为工业互联网平台的重要支撑和保障，网络安全体系由安全态势感知平台、IPv6 升级和等级保护合规设备改造构成。

① 安全态势感知平台

安全态势感知平台是工业互联网平台的子模块，为系统提供重要的安全保障。按照“设备自身感知、数据就地采集、平台统一管控”的原则，在集团所属各煤矿、选煤厂、电厂的生产控制区（安全Ⅰ区、安全Ⅱ区、中控区、洗选中心网、工业信息网）与办公区［管理信息区，含 MES（制造执行系统）、MIS（管理信息系统）等系统］相应系统中部署工控安全流量日志分析系统，同时，新建安全区，部署工控统一安全管理平台。平台利用大数据采集、存储、分析等技术，对所采集的各类安全数据进行关联分析，再通过可视化技术，实现各类威胁事件行为、系统脆弱性的可视化展示。本平台支持对矿（厂）系统安全的整体展示、态势感知、攻击事件溯源及对潜在威胁的预警。

矿（厂）生产控制区与办公区分别采用 VPDN（虚拟专用拓号网）专线独立传输数据至集团侧平台，专线间进行物理隔离，确保数据传输安全。

安全态势感知集团侧平台，在对集团办公网进行流量监测、分析的同时，对从各矿（厂）收集的海量安全数据进一步进行关联分析，并对各种威胁事件行为、系统脆弱性进行可视化展示，实现对全集团网络安全实时情况的态势感知、全貌展现、攻击事件溯源及对潜在威胁的预测预警功能。安全态势感知平台架构如图 5-9 所示。

② IPv6 升级改造

为优化集团网络结构，提升集团网络防护能力，缓解 IPv4 私网地址数量不足的问题，集团总部对网络进行了 IPv6 升级改造。与 IPv4 相比，IPv6 具有更大的地址空间、更快的传输速度、更高的安全性和更优的可扩展性，集团总部将部分老旧设备更换为支持 IPv6 的网络设备，采用双协议栈技术实现从 IPv4 到 IPv6 的过渡，后续将对全集团的网络进行 IPv6 全替代，对网络地址集中规划、统一分配，确保 IP 地址下发至基层矿（厂），为网络安全管理提升奠定坚实基础。

③ 等级保护合规设备改造

为加强集团网络的综合安全防护能力，保障工业互联网平台的平稳运行，集团总部分别对互联网接入区、能源云接入区、核心网络交换区进行了等级保护合规设备改造。

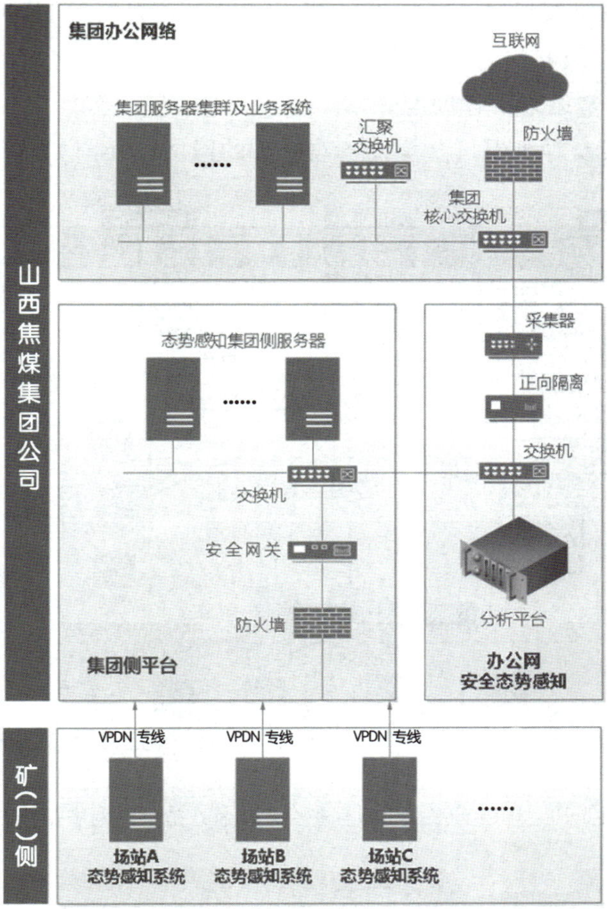


图 5-9 安全态势感知平台架构

a. 互联网接入区。在互联网出口部署 IPS,针对有特征的攻击行为进行阻断;部署上网行为管理设备一套,用于记录网络内的上网流量行为,实现内网的流量控制;部署一台 WAF,记录并拦截来自互联网对内部网的 Web 类攻击行为。

b. 能源云接入区。在能源云接入区部署两台防火墙,实现能源云平台内各业务系统的访问控制;部署 WAF 及 IPS 各两台,采用负载分担运行方式实现对 Web 攻击和有特征攻击行为的阻断。

c. 核心网络交换区。旁挂 IDS 和 Web IDS，对网络内横向流量进行分析，对 IPS 无法阻断的入侵行为进行预警；旁挂堡垒机一台，解决能源云平台服务器的日常运维审计问题。

IPv6 升级及等级保护合规设备改造后的网络拓扑图如图 5-10 所示。

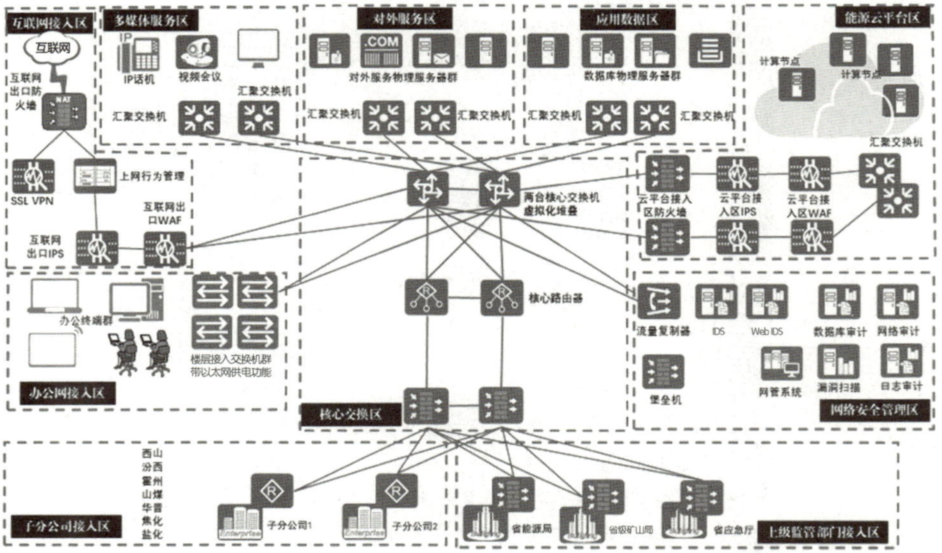


图 5-10　IPv6 升级及等级保护合规设备改造后的网络拓扑图

### 5.6.3　案例亮点及应用价值

#### 5.6.3.1　案例亮点

① 建立了海量数据采集、预处理、存储技术，制定了数据采集技术标准，实现了多源异构数据的存储。

② 将整个集团关键设备的总体情况、关键指标、异常信息，简明直观地呈现出来，满足集团领导、设备管理专家、故障诊断专家的监视分析、生产调度及辅助决策的需求。

③ 建立了工业互联网应用开发标准规范，制定了全集团统一的数据、AI 以及基础组件标准，通过平台数据与应用、开发中间件的标准化，融合物

联网、大数据、人工智能、工业建模等核心技术，实现了对数据、资源、应用系统的统一管理，形成了基础共性技术服务，结合机器深度学习设备长期运行中积累的数据，提高了故障判断预警的准确性，实现了设备故障的预测预防，有效提升了集团数字化服务能力与核心竞争力。

④ 建立了“感知→互联→分析”的基本运行框架，形成了空间数字化、信息集成化、设备互联化和控制网络化的管理模式，为实现煤炭行业全生产要素、全产业链、全价值链的全面连接，为构建涵盖煤炭生产、物流、消费等领域的工业生产制造和服务体系奠定了基础。

⑤ 安全态势感知可健全矿（厂）安全防护体系，推动网络安全管理从“静态布防、边界监视”向“实时管控、纵深防御”转变，全面实现“外部侵入有效阻断、外力干扰有效隔离、内部介入有效遏制、安全风险有效管控”的防控目标。

#### 5.6.3.2 经济价值

工业互联网矿（厂）端平台实现了矿（厂）端各类数据的统一采集与集中存储，并按照《煤矿事故风险分析数据采集规范》(DB14/T 1726—2018)进行规范化处理，可充分满足各级单位、部门等数据采集上传需要，避免重复采集、重复投资。据不完全统计，通过对集团煤矿数据统一采集、统一上传，单矿数据采集成本可至少降低 100 万元，整个集团的信息化投资可节省约 1 亿元。

#### 5.6.3.3 行业示范效应

以山西焦煤工业互联网平台为基础，可构建煤炭行业工业互联网应用生态，布局互联网与设备生态圈，业务覆盖经营管理、生产管控一体化、数据采集与存储、设备故障预测与诊断、能耗优化、健康评估、运行优化、供应链管理等，形成全产业链的大生态系统。提升资源配置和专业技术服务能力，实现价值提升，赋能企业数字化转型，为企业带来更可观的经济效益，同时为煤炭行业探索出更多新的管理模式和商业模式，形成行业可推广、可复制的应用经验，具有较好的行业示范效应。

# 5.7 徐矿集团多云架构网络安全体系建设*

## 5.7.1 案例概述

### 5.7.1.1 项目背景

徐矿集团作为江苏省属唯一实体型能源集团，围绕保障江苏能源安全的整体战略，以"五满理念"引领，按照"一个基础，四大平台"战略指引，积极推动数字化战略转型。自2020年以来，按照"云网边端"全面融合的思路，统筹全局、整合资源、挖潜价值、全面赋能，加快推进管控数字化、生产智能化、业务协同化、产业生态化、数据资产化，重点关注煤矿智能化建设，全面推动煤炭领域工业设备上云、调度数据上云、经营内控数据上云，打破数据孤岛，打造徐矿数字化资产的"底座"，初步构建了承载全集团煤炭板块的专属云平台"徐矿产业云"，强化IT资产全面融合接入，对服务器、存储、网络等进行统一数字化云管理，实现了13条专线接入，2家煤炭子公司生产数据全面上云，剩余6家煤炭子公司数据具备纳管条件，"徐矿产业云"为集团煤炭板块提供智能数据接入和分析决策的支撑能力。

### 5.7.1.2 实施目标

从"应用上云"到"应用生于云、长于云"，徐矿产业云的"1+N"多云协同体系已成趋势。伴随业务迁移上云，首要完成的是搭建一套满足合规要求的云计算平台，与此同时网络安全必然配套多云和云原生场景，以应对新场景安全挑战，加快信息资产、网络配置、安全态势的统一运维体系建设，云安全需要适配业务的全生命周期，重点需要提供服务化编排以及监测运营能力。构建徐矿集团多云架构网络安全体系，以安全资源池方式进行部署，提供从安全接入到整体安全运营的全生命周期安全服务，避免停留在安全设备简单堆叠的传统安全资源建设模式，高度重视信息安全保密与网络安全风险防控，着力平衡好技术创新与风险、网络开放与安全、数据挖掘与隐私

* 本案例具体内容由陈宁、陈伟东、陆立康、邓昆、杨晓东、何炳源等人于2021年12月完成。

保护的关系，重点提升合规管理、简化运维、凸显价值和持续优化四种能力，为徐矿数字化转型构建稳固的根基，有效节省投资成本、缩短应用上线时间、降低运维复杂程度。

### 5.7.2 项目实施

#### 5.7.2.1 场景特征

徐矿集团多云体系存在两种应用场景，基于淮海大数据中心的"徐矿产业云"和部署现场边缘计算的"驻地云"。徐矿产业云实现资源的统一运维管理，有效提升资源使用率。数据中心整体能力依托徐矿淮海大数据T3+级别的数据中心，在独享计算资源的模式下，快速构建满足核心业务系统高性能需求的数据中心，且在多云的形态下保证了数据中心资源可弹性扩容。多云架构大幅降低运营成本，实现轻资产数据中心战略，采用多云的模式构建数据中心，能够有效降低数据中心设备、运营人员、场地等投入，数据中心整体建设成本得到有效控制。围绕多云场景的数据流量北向需求，云安全服务平台能够和云管平台实现对接，API目录被云管平台集成，同时云安全服务平台通过和应用集成平台对接，为第三方应用提供安全防护能力。在"驻地云"场景下业务上线时需要对服务能力进行编排，将云安全服务平台作为中间承载平台，通过云管平台直接和云安全服务平台进行联动，实现对多云体系整体安全的编排。

#### 5.7.2.2 需求分析

大量数据入云，网络安全日益敏感，云平台通过接口服务提供敏捷、自助式的高效资源交付方式，享受数字化融合的高效和便利同时，传统的网络安全解决方案存在失效的问题。围绕云资源安全治理，特别是多云条件下，针对安全资源分配需要、网络安全边界模糊界定、云资源合规合法使用、安全基线统一检验标准界定等情况，必须按照云部署方式统一布局。

大量设备准入安全风险是徐矿产业云的专有风险，徐矿产业云承载大量工业设备、视频设备、调度信息、生产信息、内控信息等联网监测系统，在进行信息传输时，面临许多安全问题，包括大量前端接入、设备资产难管理、接入难管控、生产网的安全风险不可视、视频数据安全性差等问题。生产网规模较为庞大,设备分布区域广泛,对于大量生产设备目前尚缺少统一的管理手段。同时,前端设备已经进入了边缘计算时代,一旦前端设备被入侵,只需要设置一个 IP 地址就可以进入徐矿专网,非法入侵者有可能找到新的攻击跳板,造成各级平台网络入侵和非法数据访问的可能。

5.7.2.3 解决思路

徐矿集团基于对企业上云的整体需求,云架构网络安全体系避免停留在安全设备简单堆叠的传统安全资源建设模式,重点提升合规管理、简化运维、凸显价值和持续优化四种能力。

(1) 合规管理。围绕多云架构网络安全体系,严格落实等级保护合规和云安全审查标准。等级保护合规细化为四大核心标准,分别是定级指南、基本要求、安全设计技术要求以及测评要求。这四个标准共同构成了网络安全等级保护 2.0 标准体系;云安全审查依托《信息安全技术 云计算服务安全指南》(GB/T 31167—2014)和《信息安全技术 云计算服务安全能力要求》(GB/T 31168—2014),重点审查关键信息基础设施运营者,对于云服务提供者的征信、经营基本情况、平台的稳定性、技术供应链安全、安全管理能力以及云平台的整体防护能力等提出明确的要求。在等级保护和云安全审查的两个合规需求推动下,合规能力从五个方面落地:一是安全能力网络虚拟化及是否适配云化业务;二是云平台的南北向安全;三是云平台的东西向安全;四是虚拟化层和宿主机安全;五是云管平台安全。

(2) 简化运维。传统网络安全防护存在误报多、高级威胁难以发现、分析能力弱、处置过程复杂、功能模块复杂、逻辑设计不合理等问题。多云架构网络安全体系重点提升快速发现问题的能力,从复杂的网络环境和庞大的 IT 系统中找到问题,有效应对黑客攻击。提升快速分析问题的能力,通过大数据分析和可视化技术辅助决策分析全局安全态势情况,具备对未知威胁、高级威胁和新型威胁的检测分析能力。提升快速解决问题的能力,具备较高自动化水平,能智能对抗黑客攻击手段,规范事件处置流程,提高事件处置效率,建立应急响应流程,降低新人运维难度。

(3) 凸显价值。建立体现整体安全运营价值和安全运维价值的机制,同时能够为企业数据决策提供支撑。多云安全体系建设实现了云资源弹性部署，轻资产化运营，大幅减少了数据中心设备、运营人员、场地等投入，降低了整体建设成本。

(4) 持续优化。云安全运营过程是一个持续性发现问题、分析问题、处理问题的动态过程。持续提升安全能力，不断提升对已知威胁、未知威胁以及高级威胁的检测能力，应对黑客不断增强的攻击能力；持续优化运营机制，进一步简化运营流程，提高运营自动化水平。

5.7.2.4 对策与措施

徐矿集团多云体系的安全策略处置管理分事前、事中和事后三个阶段。

(1) 事前。需要通过云安全服务平台和各云平台实现对接，管理不同云平台内整体的安全组件。同时云安全服务平台对接云平台原生安全组件，通过内置策略模板校验策略安全性，集中调整安全配置，避免合规风险。

(2) 事中。重点在于事件和流量的统一收集、态势分析以及呈现。

(3) 事后。基于风险事件定位，利用云编排响应功能下发网络、主机、配置编排策略，下发各类型安全控制点执行，反馈处置结果，实现多云安全事件闭环处置。

徐矿产业云加强云资源审计和检查，通过安全合规性、监管要求、配置安全基线，日常工作重点检查：标签资源是否完备、符合规范，安全组是否开放了高危端口，虚拟机是否为黄金 AMI(一种使用亚马逊云计算服务时创建的机器镜像)，业务是否考虑跨多区域，磁盘加密可靠性，虚拟机挂弹性 IP 使用问题，部署主机 IDS 工具，OS 级别的基线检查手段。多云环境中，业务类型更多样，变化更频繁，同时业务和安全管理责任人更广泛，权限更难梳理。全面梳理受保护的安全资源，含网络、主机、虚拟机资源，做好资源台账，设置网络聚合组，核心交换机做路由引流，业务流量引流至安全资源池，流量经过安全组件，确保合规类组件数据可达，非控管理数据走管理交换机穿透；云化上线后，创建使用方和安全资源应用，配置安全策略，从核心交换机将用户的流量通过策略路由引流到安全资源池，确认上线后流量经过安全资源池。围绕虚拟机分配，分批将云化主机流量引流至安全资源池，配置对应东西向安全隔离策略以及南北向安全防护策略。根据“云化安全资源分配方案”“应急演练方案”进行安全资源部署和应急演练，重点规范主机故障、网络故障、安全组件故障、系统故障等情况，格式化处置安全流程。

### 5.7.3 案例亮点及应用价值

（1）徐矿集团多云架构网络安全体系以安全资源池方式进行部署，能够提供从安全接入到整体安全运营的全生命周期安全服务，对虚拟机用户申请的安全服务包进行全局情况展现、运营自助管理，解决传统网络安全架构无法解决的问题，全面满足云化新 IT 架构的需求。

（2）徐矿集团多云架构网络安全体系具有平台解耦、广泛适配、安全资源池与云平台管理完全解耦和旁挂部署、通过路由引流进行 VPC 网络打通的能力。多云安全主机通过部署安全资源池平台，融合下一代防火墙、上网行为管理、SSL VPN、数据库审计、堡垒机、日志审计、配置核查及应用交付等各类硬件设备以软件形式灵活提供，可以按需分配安全组件的规格和类型，以软件定义安全的方式进行弹性化部署，极大地节约了部署成本，围绕云安全资源统一管理，可扩展性强，便于日常维护。

（3）徐矿集团多云架构网络安全体系高度重视信息安全保密与网络安全风险防控，着力平衡好技术创新与风险、网络开放与安全、数据挖掘与隐私保护的关系，加强数据安全防护及大数据安全可信区能力建设，落实数据分类分级管理。打造极简、稳定、高性能的超融合安全新架构，包含产业云、驻地云的安全整体解决方案，为徐矿数字化转型构建稳固的根基，有效节省投资成本、缩短应用上线时间、降低运维复杂程度，解放了生产力。上线至今，安全运维人员的处置能力得到逐步提升，网络安全态势逐渐明朗，安全工作主动可视、持续有效。徐矿集团多云架构网络安全体系建设广泛适配大型能源集团新建、已建、扩建的云安全建设场景，具备较好的应用推广价值。

# 5.8 铁法能源公司网络安全管理系统建设*

## 5.8.1 案例概述

### 5.8.1.1 项目背景

铁法能源公司基础网络架构虽已建设完成，但并没有其他有效的网络安全监控手段。面对不断进化的病毒、木马，以及多元化的网络攻击手段等，想保证铁法能源公司网络安全几乎是不可能的。当前网络中充斥大量的P2P(点对点技术，也称为对等互联网络技术)，占用本就不富裕的公网带宽，使得如视频会议、收发工作邮件、OA系统等业务需求无法满足，造成业务效率低效。存在非法终端接入、上网行为不规范、发布违法言论的帖子等行为，且无法定位涉事人员。对公司网络攻击业务区服务器更是没有有效的防御手段。

为了加强对互联网的控制和管理及企业内部网络的安全，对铁法能源公司基础网络架构进行安全升级。

### 5.8.1.2 实施目标

铁法能源公司网络庞大且复杂，拥有上万用户。面对如此复杂的网络环境所引发的问题无法通过传统的网络安全防护手段实现，必须通过云安全服务、防火墙、IPS、WAF、上网行为管理系统、日志审计系统等安全监控产品来解决。

通过构建铁法能源网络安全系统，可以对铁法能源网络安全实现以下目标：

① 保障业务需求带宽，提高业务效率。

② 保障公司信息安全，防止机密信息、文件泄露。

③ 避免网络违法、不健康行为，导致公司面临风险。

---

* 本案例具体内容由李鑫、李向廷、常鑫、赵爽、王哲、王婧、老世强等人于2021年10月完成。

④ 追溯定位违法、泄密的涉事人员。

⑤ 规避计算机、手机等终端带来的木马、病毒程序对局域网的侵害，导致业务中断等问题。

⑥ 对突破防火墙的攻击有防御手段。

⑦ 实现重要的业务区域有安全防御手段。

⑧ 及时监测设备状态，对产生的安全事件进行集中审计处理。

### 5.8.2 项目实施

#### 5.8.2.1 场景特征

铁法能源公司网络庞大且复杂，面对网络环境所引发的问题，现有的防护设备（防火墙）无法满足对不断进化的病毒、木马以及多元化的网络攻击手段的防护工作，缺少对网络安全有效监管。无法在发现攻击行为时准确定位攻击源，不能在不影响生产任务的情况下阻断攻击行为。

① 防护设备。铁法能源公司现有的防护设备仅有防火墙对网络进行整体防护工作。防护功能并不全面，防护效果单一。无法满足铁法能源公司复杂的网络环境。

② 网络监管。铁法能源公司现有的防护设备无法细致监管网络。防火墙只能以整个分公司或部门为单位来监管网络流量。不能精确地监管到每台计算机网络数据流量。

③ 精准定位。在发现攻击行为时，防护墙设备无法准确定位到计算机。只能查到分公司或部门数据流量的异常行为。虽然可以阻断攻击行为，但是不能精确阻断攻击，只能整体阻断分公司或部门的网络。这样必然会影响该分公司的生产任务。

#### 5.8.2.2 需求分析

铁法能源公司网络规模庞大，结构复杂，网络中运行着各种各样的主机和应用程序，使用了多种网络设备；同时，由于多种业务的需要，又和许多其他网络进行连接。相对于过去的局域网、主机环境、单机环境，安全问题变得越来越复杂和突出。面对如此复杂的网络状况，铁法能源公司建立网络安全监控需要解决以下问题：

① 外部网络连接及数据访问。由于业务的需要，网络与外部网络进行连接，这些连接的安全威胁主要集中在内部网络和外部网络之间的连接为直接连接，外部网络可以直接访问内部网络的主机，由于两者之间没有隔离措施，内部系统较容易遭到外部网络攻击。

② 内部网络安全。铁法能源公司内部网络上的用户众多，内部网络上面运行着多种应用，其中包括网站系统、办公自动化系统、邮件系统等。网络管理员应拥有有效的工具，在不影响网络正常工作、不降低系统工作效率情况下，及时了解网络安全状况，及时发现并关闭非法应用，保障网络的安全。

③ 缺乏有效的追查手段。没有绝对安全的网络，攻击行为一旦发生，最重要的问题在于怎样减小损失和追查攻击来源。一旦发现有攻击行为，必须马上采取相应的对策，如关闭有关服务、切断物理线路的连接等。有些攻击行为相当隐蔽，攻击发生之后很长时间才会被发现。追查攻击行为发起者，通过追查攻击来源，记录攻击行为的全过程，为调查工作提供依据。

#### 5.8.2.3 对策与措施

通过云安全服务来分析外网访问内网服务的流量的安全性，通过云端病毒库、代码特征库等，来保障外网访问内网服务的流量是安全的。在互联网访问出口部署一台防火墙，作为保证铁法能源公司网络安全的第一道屏障。在防火墙下联部署 IPS，拦截突破防火墙的有害攻击。在 IPS 下联部署 WAF，对公司的重要业务区（服务器区）实施强有效的安全保护。通过串联在核心交换机与 WAF 之间的上网行为管理设备，对内网用户的上网行为不规范的问题进行管控。通过与核心交换机并联的日志审计设备和态势感知平台对内网服务器所产生的安全事件集中管理并且审计，及时监测业务的运行情况，并对安全事件加以处理。通过以上网络安全监控产品组合，可有效保证铁法能源公司网络的安全。

通过构建铁法能源网络安全系统，铁法能源网络安全实现以下目标：

① 保障业务需求带宽，提高业务效率。

② 保障公司信息安全，防止机密信息、文件泄露。

③ 避免网络违法、不健康行为导致的风险。

④ 追溯定位违法、泄密的涉事人员。

⑤ 规避计算机、手机等终端带来的木马、病毒程序对局域网的侵害，导致业务中断等问题。

⑥ 对突破防火墙的攻击具有防御手段。

⑦ 实现重要的业务区域具有安全防御手段。

⑧ 及时监测设备状态，对产生的安全事件进行集中审计处理。

铁法能源网络安全系统建设的主要内容：

① 云安全服务分析外网访问内网服务的流量的安全性。云安全服务器具有网站攻击防护、DDoS/爬虫攻击防护、CDN（内容分发网络）加速、网站只读/全站镜像（降低篡改概率）、网站安全告警、安全可视化、统一安全管理等多维度的安全能力于一体的综合防护功能。

② 互联网访问出口部署防火墙。防火墙基于预定安全规则来监视和控制传入和传出网络流量的网络安全系统。计算机流入流出的所有网络通信均要经过此防火墙。防火墙对流经它的网络通信进行扫描，这样能够过滤掉一些攻击，以免其在目标计算机上被执行。防火墙关闭不使用的端口，禁止特定端口的流出通信，封锁特洛伊木马，禁止来自特殊站点的访问，从而防止来自不明入侵者的所有通信。

③ 下联 IPS。IPS 是一种安全机制，通过分析网络流量，检测入侵（包括缓冲区溢出攻击、木马、蠕虫等），并通过一定的响应方式，实时地中止入侵行为，保护企业信息系统和网络架构免受侵害。

④ 下联 WAF。WAF 是集 Web 防护、网页保护、负载均衡、应用交付于一体的 Web 整体安全防护设备。

⑤ 下联上网行为管理设备。上网行为管理设备控制非法信息恶意传播，避免企业机密、商业信息、研究成果泄露；并可实时监控、管理网络资源使用情况，提高整体工作效率。上网行为管理用于内容审计与上网行为监控、上网行为管理的网络环境中，尤其是需要按等级进行计算机信息系统安

全保护的单位。

⑥ 并联日志审计设备和态势感知平台。日志审计设备能够实时不间断地采集汇聚企业中不同厂商不同种类的网络设备、主机、操作系统、用户业务系统的日志信息，协助用户进行分析及合规审计，及时、有效地发现异常事件及审计违规。态势感知平台是通过收集各类安全日志，实时监控网络流量，利用大数据实时分析，采取主动的安全分析和实时态势感知，快速发现威胁，控制威胁。

### 5.8.3 案例亮点及应用价值

网络安全是一个关系到企业内部数据安全和稳定的重要问题，在信息时代，网络安全对企业安全牵一发而动全身，同许多其他方面的安全都有着密切关系。没有网络安全就没有企业安全，经济就难以稳定运行，企业利益也难以得到有效保障。

通过部署云安全服务、防火墙、IPS、WAF，对铁法能源公司近百台服务器进行了安全防护，保护了铁法能源公司内部信息资产，防止来自外部的攻击行为，保护了企业对外网站，降低和规避企业风险，建立符合国家等级要求的信息安全体系，提升企业品牌形象和社会形象。

通过部署上网行为管理设备、日志审计设备、态势感知平台设备，对员工的上网行为进行管理规范，大大提升了办公效率，并杜绝了垃圾病毒网站的传播。通过对关键字的过滤，对员工的发帖言论进行管理，提升企业社会形象。通过部署日志审计、态势感知平台。防止企业内外部员工有意无意地泄露信息，提高员工信息安全意识，减少信息泄露和错误造成的企业损失，进一步增强市场竞争力，降低法律风险；对文件的解密日志进行审计，以满足审计取证等要求。

企业信息安全是为企业的业务发展目标服务的，所有的管理和技术手段，都是为了保障企业的业务更好地运行，防止企业的资产遭受损失，降低企业的信息安全风险。

# 5.9 淮河能源集团网络全流量监测分析应用*

## 5.9.1 案例概述

### 5.9.1.1 项目背景

为响应国家对煤炭行业智能化发展的建设要求和新一代信息技术在煤炭行业的应用,淮河能源集团在原有信息化基础上规划和建立了一套较为完善的网络体系。随着网络规模的升级扩容,现已形成以十万兆主干环网、万兆接入网为基础的多业务融合架构,使得集团信息网络安全的管理工作愈加复杂和烦琐,尤其是在当前安全形势下,网络攻击的产业化、集团化趋势明显,网络威胁种类也更加复杂多变。为应对网络威胁,淮河能源集团实施分级分域安全管理,在不同区域部署了相应的安全防护设备,如防火墙、防毒墙、网络准入、行为管理、抗攻击、终端防护等网络安全设备或系统,形成了一套较为完善的网络安全监控和防护体系。

这套体系可以有效应对常规的网络攻击,但随着 0-Day 漏洞的增加、APT 攻击频发,安全防护的重点不再只局限于终端或边界,而是需要多区域、多节点相互配合协同作战,将之前被动的防御方式和手段变为主动与被动相结合的防御。这需要改变安全防护理念,建立一套自适应的安全框架模型,模型主要包含 4 个部分:预测、防护、检测和响应。自适应安全体系架构如图 5-11 所示。

要建立完善的自适应安全体系,除了终端和边界外,还需要一条联系两者的纽带——流量。终端、业务、系统有效地运行,需要依托于流量进行传播,同时只要是网络攻击就会产生流量,流量是分析网络攻击事件最有效也是最重要的手段。

在此基础上,在集团十万兆核心骨干网节点处部署了流量采集设备,借助全流量存储分析,对交互流量进行多维度、多方向的深度检测;识别和发

* 本案例具体内容由张龙旗、沈立君、钮超、刘志峰等人于 2020 年 12 月完成。

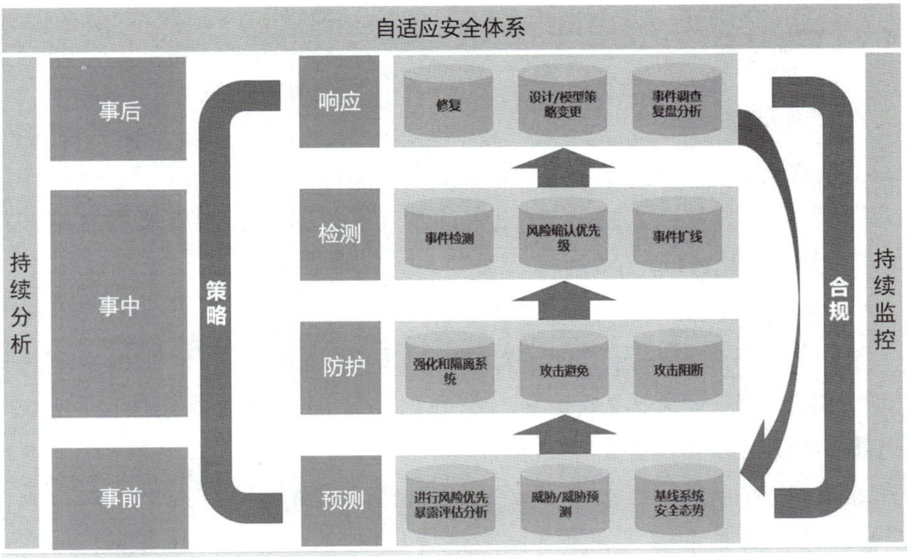


图 5-11　自适应安全体系架构

现多种已知和未知的安全威胁，并依据分析结果在终端和边界防护设备进行有效防御，从而提高整体网络安全。

### 5.9.1.2　实施目标

本项目实施目标主要从流量分析的角度，逐步完善网络信息安全和业务运营监控体系，从而提升网络信息安全管理水平。具体目标包括：建立完整的网络安全分析机制、构建网络和业务运行可视化分析和全业务链实时监控体系、搭建主动的精细化的网络安全和业务运行监控分析平台。

通过网络流量采集分析设备的多重关联、多维度分析功能，能够在网络攻击的事前、事中、事后进行主动监测，同时辅以数据取证和溯源组件，结合目前网络中终端和边界的安全设备，构建一套适用于集团的自适应安全框架，形成以预测、防护、检测和响应于一体的动态安全防御体系。通过安全体系的建设，显著增强集团网络和业务安全稳定性，提高整体网络的安全防御能力和故障应急处置能力。

### 5.9.2 项目实施

#### 5.9.2.1 场景特征

淮河能源集团整体范围覆盖总部、板块公司、厂矿单位等多层级、多区域，具有网络结构复杂、数据交互量大的特点。针对当前网络架构总结归纳为以下两点特性。

(1) 网络结构复杂

集团核心传输网络采用自建光缆形成100 Gbps主干环网，由4个主要节点(洞山、潘集、蔡家岗、顾桥)构成，目前传输网已经覆盖集团公司总部、服务支持机构、各板块公司及其所属单位；集团外地单位采用了VPN专用加速通道，通过互联网和本部形成专有加密连接；外地办公或出差的个人使用SSL VPN认证的方式和本部网络进行连接，从而访问内部资源。

整体核心网络架构由集团核心网络、各单位核心网络、三大集团级数据中心及各单位数据中心等区域或模块组成，洞山数据中心又划分了VPN专网区域、互联网出口区域、核心业务区域等多个区域。洞山数据中心主要负责集团公司层面的业务和应用，潘集数据中心主要负责本土煤业公司、燃气集团等板块公司及其厂矿单位层面的业务和应用，山南数据中心主要负责平安工程院、大数据平台应用以及集团集成平台备用服务器、财务共享中心等系统。目前集团各类业务应用涉及安全生产经营管理方方面面，整体网络规模大，结构复杂。集团网络架构拓扑图如图5-12所示。

(2) 管理难度大

由于集团网络规模大，覆盖地域广，板块公司和下属单位众多，而各单位的网络安全建设和业务重点互有不同；同时各单位人员情况复杂，不同员工归属不同部门，对网络信息化、网络安全的需求和认知参差不齐，部分人员的网络安全意识淡薄；并且随着煤炭行业智能化发展，5G技术、云网融合等新一代信息化技术的使用，业务系统规模日益扩大，业务融合的需求度越来越高，使集团整体网络安全管理难度越来越大。

#### 5.9.2.2 需求分析

① 解决骨干网络故障巡检和排障难题。随着网络架构的复杂化与多元

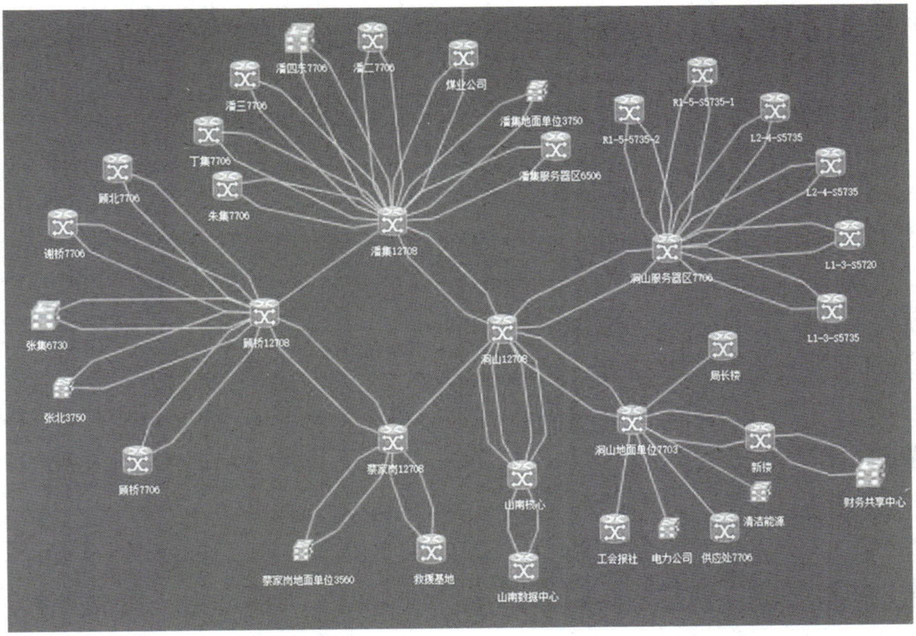


图 5-12　集团网络架构拓扑图

化，网络突发故障、间歇性网络问题发生的频率也随之增高，传统的运维手段无法快速定位网络故障，找到故障发生根源。

② 解决协同办公、集成平台、安全生产等系统的服务质量优化难题。孤立的监控应用和网络的性能参数，并不能直接反应生产业务的实际运行性能和状态。

③ 缺少集团骨干网络深入优化的参考性理论依据。针对目前环网的各项优化也在进行，但是由于各区域差异性大，需要实地调研才能了解真实的网络情况。通过对网络和业务的监测，实时监控网络和业务运行情况，通过可视化的界面实时反馈，及时了解各区域的具体需求，包括网络带宽、主机性能和应用交互能力等信息。

④ 防范互联互通带来的网络安全问题。集团网络规模大，互联互通节点多，攻击者会通过网络薄弱节点进行攻击，而且有经验的攻击者知道如何绕过大多数安全监控设备。针对集团的网络环境，其防御关键点是如何在这些攻击者试图绕过安全系统时，或已绕过安全系统但未造成更大损害之

前将其定位；除此之外，还需要对已感知的威胁、可疑线索和已知安全事件进行追踪、溯源、取证分析，通过还原攻击事件完整过程，深入了解事件严重程度和影响范围，做出正确的响应处置，实施有效的防御措施。

5.9.2.3　项目应用

（1）建设特点

① 网络和业务运维保障。通过在网络中分布式部署网络回溯分析系统（以下简称“NG 探针”），采集关键节点网络通信流量，分析统计网络和业务的性能指标，并将性能指标参数上传给业务性能管理系统（以下简称“UPM 中心”），实现网络和业务运行状态的监控，当网络或业务出现异常时，能够快速发现影响网络正常运行的性能参数，定位分析异常原因，及时发现和解决网络中运维问题，从而保障网络和业务的稳定运行。

② 网络和业务安全事件的监测、分析、追踪与取证。通过网络全流量安全分析系统（以下简称“TSA 探针”）采集关键节点的网络通信流量，并对网络流量进行深入的安全指标分析，从而快速发现和解决网络中的安全问题，找出造成网络安全事件的源头。另外，分布式部署的 TSA 探针会将分析出的安全事件集中上报给大数据追踪取证平台（以下简称“BFC 中心”），且该平台可以对网络安全事件的数据包进行存储，对重点资产进行监控，实现全网以及业务的安全管理。

（2）部署情况

根据集团公司网络和业务系统的特点和实际需求，在洞山和潘集两个核心节点部署 NG 探针采集数据，进行全面的性能分析，并通过 UPM 中心对关键业务进行智能化管理分析；使用 TSA 探针进行全面的安全分析，并通过 BFC 中心对全网安全事件进行统一管理；通过网络分流器（TAP 分流器）对网络流量进行分流处理。

（3）应用分析

① 保障集团网络的高效可用。通过回溯分析和实时监控，并引入流量指标监控体系，当环网出现网络风暴、蠕虫病毒或其他复杂网络问题时，利用流量的实时采集，各流量指标的精准排序，快速找到故障点和故障的具体原因，从根源上解决该问题，使监控网络恢复至正常运行标准。同时通过各

区域网络流量的多维度可视和多指标的监控，给出最合理的网络和业务优化建议。

② 对当前协同办公、集成平台等业务系统的服务路径进行可视化实时监控，从点到面全方位掌控整个业务的运行情况。实时监控终端到应用通过什么途径、什么协议进行传输，再分析应用调取数据库或其他组件时进行了哪些数据交互，形成终端、网络、应用、数据库全方位的数据流转监控闭环。

③ 加强安全“防控能力”。通过全流量的记录和分析，利用内置的检测规则可以对具有明确特征的已知攻击行为进行实时检测与预警，包括 DDoS 攻击、渗透扫描、漏洞利用、SQL 注入、恶意劫持、跨站脚本攻击等，可以看见内部的“已知威胁”；同时通过行为监控、深度的数据分析，能够对绕过防御系统进入到内网的各类未知威胁进行探知和预警，包括 APT 攻击、未知恶意代码攻击、成功的漏洞利用、失陷主机通信和可疑窃密行为等。

### 5.9.3 案例亮点及应用价值

网络威胁无处不在，流量是分析网络攻击最有效的手段之一，集团通过在对网络流量的可视化展示、协议识别、数据统计、会话还原、规则检测等数据分析及全量数据存储基础上，对流量、网络、警报日志及原始数据包等进行入库留存，结合网络行为建模、数据关联、在线解码等技术手段，帮助安全分析人员透视网络状况，快速发现异常，定位异常源，并实现对威胁事件深层次分析和研判。

同时，通过网络流量作为连接纽带，建立了多方数据协同联动机制，利用全流量、多维度为核心实现以数据为驱动的预测、检测体系，实现与终端、边界的防护设备的数据共享，建立高效、快速的响应机制，构建了一套适用于集团的自适应安全体系，帮助集团应对当前恶劣的网络安全环境。

通过建设全流量网络监控体系，实现了集团整网流量的实时监控，利用全流量的采集、存储、分析，结合主机、网络、业务、交易等多维度的指标参数分析，帮助集团运维人员梳理出集团网络流量组成和重点业务的逻辑架构；通过流量行为分析、流量特征分析，帮助集团网络安全人员及时发现网络中的已知和未知的安全威胁，提高了集团整体的网络运维和安全分析的能力，助力集团更好地完成智能化发展的建设要求和新一代信息技术的应用实施。

## 5.10 淮北矿业集团数据中心网络安全一期改造项目*

### 5.10.1 案例概述

#### 5.10.1.1 项目背景

淮北矿业集团数据中心设备使用年限较久、性能不足、技术落后，主要体现在出口边界防护、内网防护、虚拟化安全防护和部分应用安全防护能力不足等方面。

一是集团出口负载均衡、防火墙等安全防护设备性能和稳定性已经不能满足目前网络安全运行要求，出现多次因病毒攻击导致的 CPU 资源 100%、网络中断等问题，无法在互联网出口边界阻断病毒攻击。

二是集团数据中心防火墙板卡处理能力不足，导致经过该防火墙板卡的数据存在网络延迟问题，影响业务应用的响应速度。

三是集团数据中心虚拟化防护能力不足，无法对数据中心虚拟机操作系统漏洞进行修补，防范恶意代码、病毒等攻击行为能力不足。

四是集团网站平台防范恶意攻击能力差，在安全体系、管理功能、使用体验三方面存在弱项，需要升级安全功能，使之具备防范网页被篡改等安全功能。

五是集团企业邮箱建于 2003 年前后，已经使用近 20 年，目前存在技术路线老旧、无法扩展等问题，不能满足目前的文件安全和网络安全要求。

为保证集团网络信息安全，保障网络信息系统稳定运行，尤其是集团数据中心关键业务应用的高可用性以及数据的安全性，同时为落实网络安全等级保护 2.0 标准的有关要求，抓好网络安全管理，提高网络安全防护、处置

---

* 本案例具体内容由顾春雷、赵民飞、朱伟、朱良朋、崔怀成、李鹏等人于 2021 年 12 月完成。

能力,切实消除网络风险隐患,需要对淮北矿业集团网络出口区域、数据中心核心业务区域、DNS服务及重点外网网站进行安全加固。

5.10.1.2 实施目标

以集团的网络、重要服务器、核心业务系统等IT资产为保护对象,依据网络安全法律法规、网络安全等级保护要求和相关标准规范,实现从被动、静态、单点的网络防御到主动、动态、整体的网络防护转变,建设以提升安全能力为核心能力、以安全防护机制为处置抓手的安全防护技术能力,监测和阻断已知网络攻击和未知入侵渗透风险,防范来自外部和内部的多类型攻击,以安全保发展,以发展促安全,推动集团公司网络安全发展迈向新的高度。

通过网络安全项目的实施,提升集团应对内外部黑客、病毒等网络攻击的防护能力,助力集团各业务系统稳定持续安全运行。

### 5.10.2 项目实施

5.10.2.1 场景特征

随着综合业务的发展,使得集团越来越依赖使用信息化网络来承载其关键业务应用,更加依赖网络安全稳定运行,尤其是数据中心关键业务应用的高可用性以及数据的安全性。因此集团也越来越关注如何保证业务系统的7×24小时工作,保证业务的安全性、连续性访问。

集团建设了一套内部信息网络,除了要满足总部高效的内部办公需求,还应对外界的网络保证畅通。集团公司内部业务系统众多,网络连接着几十家厂矿分支机构,访问人员比较复杂,所以如何保证网络系统中的信息安全尤为重要。由于网络设备、计算机操作系统、网络协议等安全技术上的漏洞和管理体制上的不严密,都会使计算机网络受到威胁,因此已有的安全体系已无法满足淮北矿业集团的网络安全需要。

针对淮北矿业集团网络安全现状,急需对数据中心进行整体网络安全加固,进一步夯实网络安全基础,在突发安全事件时能够快速响应并解决。

5.10.2.2 需求分析

(1) 针对互联网出口区的防御较为薄弱。集团互联网出口区的防火墙已经使用超过8年时间，它自身的性能及稳定性已经在近期的网络出口中断事件中充分暴露了出来，在出现病毒攻击时，该防火墙的CPU使用率达到百分之百，从而导致集团公司外网出口网络中断，存在严重的安全隐患。另外，防火墙不具备网关防毒功能，无法在互联网出口边界对病毒进行查杀。

(2) 针对核心业务的防御较为薄弱。当前各基层厂矿通过集团环网接入到集团总部核心交换机上，集团总部通过核心交换机上的防火墙板卡进行边界防护。但是核心交换机上的防火墙板卡只具备传统三层防火墙的功能，无法针对七层威胁、新型威胁、恶意域名、恶意文件等进行拦截和过滤，防护能力相对薄弱，存在较大安全隐患。同时由于该防火墙板卡的处理能力不足，导致经过该防火墙板卡的数据存在网络延迟问题，影响业务应用的响应速度。

(3) 安全区域规划不合理。集团数据中心的日志审计、堡垒机、漏扫设备及交换机等设备所属运维管理区通过服务器接入交换机与集团核心交换机直连，数据中心业务区边界缺乏安全防护措施。另外数据中心网关全部集中于集团核心交换机上，集团办公区、业务区、维护管理区缺乏安全隔离手段，网络区域规划不合理。

(4) 数据中心虚拟化深度防御不足。集团数据中心现有的虚拟化安全防护系统只有防病毒组件功能，无法对数据中心现有的虚拟主机和虚拟系统实现恶意代码防护、访问控制、入侵检测与入侵防护、虚拟补丁和日志管理等功能。

#### 5.10.2.3 对策与措施

(1) 增强互联网出口及核心业务的防御能力。通过在集团数据中心互联网出口区和核心业务区部署下一代防火墙，融合多种安全模块，提供IPS、网关杀毒等功能，以此抵御数据中心的各类七层威胁，同时解决原设备性能不足导致的网络延迟问题。

(2) 使安全区域规划更加合理。通过划分安全管理区加强对集团数据中心的网络安全设备管理，将堡垒机、漏扫、探针、数据库审计、日志审计等检测类和审计类设备部署在此区域进行有效的安全检测和审计。

(3) 加强数据中心虚拟化深度防御。在现有的虚拟化安全防护系统基础上，增加安全加固模块（虚拟补丁、反侦察），从而完善数据中心虚拟化安全防护系统建设，实现恶意代码防护、访问控制、入侵检测与入侵防护、虚拟补丁和日志管理等功能。

### 5.10.3 案例亮点及应用价值

(1) 体现了分级防护的思想。本项目根据等级保护三级信息系统的基本要求和安全目标，采取具体的等级保护设计和实施办法，明确集团满足等级保护合规的主要防护策略和防护重点。

(2) 体现了框架指导的思想。本项目将安全措施、保护对象、整体保障等几个等级保护的关键部分和内容分别整理归纳为框架模型，利于在众多安全因素中理清等级保护的主线。

(3) 体现了分域防护的思想。本项目根据信息系统的访问控制要求，针对不同的保护对象进行合理地划分安全域。通过建立合理有效的边界保护策略，实现安全域之间的访问控制；在不同的安全域内实施不同级别的安全保护策略；针对不同等级的安全域之间的互联实现相应的保护。

(4) 体现了深度防御和主动防御的思想。本项目在对信息系统可能面临的安全威胁进行分析的基础上，结合安全域的划分，从物理层、网络层、系统层、应用层、数据层和管理层几个安全层面进行整体安全设计，在整体保障框架的指导下，综合多种有效的安全防护措施，进行多层和多重防御，实现纵深防御和主动防御。

(5) 体现了多角度对应的思想。本项目从威胁出发引出保护基本需求，从基本要求引出安全策略和目标，在需求分析和安全策略之间分层相互对应；在总体策略里提出各层面的总体保护要求，在具体策略里提出各层面的具体保护要求，各层相互对应；安全解决方案的安全技术措施可以与安全策略中的基本要求和安全目标相对应。

(6) 体现了安全动态发展的思想。本项目在满足信息系统目前基本的、必需的安全需求基础上，要求随着应用和网络安全技术的发展，不断调整安全策略，应对不断变化的网络安全环境。

# 5.11　河南能源集团网络信息安全风险防范体系研究与应用*

## 5.11.1　案例概述

### 5.11.1.1　项目背景

随着工业化、信息化、智能化及互联网的深度融合，管理创新不断得到提升，5G、大数据、智慧互联等新技术、新模式在大型煤炭企业广泛应用，在减人增效的同时，增加了网络安全隐患，网络信息安全威胁正向多元化、复杂化方向发展。以实现业务保障为首要目的的 IT 运营管理，已不再适合全新环境下企业过程风险和未知风险管理的需求，信息化网络安全面临新的挑战。

面对干部职工信息安全意识淡薄，信息安全专业人员缺乏，配套的安全管理机制及安全制度建设相对滞后的现状，如何构建集团化企业网络信息安全管理体系成为急需解决的问题。因此，河南能源集团积极探索包括网络安全管理、信息安全管理、终端安全管理、人才队伍培养、信息安全制度和规范管理等一系列管理创新措施，建立和健全信息安全管理体系，以降低信息安全风险对生产经营带来的危害。

### 5.11.1.2　实施目标

通过对集团网络信息系统的安全现状进行分析，找出集团信息系统与安全等级保护要求之间的差距，给出相应的整改意见，推动集团网络信息系统安全整改工作的进行。综合集团信息系统现有的安全防护措施、存在的问题和薄弱环节，提供完善的安全整改方案，提高集团信息系统的安全防护水平，完善安全管理制度体系。

本次项目建设以安全大数据为基础，对能够引起网络态势发生变化的要素进行获取、理解、评估、呈现以及对未来发展趋势预测的一个过程；从全

* 本案例具体内容由赵廷钊、原生芾、韩伟、侯尚武、侯振堂、赵弘毅等人于 2020 年 10 月完成；河南能源化工集团于 2022 年 7 月 8 日更名为河南能源集团，故涉及时使用新名称。

局视角提升对安全威胁的发现识别、理解分析并响应处置；通过智能分析和联动响应，结合机器学习和人工智能，实现“安全大脑”的闭环决策，实现安全能力的落地实践，真正实现对安全风险威胁“主动发现、预知未来、协同防御、智能进化”。同时结合网络管理系统，充分、实时掌握集团各级单位IT资源的详细信息，实现资源集中展现。统一各级单位管理平台，整体提升集团资源监控能力和管理水平，促进各级管理流程的规范化和一致性，突出技术思维和立体防范，注重全方位主动防御、动态防御、整体防控和精准防护。构建从云端、集团、二级单位、三级矿厂“四纵”和覆盖工控安全、办公安全“两横”的动态分析、预警报警联动的全过程自动化人防、技防体系。

### 5.11.2 项目实施

#### 5.11.2.1 集团网络安全缺陷分析

(1) 网络安全意识不足

企业管理人员对于网络安全的忽视使得如今企业内部网络信息安全存在很大的潜在危机。除了管理人员对网络安全的认知不足，其内部员工也普遍对此缺乏正确的理论认知。内部员工缺乏相关认知，在无意或者有意的情况下对外泄露企业信息，使企业经常遭到网络黑客的非法攻击，严重影响企业的网络信息安全。

(2) 网络基础设施不健全

要确保网络安全，就要加大力度保证网络运行安全，这是网络安全的重心，而关键信息基础设施安全则是重中之重，与国家安全和企业利益息息相关。企业在基础设施方面投入较少，导致网络基础设施建设不健全，硬件设备数量不多，设施多数较为老旧，跟不上“工业互联网”时代下网络安全的需求。

(3) 网络安全缺陷

实际生产经营过程中，由于缺乏专业人才以及安全意识淡薄，导致企业网络架构、设计都存在着一些缺陷，使得企业面临来自外部多种多样的网络安全威胁。

### 5.11.2.2 需求分析

(1) 集团网络安全需求与安全目标

目前集团数据中心互联网出口，各级数据中心的城域网互联建设，都迫切需要按照网络安全等级保护 2.0 标准的要求对网络基础设施和信息系统建设部署相关的安全设备和安全系统。但随着网络应用规模和复杂度的不断提高，网络中传输的数据量急剧上升，网络攻防对抗日趋激烈，集团内网新的安全问题开始显现，要解决这些新的安全问题，集团亟须使用整体规划的安全防护系统来掌控全局的安全态势，从而优化安全运营过程，将集团网络的安全风险控制在合理的区间内。

同时，集团“智慧能化”项目开展建设以来，数据中心机房信息化系统不断完善，业务信息化系统也在发挥着越来越重要的作用，任何故障或延迟都意味着损失。IT 运维团队需要时刻保障数据中心及 IT 系统的正常运转，任何服务器、网络、存储、应用等，如果不能及时发现故障根源，将无法及时修复问题。因此迫切需要实现对所有 IT 组件的实时监控，除基础的网络与服务器管理外，还提供流量分析、配置管理、存储管理、虚拟化监控、应用性能管理等丰富的可选模块，从而形成统一 IT 管理解决方案。

(2) 集团网络安全建设目标

集团网络安全建设目标为：建立符合网络安全等级保护 2.0 标准以及满足实际管理需求的网络安全管理体系。具体目标如下：

① 对现有网络安全管理和技术分别进行评估，分析差距。

② 建立网络安全体系蓝图，完善安全组织架构，培养专业人才。

③ 对重要资产进行盘点、识别、风险分析和风险评估，资产价值和风险分级和分类。

④ 建立网络安全文档体系，建立从战略层到操作层的网络安全规章制度等文档体系。

⑤ 对重要系统进行加固和优化，控制信息资产暴露风险。

⑥ 建设统一智能安全运行管理中心。

⑦ 对所有重要业务系统进行加固和优化，控制信息资产暴露风险，通过流程对网络安全风险控制技术手段进行流程化管理。

### 5.11.2.3 对策与措施

(1) 网络信息安全技术策略

① 漏洞扫描与安全评估。网络管理人员在进行信息网络服务系统的维护时,要对潜在的安全威胁因素进行自主排查,这能够帮助工作人员提早发现并及时解决相应的问题,进一步有效预防外部因素对公司信息网络服务系统进行的攻击和损害。

② 数据中心安全防护。数据中心对于公司内部的网络信息服务系统具有重要意义,它让系统能够实现对于大量数据的储存和传输。所以公司整体信息网络是由包括数据中心在内的一系列重要组分构成的,基于以上原因,技术工作人员应为保障数据中心内部的安全性能做出一份详尽的操作方案,同时,也要制定数据中心出入口边界处的安全维护方案。方案制定过程中,要特别注重对于数据中心内部专网接口和互联网出入口的统筹和改进。

③ IP 地址管理。作为承载公司整体信息服务的重要系统,信息网络服务系统具备若干个 IP 地址,为充分开发上述地址的效用,并保证系统的安全性,全部 IP 地址都需要统一管理和配置,在利用内部管理网站的基础上,相关安全工作人员要对这些地址进行维护。

④ 网络设备及安全设备认证审计。公司内部的整个网络系统中,存在着数量较大的系统主机和相关网络与安全设备,这类设备在进行认证工作时,是相互独立的,所以对该类设备进行的相关管理与维护工作都需要专门化设置;对于分布在不同设备上的用户名以及口令,不可以进行统一的管理,人员手动输入会导致盗用及截获风险的增加,为整个网络系统带来较为严重的安全漏洞。当前状态下,对网络系统进行审计工作时,公司并不具备相应的完整工作系统,特别对于相当一部分处于较为核心位置的维护工作来说,记录以及审计工作是根本无法完成的,关键部位"抗抵赖"功能的缺失,导致事故发生后证据提取和对于责任的界定等工作开展极为困难。

⑤ 信息网络边界防护。分设若干子公司和多种不同的部门,导致在进行内部网络设置时,公司通常将网络根据部门进行划分。处于不同区域的网络间经常存在对于访问以及数据传递的需求,为达到阻隔安全威胁的目的,技术

工作人员需要进行内部网络安全区块的分隔，同时对内部系统当中各区块边界防护体系进行建设，以保证公司信息网络服务系统的安全性和可靠性，使其安全状况随时处于可以控制的状态当中，将外部风险降到最低。

（2）网络分域保护架构与设备部署

在建设网络信息安全系统时，不仅要保证信息能够被充分利用，还要保证信息的安全性，所以，在进行系统设计时，应该设计不同的网络处理环境以适用于不同的应用程序，本方案根据当前的网络拓扑和实际的业务需求，将河南能源集团的网络划分为四个子域：边界安全域、数据中心安全域、安全管理域和接入安全域。网络分域保护架构如图 5-13 所示。

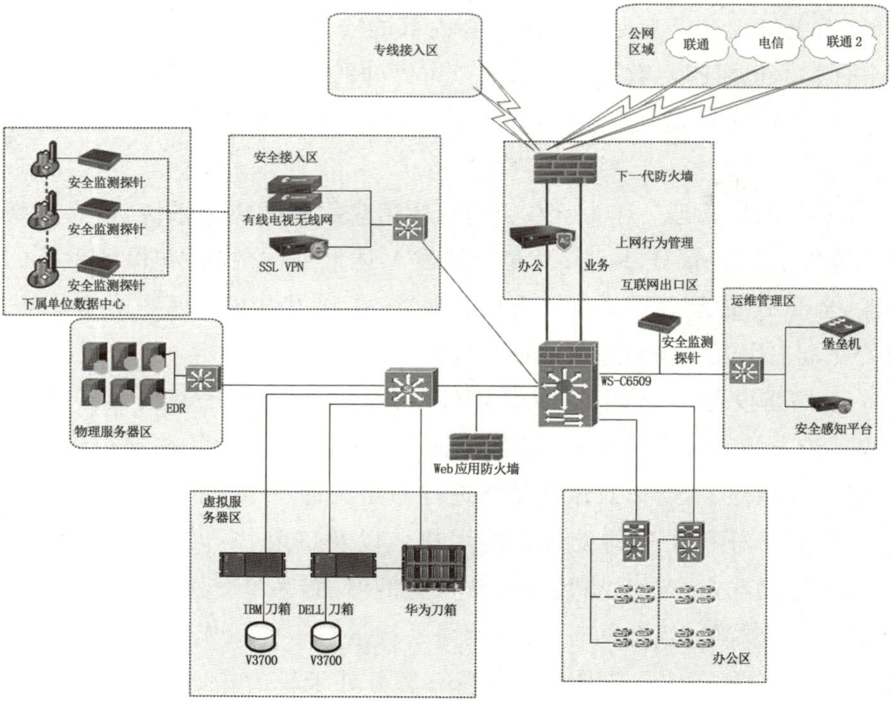


图 5-13　网络分域保护架构

具体来说，保护边界安全域要采用防火墙，实施远程访问、逻辑隔离、防病毒、入侵检测、网络漏洞扫描、网络审计技术。部署 WAF 设备、数据库审计设备、NGFW 设备保护数据中心域的安全。保护安全管理域需要部署运维审计堡垒机、漏洞扫描系统，建立安全态势感知管理平台。对于接入安全域，部署终端管理产品。设备运行态势、指挥调度大屏示例见图 5-14 和图 5-15。

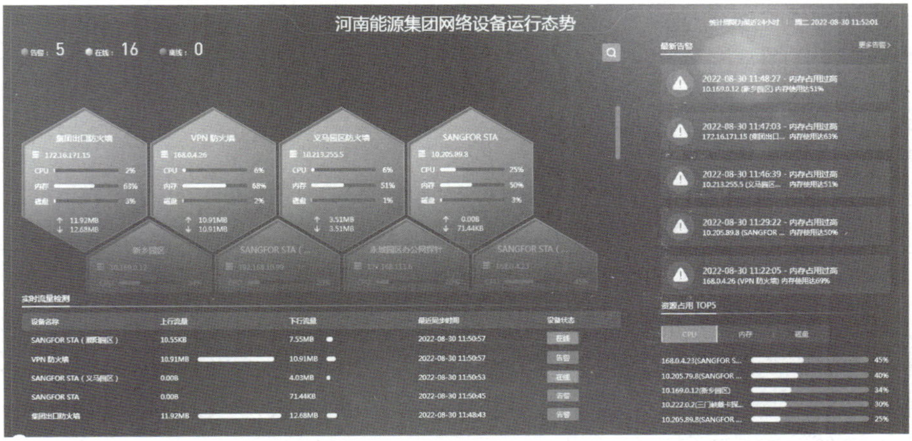


图 5-14 设备运行态势示例

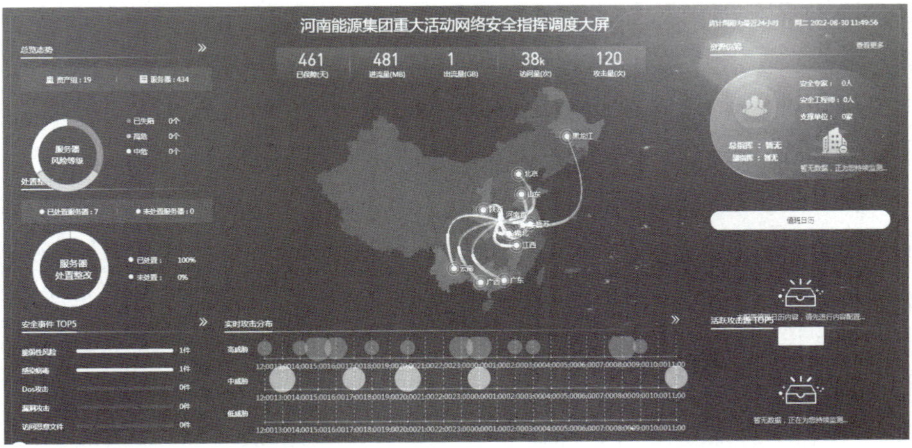


图 5-15 指挥调度大屏示例

## 5.11.3 案例亮点及应用价值

### 5.11.3.1 项目亮点

本次项目建设以安全大数据为基础，对能够引起网络态势发生变化的要素进行获取、理解、评估、呈现以及对未来发展趋势预测；从全局视角提升对安全威胁的发现、识别、分析并响应处置；通过智能分析和联动响应，结合机器学习和人工智能，实现"安全大脑"的闭环决策，实现安全能力的落地实践，真正实现对网络安全风险威胁的"主动发现、预知未来、协同防御、智能进化"。同时结合网络管理系统，充分、实时掌握集团各级单位 IT 资源的详细信息，实现资源集中展现。统一各级单位管理平台，整体提升集团资源监控能力和管理水平，促进各级管理流程的规范化和一致性。

5.11.3.2　效益分析

通过分析集团信息安全影响因素、网络安全风险、公司安全需求与安全目标，根据保密性、整体性、有效性和实用性、等级、自主可控原则，对集团公司的网络安全防护体系进行整体设计与分级管理实施，弱化了企业的网络安全风险，实现了网络安全管理目标，形成了《河南能源集团网络信息安全建设规范》。通过信息安全智慧管理运维平台可以及时发现威胁风险，支撑安全决策和应急响应，建立安全全局预警机制，增强整体安全防护能力。

通过对网络安全平台设备的集中招标与统一部署，各二级单位共享使用集团公司态势感知管理平台与终端响应平台，节省了大量项目投资。采用统一部署的方式能够避免重复投资，河南能源集团作为特大型企业，拥有大量的二级集团单位。在以往，需要在所有二级单位均部署态势感知平台，采用集中部署的方式，二级单位可仅部署探针采集设备，通过在集团公司态势感知总平台上建立二级单位独立账号的模式实现。满足二级单位使用要求的平台设备市场均价每台约 30 万元，而采用集中部署的方式节省平台支出，设备投资节约超过 150 万元。河南能源集团在本部部署集团总态势感知平台，在下属煤业集团部署态势感知分平台，本部及下属二、三级单位已经部署百余台不同规格的探针采集设备，探针采集设备每台节约 5 万元以上，采用集中采购的模式，节约项目投资 500 万元以上。

系统建成后，运行维护成本降低、网络安全及数据安全风险和损失降低。提高运行效率、节省管理成本、节省人力资源，有效防范勒索病毒等网络威胁。据统计，网络安全和数据安全体系建成后，能够有效减少河南能源集团及下属集团单位设备运行维护、网络安全事件应急响应、数据丢失滥用损失等总费用的50%。以每单位10万元/年安全服务计算，集团可年节约安全服务费用500万元以上。

综合以上，该项目经济、安全效益明显，为集团节省经济效益1 000万元以上，可避免因信息安全事故造成的损失更是不可预估。

# 5.12 河南能源焦煤公司网络安全立体化防控体系建设*

## 5.12.1 案例概述

### 5.12.1.1 项目背景

河南能源焦煤公司按照集团统一部署、全面推进"13471数智能化"信息化战略规划，以经营管理数字化、生产运营智能化的智慧企业为发展目标。信息化、智能化、数字化战略转型的前提就是必须确保网络安全。

焦煤公司下辖6对生产矿井和5家地面生产单位，包括化工、水泥、电厂等。以前这些单位的工业控制系统都是独立组网，与办公网物理隔离，基本没有考虑网络安全方面的问题。随着工业互联网的发展和网络远程安全监管的要求，国家安全监管部门和集团公司均要求将矿井和地面生产单位的安全监测数据和大型设备运行状态信息通过互联网上传到安管平台上，同时各单位建设的智慧煤矿、智能工厂也需要进行数据上传，这就使得原来独立的工控网络与办公网、互联网实现了互联互通。基于此种情况，必须加强对工控系统的网络安全防护管理，杜绝安全事件发生，确保生产安全。

### 5.12.1.2 实施目标

坚持"安全第一、预防为主，管理和技术并重，综合防范"的总体方针，实现信息系统安全可控、能控、在控。依照"分区、分级、分域"总体安全防护策略，执行信息系统安全等级保护制度。以等级保护三级要求为目标，构建从云端、集团公司、焦煤公司、矿厂的四纵，办公网和工控网两横的立体化网络安全架构，覆盖工控安全、应用安全、办公安全、动态分析、报警联动的安全

* 本案例具体内容由杨静、李燕朋、王鑫、郭祎琳、李亚雷等人于2021年12月完成。

过程全自动化的人防、技防体系。

### 5.12.2 项目实施

#### 5.12.2.1 场景特征

本项目以生产矿井为模板。

目前，焦煤公司建设了覆盖各主力生产矿井(宝雨山除外)的办公网和生产网两套10 Gbps光纤传输环网，实现了公司机关到各矿井的高速稳定网络互连。矿井通过办公传输环网访问互联网，通过生产专用传输环网实现工控系统数据上传。矿井的工控系统主要分为：综合监测类(瓦斯监测、人员定位、水文监测等)、工业控制类(主副井提升、胶带、排水、电力、通风压风等自动化系统)和工业视频三大类。各矿井已建设完成内部井上下万兆工业环网，各子系统数据归集到矿井的信息机房内。

#### 5.12.2.2 需求分析

目前焦煤公司网络信息安全存在以下不足：

① 安全设备不能满足等级保护要求。一是互联网出口的防火墙为传统防火墙，不能对应用层攻击进行管控；二是安全设备数量不足，在基层矿厂的办公网与工控网、办公网与数据中心边界没有部署安全设备；三是服务器安装的均是单机版的杀毒软件，隔离网的杀毒软件不能升级病毒库。

② 网络终端的IP地址为手动配置，可自行更改，造成网络事件溯源困难；办公网内无线路由器私接严重，网络边界模糊，难以实现终端安全准入，导致网络安全事件频繁发生，且查找困难。

③ 各基层单位缺乏网络安全方面的专业技术人员，部署的网络安全设备不能发挥实际作用。

#### 5.12.2.3 对策与措施

以等级保护2.0三级要求和集团公司网络安全建设规范为指导，结合焦煤公司实际，按照“集中部署、统一监控、分级管理”的原则，设计了以安全态势感知平台、网络综合管理平台和终端安全监测平台三大安全平台为基础，覆盖焦煤公司办公网和工控网络的统一安全管理平台。以高速可靠的

10 Gbps传输环网为支撑，构建独立于办公网和工控网的焦煤公司运维管理专网。将监测类的安全设备集中部署在焦煤公司中心机房，通过千兆专用隧道实现与各矿井的办公网和工控网互联互通，实现焦煤公司对整体网络的安全监测和集中控制，并通过账户权限分配实现分级管理。在各矿井的办公网和生产网边界部署第二代防火墙、上网行为管理、工业防火墙、网闸等设备，实现网络分级和分域管理。

(1) 焦煤公司层面

在互联网出口部署万兆级第二代防火墙，实现互联网边界的L2～L7层防护。第二代防火墙具备了传统防火墙的端口防护、IPS入侵防御和应用管控功能，可实现互联网到焦煤公司内网的安全逻辑隔离，形成第一道防护。在焦煤公司调度机房规划建设焦煤公司层面的安全生产业务区域网络，通过生产专用传输网络与各矿井工控系统直连，在区域边界部署第二代防火墙，实现生产专用网络与办公网的逻辑隔离，通过网闸与各矿井的工控系统实现物理隔离。焦煤公司网络拓扑图如图5-16所示。

(2) 基层单位层面

针对煤炭、电力、建材、化工四个行业做好工业控制系统的安全防护工作，切实提高信息安全防护水平，保障安全生产。

规划方案针对工业控制系统总线协议复杂多样、实时性要求强、节点计算资源有限、设备可靠性要求高、故障恢复时间短、安全机制不能影响实时性等特点进行设计，实现可信、可控、可管的系统安全互联、区域边界防护和计算环境安全。

① 煤矿

目前，焦煤公司六对矿井的综合监测和自动化系统数据已上传至集团公司，赵固一矿和赵固二矿的智慧矿山项目已完成一期建设。

将矿井的网络划分为办公终端区、办公业务区、工控业务区、工业控制区域、运维管理区五部分。办公终端区：各级管理人员的办公终端，可用于访问互联网以及矿井、焦煤公司及集团公司各类管理类信息化系统的区域，包含有线和无线网络。办公业务区：对外提供服务的各类信息化系统的服务器区域(如安全智慧管控平台的Web发布端、手机App端、人员定位系

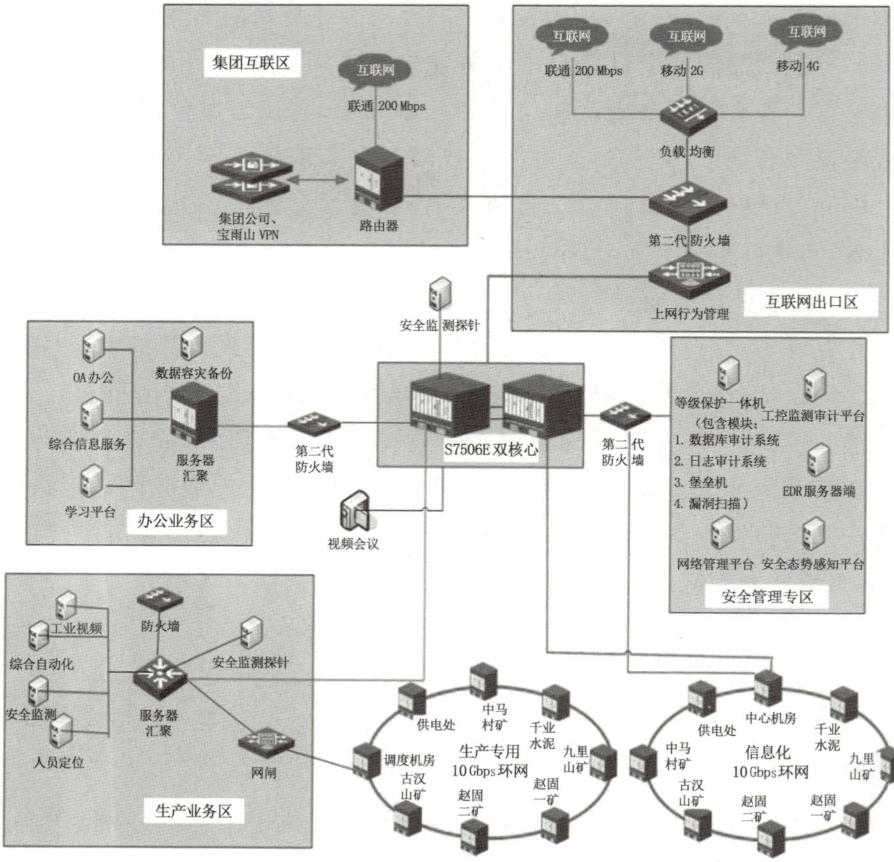


图 5-16　焦煤公司网络拓扑图

统、安全监测、工业视频服务器)。工控业务区:存放工业监测和自动化控制服务器的区域(如综合自动化各子系统等)。工业现场控制区:各个生产环节系统及设备的监测与控制的区域(如:主副井提升、排水、压风机、通风机等)。运维管理区:安全监测、网管软件等集中部署的区域。

针对以上划分的五部分区域,建设目标如下:

办公终端区:在办公网出口部署一台第二代防火墙(基础级),包含 IPS 入侵防御、流量管理、防病毒模块,可实现内外部攻击防护、蠕虫病毒拦截和终端 IP 地址绑定。

办公业务区：该区域由于需要向外部不特定对象提供 Web 或 App 访问服务，将会直接暴露在办公网甚至是互联网上，面临各种攻击威胁，所以需要在区域边界部署一台第二代防火墙（增强级），在开通 IPS、应用 URL（统一资源定位符）识别和防病毒基础上，增加网页防渗透的 Web 防护功能。

在服务器上安装统一检测防护 EDR 软件，实现攻击防护、病毒查杀，EDR 与现有态势感知系统形成联动，可通过态势感知对已失陷主机进行联动操作：自动下发隔离策略、危险链接阻断、快速查杀、取证等。

工控业务区：在该区域边界部署防火墙和网闸，只允许数据单向上传到办公业务区的数据采集服务器。

工业现场控制区：在边界部署一台工业防火墙，上位机上安装主机安全卫士，利用白名单机制只允许指定程序运行和网络传输。

运维管理区：部署办公网和工控网的数据备份、日志审计和数据库审计、漏扫等监测类设备。

② 地面生产单位（化工、电力、建材板块）

地面生产单位的网络信息安全规划基本相同。地面生产单位网络规划拓扑图如图 5-17 所示。

网络信息安全防护主要由办公网区域和工业控制区域两部分组成。即互联网出口区部署第二代防火墙（开通上网行为管理功能）；互联区部署第二代防火墙（增强级）和工业网闸；工控业务区部署工业防火墙和工控主机安全卫士。数据备份由焦煤公司统一建设，组建全网容灾资源能力池，可共享使用。

### 5.12.3 案例亮点及应用价值

依据等级保护政策、标准、指南等文件要求以及用户业务安全需求，对保护对象进行区域划分和定级，对不同的保护对象从物理环境防护、通信网络防护、区域边界防护、计算环境防护等各方面进行不同级别的安全防护设计。同时统一的安全管理保障了防护的有效协同，保障了安全技术措施有效运行和落地。以等级保护安全框架为依据，在满足国家法律法规和标准体系的前提下通过“一个中心、三重防护”的安全设计，形成网络安全综合技

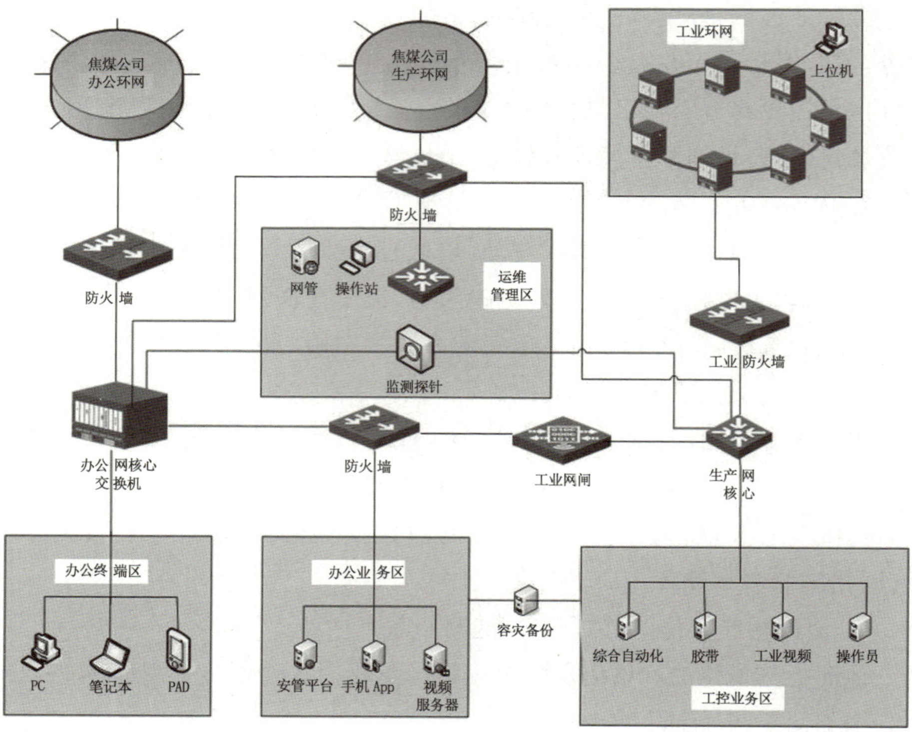


图 5-17　地面生产单位网络规划拓扑图

术防护体系。突出技术思维和立体防范，注重全方位主动防御、动态防御、整体防控和精准防护。亮点主要体现在：

① 统一监测。各矿井的网络安全情况焦煤公司能全部监测到，一方面可以汇总全面安全数据，及时掌握焦煤公司的信息安全的全面情况；另一方面相比于基层单位技术薄弱的缺陷，可以充分发挥计讯处专业技术优势对发现的问题进行及时处置。

② 管理提升。利用先进的技术手段，将所有服务器、网络设备纳入一个管理平台，实现全网统一管理，以安全技术进步提升安全管理能力。

③ 节约成本。如日志审计、数据库审计、漏扫、网管软件、堡垒机等，焦煤公司只需要部署一套设备即可全公司使用。使用最少的资金，保证信息安全建设满足等级保护要求。

通过安全态势感知平台与防火墙的对接，实现了防火墙与安全感知平台的联动，对全网流量实现全网业务可视和威胁感知，从而实现全面发现各种潜在威胁。将焦煤公司及下属各单位的安全等级全面提升，保障了焦煤公司智能化、自动化、信息化系统的建设，保证了煤矿安全。

## 5.13 河南能源义煤公司基于网络资源可视化智能运维安全管理研究与应用*

### 5.13.1 案例概述

#### 5.13.1.1 项目背景

近年来，河南能源义煤公司建立了庞大的网络平台和各种应用系统，拥有大量的网络设备、服务器、数据库、各种系统软件等资源，带来了大量运行维护工作和难题。公司运维人员只能被动地响应解决 IT 故障，无法及时掌握网络运行状况和设备的运行状况，无法做到对网络运行信息的收集、整理、统计和分析，不能及时发现潜在的隐患，只能依靠人工巡检或在故障已发生后才发现问题，基本处于被动式的“救火”状态。

各类规模大小不等、设备种类、数量不同的网络设备及机房广泛分布于公司各分支机构所在地域，很难被有效预见、防范和避免。因此，建立一个集中的运行管理监控系统，对公司现有业务环境中的各类资源进行实时监控，能够从业务角度切入，以业务为导向，通过对整个业务系统的关注，落实业务系统的各个环节，从而达到保障业务系统稳定运行和透明化管理的目的，已成为迫切需要。

#### 5.13.1.2 实施目标

① 建设全面的基础设施管理系统。

② 建设自动智慧运维管理系统。

③ 实现对业务支撑系统、网络运营管理系统以及操作系统、数据库、网

* 本案例具体内容由郭玉贵、马琳、赵亚丽、孙技科、武会强、李伟等人于 2020 年 10 月完成。

络设备等各种 IT 资源的账号、认证、授权和审计的集中控制和管理。

④ 实现集中化、基于角色的主从账号管理，实现角色属性级别的细粒度权限分配和管理。

⑤ 实现集中化的身份认证和访问入口。

⑥ 实现集中访问授权，基于集中管控安全策略的访问控制和角色的授权管理。

⑦ 实现不同用户对不同部分实体资源的访问。

⑧ 实现集中安全审计管理，收集、记录用户对业务支撑系统关键重要资源的使用情况。

⑨ 便于统计自然人对资源的访问情况。

### 5.13.2 项目实施

#### 5.13.2.1 场景特征

智能运维管理平台，以 DGO(数据采集平台)为基础，以告警、报表、智能运维、license(授权)构成强大的功能平台，具体资源的管理作为基于平台的管理功能，具备以接口为中心的设计模式。

系统旁路部署在服务器区域交换机上，通过防火墙提供的网络地址转换技术实现与外部目标资源进行通信，外部用户可以通过安全运维审计系统映射的公网地址访问指定的服务器、数据库、交换机、防火墙等设备，所有的操作动作都会以录像方式进行记录，有效降低误操作带来的损失，也为管理员审计提供便利。

系统部署之后将断开目标用户与服务器之间的直接连接，用户对服务器的远程操作全部集中登录到安全运维认证审计系统上，通过二次跳转系统将用户直接连接到指定服务器，实现用户对服务器资源操作管理的集中认证、集中控制和集中审计。智能运维管理平台架构如图 5-18 所示。

#### 5.13.2.2 对策与措施

(1) 实施内容

包括：管理平台、认证审计、智能运维引擎和多用户支持引擎。

网络管理。包括网络设备管理、网络拓扑管理、网络性能管理、网络配

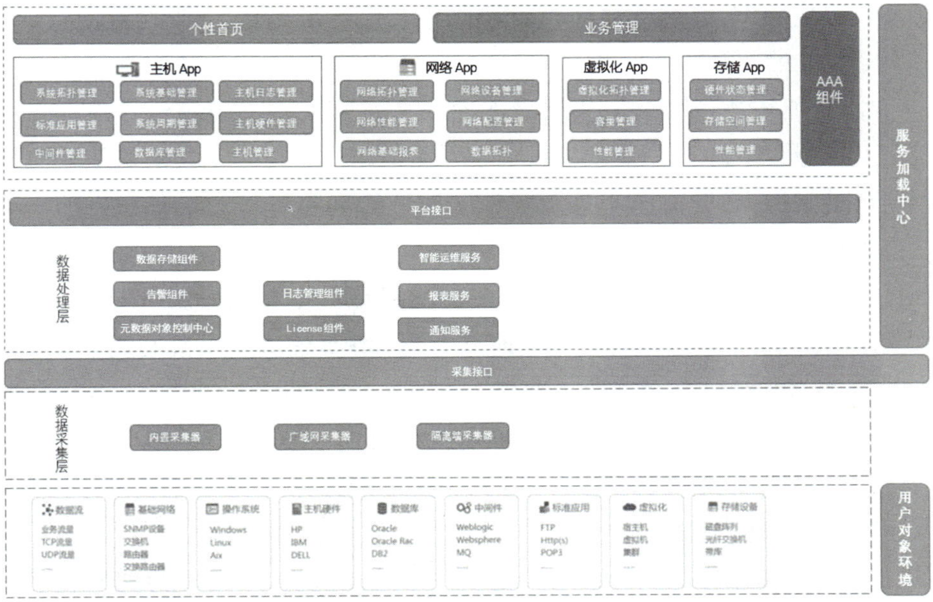


图 5-18　智能运维管理平台架构

置管理等内容。

无线管理。包括无线设备管理、无线拓扑管理、无线性能管理等内容。

应用管理。包括服务器管理、数据库管理、中间件管理和标准应用管理，建设系统拓扑图、主机日志管理等内容。

存储管理。包括对存储设备（磁盘阵列、光纤交换机等）的设备状态、性能管理，以及各个磁盘、控制器的状态监管，并提供存储容量分析策略，实现主动分析，透明化监控。

认证审计。这是各系统业务的统一认证与管理入口，其自身的硬件、软件、平台必须拥有完整的自有高可用性能力，以保证在特殊情况下的系统稳定性和高可用性，满足业务连续性要求。体现在被管理的用户（自然人）数量扩展能力、被管理的业务系统数量扩展能力和平台功能扩展能力三方面。

安全可靠性规定。系统建成后必须能满足电信级的可靠性指标，保证 7×24 小时的服务；易用性原则规定建成后的系统应方便系统管理员和业务管理员使用；利用现有资源，充分考虑对现有系统资源、计算机资源、数据资源和传输资源的利用，避免资源浪费。

(2) 关键技术

① 智能拓扑。网络拓扑能清晰展现网络的关系，自动布局；并能提供"圆形""树形"多种拓扑展现方式，便于运维人员根据业务关系快速调整到需要的展现方式，同时将管理对象的实时性能和告警信息通过图标的不同状态展现给运维人员。

② 智能采集。采集是运维管理的基础，只有实现了采集稳定和准确，运维人员才能管理，当采集的量和采集的正确性得不到保证，运维只能是理论而已。

③ 智能基线。智慧运维系统能根据历史记录自动生成基线，并可按照业务变化规律，形成日基线与周基线的数据对比，一旦实时数据大于基线比对点一定范围，即生成智维事件，便于分析；当出现多次越界后，系统主动通知运维人员，提示运维风险。

④ 智能策略。智慧运维系统引入策略管理概念，架构上为策略提供各个功能的调用接口，方便实现软件各种处理逻辑的协同处置；方便实现运维人员对于管理方法的落地。

⑤ 部署方式。物理旁路、逻辑串联，不更改现有的网络拓扑；运维操作审计管理系统，到被管理设备的 IP 可达，协议可访问，不影响任何业务数据流；不增加系统和网络性能的负载；不改变管理员操作习惯(不需要安装客户端工具)。

⑥ 网络限制与密码回收。在交换机/防火墙上设置访问控制策略，关闭操作人员到目标设备的运维访问端口，只开放系统所需的加密端口；回收目标设备的账号密码，通过密码代填功能实现对运维人员有权限到达的目标设备的自动登录过程。

(3) 效果展示

提供个性首页，能帮助用户个性化定制首页和大屏投影，提供灵活定制的界面，能够进行多种大数据展现界面，完全满足运维管理的个性化展示要求。

运维主管每日登录一次即可综合性地显示 24 小时内的系统运行变化趋势，通过列出了运维人员重点关注内容；通过对本界面的阅读，可快速掌握最近 24 小时的运维概况，实现运维工作的快速衔接。

系统拓扑以主机为核心，展现所有承载的数据库和中间件、标准应用之间的实时状态监控，为主机监控提供全景视图。

### 5.13.3 案例亮点及应用价值

① 透明化管理。通过对信息资源的透明化管理实现对信息资源的统一监控和智能管理，实现自动信息资源监控和管理能力。

② 主动运维。即时的故障告警帮助管理人员及时了解安全和运行隐患，实现真正的事前管理，变被动为主动。

③ 全面降低误操作可能。运维管理和安全手段从手动方式转变为系统自动、安全、可以跟踪的行为，手动方式大量减少将极大降低误操作的可能性，极大增强信息化设施的稳定性。

④ 提高效率。系统提供易用易操作的监控、处理、分析一体化关联分析能力，快速帮助运维管理人员了解问题、分析问题、定位问题、辅助管理人员解决问题，提高处理问题的效率，为信息化的可靠运行保驾护航。

⑤ 提升综合分析能力。总体把握资源，提高效益，能及时判断信息资源各个环节对业务的影响，提高信息设施质量和降低运维管理人员工作强度，最终为提高科技部的核心价值服务。

⑥ 节约成本。实现对所有网络、主机的安全和运维工作 7×24 小时不间断自动监控，代替以往人工检查的方法，节省了人工成本。

## 5.14 中国平煤神马集团云数据中心云安全微隔离安全建设实践*

### 5.14.1 案例概述

#### 5.14.1.1 项目背景

平煤神马集团通过云数据中心建设，将一些重要业务系统部署在云环

* 本案例具体内容由盛璐、张京涛、王曦、王领、李磊、张仲麟等人于 2020 年 12 月完成。

境下，使得服务器的利用率得到提高，极大改善了集团数据中心的工作效能，还可实现资源的快速灵活部署和调配，带来管理效能的提升。云数据中心在效率、业务敏捷性以及快速的业务部署上有明显的优势。然而，云数据中心应用、服务和边界都是动态的，在实现高效的安全防护上十分具有挑战性，传统安全解决方案和策略不能为新型云数据中心提供高效的安全保护。与此同时，受制于云数据中心对开放网络环境的依赖，在带来应用便利和自由度的同时，一旦数据中心系统安全受到严重威胁，甚至处于瘫痪状态，将会给单位、社会带来巨大的经济损失。如何使集团的数据中心运行在安全的环境下，使其免受黑客攻击、病毒、木马、恶意程序的入侵，已成为平煤神马集团云数据中心安全建设的重点。

#### 5.14.1.2 实施目标

（1）实现云内东西向数据流量边界隔离与控制

在云数据中心环境中，某虚拟机由于某种原因中了病毒，从内部向其他虚拟机和外部网络发起端口扫描和 DDoS 等攻击，在缺少识控方案的情况下，只能将有问题的虚拟机从网络中移除，让问题虚拟机的管理员线下解决问题后，才允许连接回网络。这样的处理方案简单粗暴，虽然隔离了攻击，但也同时断掉了问题虚拟机的对外服务。虽然云数据中心外部出口可以部署入侵防御设施，但当某虚拟机由于弱口令之类的漏洞被远程控制，然后黑客以此虚拟机为跳板，再对其他虚拟机进行漏洞扫描和利用入侵，这种从内部发起的漏洞入侵的过程在网络层面上与正常访问无异，无法被发现，因此需要实现面向虚拟机的微隔离安全技术目标。

（2）满足国家政策合规性要求

考虑到当前网络安全的形势，以及国家对国企安全建设要求，云数据中心的安全建设和安全防护体系的建设必须符合国家网络安全相关政策标准要求。

### 5.14.2 项目实施

#### 5.14.2.1 场景特征

（1）面向云数据中心的软件定义安全

集团数据中心已经从物理架构演进到大规模虚拟架构。虚拟数据中心在效率、业务敏捷性以及产品上市时间上有明显优势。然而，应用、服务和边界都是动态的，不是固定和预定义的，因此实现高效的安全十分具有挑战性。传统安全解决方案和策略不能为新型虚拟化数据中心提供高效的安全保护。

（2）云数据中心物理安全边界消失

云计算数据中心提供的是虚拟主机租赁服务，物理边界消失，租户已经不是物理设备的拥有者，无法再部署物理网络安全设备。传统网络安全方案无法适应数据中心虚拟化，如图 5-19 所示。

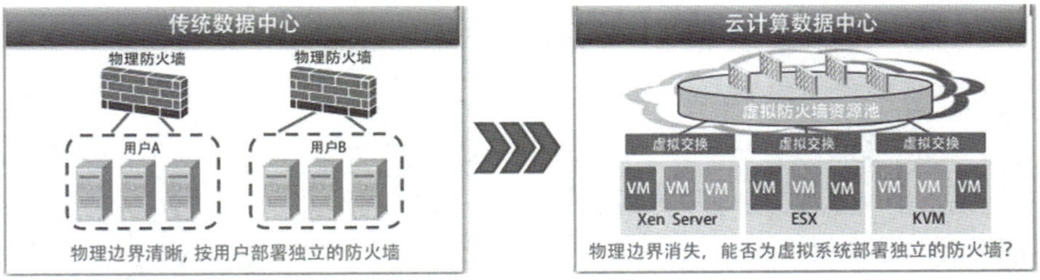


图 5-19　传统网络安全方案无法适应数据中心虚拟化示意图

（3）从南北到东西流量模型的变化

在集团云数据中心里，像南北向流量一样，交互式数据中心服务和分布式应用组件之间产生的东西向流量也对访问控制和深度报文检测有刚性的需求。多租户云环境也需要租户隔离，向不同的租户应用不同的安全策略，这些租户的虚拟机往往是装在同一台物理服务器里的。

传统安全解决方案是专为物理环境设计的，不能将自己有效地插入东西向流量的环境中，所以它们往往需要东西向流量被重新定向到防火墙、深度报文检测、入侵防御以及防病毒等服务链中去。这种流量重新定向和静态安全服务链的方案对于保护东西向流量是效率很低的，因为它会增加网络的延迟和制造性能“瓶颈”，从而导致应用响应时间的缓慢和网络掉线。

（4）云数据中心内部的威胁更加严峻

集团云数据中心内部虚拟化常见威胁如下：

① 云平台内部不可视，用户无法管控虚拟机上的流量和应用。

② 虚拟机之间缺乏威胁隔离机制，网络威胁一旦进入云平台内部，可以肆意蔓延。

③ 云安全需要适应云平台的弹性扩展，能够动态部署和迁移。

④ 如何确保虚拟化平台自身的安全。包括虚拟化管理平台的安全，虚拟机监控器层面的安全、虚拟机间的安全隔离与控制等。

⑤ 如何确保运行在虚拟化平台上的业务安全。这包括为不同业务提供有效隔离，如何针对业务过程实施审计。

⑥ 如何为不同租户提供安全服务。就像计算资源租赁模式一样，可以将安全建设成为一种资源池，然后出租给第三方租户。

5.14.2.2 需求分析

(1) 传统南北向到云内 VPC 的安全防护

传统南北向防护可以解决数据中心整体的安全需求，例如为整个数据中心提供 DDoS 防护。而在集团云数据中心中我们将所有的资源化整为零分给各个 VPC 租户，每个 VPC 租房对应相应的单位，每个 VPC 租户有自己的安全、策略及 VPN 需求，这时候就需要对这些 VPC 的小边界进行防护。

在集团云数据中心里，VPC 用户对访问控制、深度报文检测及 VPN 远程安全登录有刚性的需求。往往需要东西向流量被重新定向到服务链中去。这种流量重定向和静态安全服务链的方案对于保护东西向流量是效率很低的，它会增加网络的延迟和制造性能“瓶颈”，从而导致应用响应时间的缓慢和网络掉线。

(2) 东西向数据流量边界隔离与控制

在平煤神马集团云数据中心环境中，虽然外部出口可以部署入侵防御设施，但可能存在这样的情况：某虚拟机由于弱口令之类的漏洞被远程控制，然后黑客以此虚拟机为跳板，再对其他虚拟机进行漏洞扫描和利用入侵，DDoS 攻击会产生大量的会话，可能通过云管理平台发现，然而从内部发起的漏洞入侵的过程在网络层面上与正常访问无异，无法被发现，因此需要识控的方案。

(3) 深度应用识别与攻击防护

网络攻击者将攻击数据包为造成合法访问，就有可能绕过访问控制的限制，而对数据中心服务器造成破坏，对此在边界，还应当对应用数据包进行深度检测，防范欺骗。

由于数据中心最常见的攻击就是拒绝服务攻击，并且这种攻击行为利用了互联网络协议的先天性弱点，使得网络的威胁较大，因此必须对常见的攻击手段进行有效防护，保障数据中心业务访问的连续性。

此外，还应具有恶意代码的防护手段，防止病毒传播。对于有目标性的渗透手段，应具有鉴别能力，并能够有效进行防范。

（4）安全防护性能可扩展性

安全防护能够提供更好的弹性扩展能力，以适应云数据中心不断提升的性能要求，并且在性能升级时，不影响现有任何业务，做到"即插即用"的性能平稳升级。

#### 5.14.2.3 对策与措施

（1）面向虚拟机的微隔离

通过引入云内微隔离方案将自己深度插入到虚拟化环境中，能够做到每一个虚拟机跟外部网络或内部其他虚拟机之间通信的精细监控，我们称之为微隔离。这样才能阻断从内部向其他虚拟机和外部网络发起的端口扫描和 DDoS 等攻击，而仍然保持问题虚拟机的对外服务。

（2）实时流量深度可视及可控

微隔离方案能够收集并分析虚拟机之间的数据通信，描绘出整个云平台上的流量模型，包括虚拟机之间以及不同端口组之间的流量情况。同时，还可为用户呈现云平台中的指定时间段内的新增流量及新增应用，帮助用户洞察云平台内部的细微变化。借助深度可视技术，可识别出虚拟机流量中的具体应用类型，并在此基础上提供了流量与应用控制功能，可对虚拟机间的业务访问进行细粒度的权限控制，以过滤非法访问，保护业务安全。

方案本身将传统的防火墙用虚拟化的形态部署在云化的数据中心当中，所以，其拥有当前下一代防火墙的安全防护特性和应用识别能力。运行在虚拟机上的防火墙功能跟运行在硬件防火墙上的功能完全相同。

(3) 阻止攻击云内横向蔓延

方案提供的“虚拟机微隔离”技术通过专利引流技术，虚拟化安全软件可将每个业务虚拟机的流量牵引至虚拟安全业务模块，进行L2～L7层的威胁检测，从而发现并阻断东西向流量的安全威胁，阻止攻击在云平台内横向蔓延。

被设计成可以高效处理南北向和东西向流量的虚拟机平均分布在集团云数据中心里，要求每一个物理机有一个虚拟机。如果一些东西向流量的源和目的在同一个物理机，流量就能被这个物理机处理，而不是转发出这个物理机。这种设计使得东西向流量在机顶交换机上就交换掉了，能够节省上层的交换带宽。

方案将自己深度插入到虚拟化环境中，能够完全解决用户急需解决的安全问题，阻断从内部向其他虚拟机和外部网络发起的端口扫描和DDoS等攻击，而仍然保持问题虚拟机的对外服务；监控到绕过外部防护、以被控制虚拟机为跳板的内部入侵。

(4) 安全能力可扩展

集团云数据中心管理员只需创建租户网络，并使用镜像文件启动虚拟机，不需要做任何硬件的安装。方案使用了弹性防火墙架构。使用虚拟机作为模块，整个虚拟设备的规模可以非常大。当安全业务处理需求增加时，只需在虚拟设备中新增虚拟机即可。

(5) 安全能力自动适应虚拟机迁移

集团云数据中心所有的虚拟机共同组成了一个虚拟设备，一条策略配置就能通过控制平面推送到所有的虚拟机。因此，整个系统的设计需要先天支持虚拟机迁移。

(6) 实现安全高可用及高可靠性

方案具有高可用性和高可靠性。主要表现为以下几个层面：

① 虚拟机短时间中止不影响安全业务功能正常运行。

② 支持双主控实时备份，防止主控单点失效。

③ 单块出现故障后对整机无影响、接入该虚拟机的业务自动脱离。

④ 入口、出口双边策略控制，单边失效对端的策略控制依然生效，确保

安全。

⑤ 系统虚拟安全管理模块、虚拟安全控制模块、虚拟安全业务模块完全分离，保障系统业务稳定运行，为云租户提供高可用性安全服务。

### 5.14.3 案例亮点及应用价值

（1）提升了云数据中心租户南北向安全防护能力

对外部的访问进行控制，对访问的合法性进行判断，并阻断非法的访问；有效对抗外部的恶意攻击；查杀并过滤外部传播的恶意代码；分别对远程分支机构和远程个体节点的访问提供保护，保障敏感信息在互联网上传递过程中的机密性和完整性，防止被窃听和篡改；通过山石云·界基于应用的入侵防御技术，深度检测访问数据包并对恶意渗透行为进行鉴别和阻断。

（2）提升了集团云数据中心内部可视化

借助虚拟化软件深度可视技术，可识别出虚拟机流量中的具体应用类型，并在此基础上提供了流量与应用控制功能，可对虚拟机间的业务访问进行细粒度的权限控制，以过滤非法访问，保护业务安全。

（3）阻止云数据中心内部攻击横向蔓延

可将每个业务虚拟机的流量牵引至虚拟安全业务模块，进行 L2～L7 层的威胁检测，从而发现并阻断东西向流量的安全威胁，阻止攻击在云平台内横向蔓延。

（4）降低了部署及运维成本

采用分离式设计，由安全管理、安全控制、安全策略执行三大虚拟模块组成，这些虚拟模块均以虚拟机的形式提供，基于云平台的模板分发机制，虚拟化安全软件可实现快速、高效部署。同时，用户无须更改虚拟机当前网络配置，即可实现虚拟化安全软件产品部署，不影响当前业务运行。虚拟化安全软件采用全分布式架构，多个模块只通过一个 IP 地址管理，全局维护统一策略和会话表，可实现原址在线升级。

# 5.15 山东能源淄矿集团多区域协作网络安全态势感知统一运营平台建设与实践*

## 5.15.1 案例概述

### 5.15.1.1 项目背景

随着智能化矿井建设的推进、能源工业互联网的应用深入，网络安全成为保障工业安全生产的一种重要屏障。淄矿集团作为一个分布在鲁、陕、蒙、甘四省区的能源企业，必须承担网络安全主体责任、保障生产安全、确保国家关键信息基础设施安全可靠。

淄矿集团借助现有网络与安全设施数据，通过纳管内蒙古、陕西、甘肃等各分支机构安全系统，监测、分析、预警、汇总公司整体安全态势，以大数据手段从风险发生区域、攻击类型、严重程度等不同维度分类分析，形成网络资产资源库、威胁源资源库、攻击资源库、安全事件库，协助运管人员掌握全局网络安全态势，及时对严重问题响应和优先处置，为以工业互联网为业务依托平台的煤炭企业智能化、自动化保驾护航。

### 5.15.1.2 实施目标

将淄矿集团各类网络流量、安全事件、运维日志汇总至安全运营和态势感知平台，实现全天候、全方位的感知能力，增强基础设施、重要业务系统、生产控制系统和重要数据资源等防护水平，保障关键信息基础设施免受攻击、入侵、干扰和破坏，实现企业级可管控的网络安全保障体系。

主要内容：

① 实现流量和日志数据的集中采集、存储、检索及对外接口，建设集团级统一安全数据中心。

② 实现包含内部、外部及情报安全态势要素的综合采集能力，信息更加全面精准。

---

* 本案例具体内容由史新国、刘柯、王璞、张鹏、谢亚波等人于 2020 年 12 月完成。

③ 实现安全态势要素的重大问题和事件的输出能力，依托平台不同地域单位均具备网络安全防护能力。

④ 建立安全态势更全面、更透彻的分析能力，各分支单位协同推进集团公司整体安全性。

## 5.15.2 项目实施

### 5.15.2.1 场景特征

淄矿集团办公网和生产网经过多年积累，已形成井下和井上网络的万兆核心、千兆汇聚的高速访问通道。公司部署有运管、交换、流控、日志、扫描、情报、安全库和流量探测引擎，分别部署于办公网和生产网各区域，具备了各类数据采集、分析、处理、存储和展示的基础条件。矿井生产网络拓扑图如图 5-20 所示。

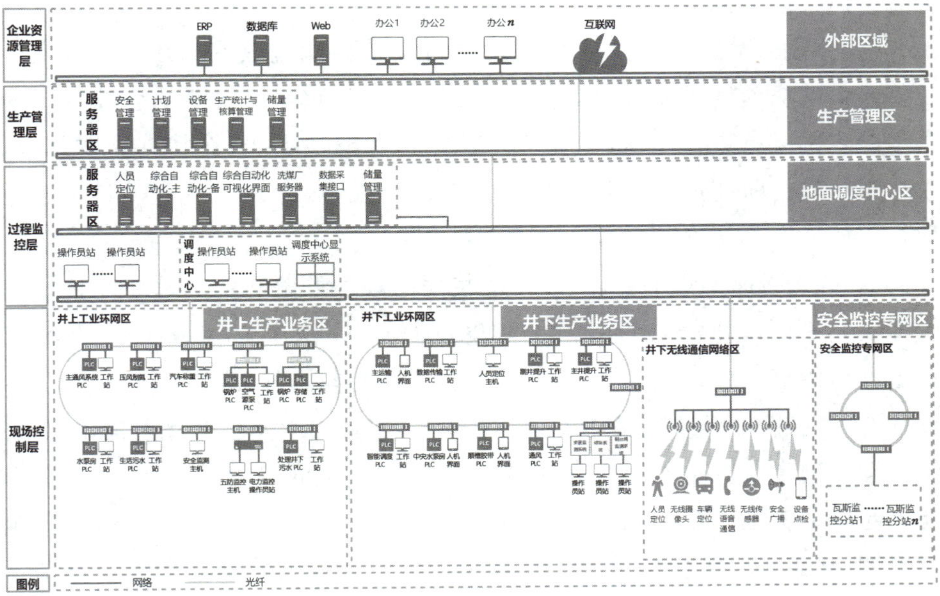


图 5-20 矿井生产网络拓扑图

### 5.15.2.2 需求分析

① 发现基础安全建设遗留的安全隐患，完善网络安全防护体系。针对

现有基础安全设施“单兵作战”问题，利用云端威胁情报数据，从互联网数据中发掘和分析攻击线索，极大提升未知威胁和 APT 攻击的检出效率，有效修正、处置淄矿集团公司传统安全建设模式中遗留的安全隐患。

② 弥补现有被动防御方式不足，提升网络安全防护水平。传统安全防御体系主要是在网端部署，这种系统一旦被破坏、绕过、失效，无法遏制攻击扩散。通过引入威胁情报和规则链技术，形成了监听-主动回溯、研判-主动监测的检测体系，大大提升了积极防御的主动能力，弥补了现有被动防御方式的不足。

③ 基于煤炭企业业务环境进行定制化、场景化威胁监测开发，提升异常行为检测能力。改变传统安全防护设备通用监测规则模式，将规则库与淄矿集团现有业务关联性较强的异常识别能力匹配，通过定制的场景化威胁检测技术，建立煤炭行业业务环境的威胁检测和响应模型，提升发现内部业务安全风险能力。

④ 有效构建集团级协同防御体系，提高应急响应效率。针对传统安全防御体系响应速度较慢问题，通过终端检测响应和网络检测响应技术与淄矿集团现网设备进行联动，形成煤炭行业场景下的网络安全协同防御体系，大大缩短攻击时间窗口并提高攻击者的攻击成本，在煤炭行业极具示范性和推广性。

⑤ 搭建高速搜索平台，提升淄矿集团公司关联分析能力。相比传统架构降低大量接口开发工作量，为淄矿集团本地安全数据的大规模数据保存、攻击证据留存和查询、实时关联分析提供坚实的技术保障。

⑥ 制定集团级网络安全数据接入规范，实现内网安全态势可视化管理。创新性的制定煤炭企业网络安全数据接入标准规范，对其他煤炭企业在智能化建设中实施工业互联网平台的安全性起到示范作用。同时，通过安全数据结构化，在分级分权情况下构建了一体化网络安全运管和态势感知平台，将安全由不可见变为可见。

5.15.2.3　对策与措施

系统主要通过流量采集探针、私有云主机安全漏洞防护系统、安全威胁沙箱检测系统和深度威胁发现设备（APT 攻击检测），与分支机构的防火墙、防毒墙、IDS、IPS、终端杀毒等实现 Syslog 日志接入、存储和分析，通过日志分析、图形化展示、告警、报表、关联分析等功能模块，和威胁情报安全区策略自动同步，最终展示全网已拦截威胁、可疑威胁以及高级威胁、热门威胁的统计信息，为系统联动和威胁处置提供平台支撑和系统赋能。

(1) 智慧门户

监控资产信息和采集数据总量、各种类型统计信息、纵览系统安全态势，包括：网络攻击、有害程序、安全告警系统、资产类型分布及受攻击、感染有害程序的资产信息，依据最新威胁情报发布安全公告。

外部威胁大屏，展示企业遭受外部威胁情况，通过世界地图、中国地图方式展示遭受到的来自互联网的攻击及网络防御设备的拦截情况，以及被威胁资产排名，告警数量、影响资产数量、攻击来源数量，威胁事件的趋势、最新告警信息，实时反映当前网络攻击态势。

横向威胁大屏，展示内网主机、终端间相互攻击情况，用于监测内网横向攻击、违规访问、风险访问的整体情况，发现内网失陷主机。

外连威胁大屏，展示内部主机、终端对互联网发起的外联攻击、违规访问、风险访问行为，实时监测主机、终端及其外联的国家和地区，外联威胁趋势。

(2) 威胁情报

实现本地威胁情报库建设，支持手动离线升级威胁情报，包括漏洞、恶意 IP、恶意 URL、恶意域名、恶意文件，实现热点威胁情报预警，采用大屏方式，实现各类威胁情报的展示与查询。

(3) 安全响应

通过自动方式进行事件分级分类、分析研判，消除无效告警，并对告警合并展现。

(4) 关键技术

以海量日志为核心，采用模块化的工作组件设计，大数据分布式系统架构，采用机器学习、数据建模、行为识别、关联分析等方法，通过全量收集流量与日志并结合威胁情报，实现快速有效的威胁检测、分析、处置能力，使得信息安全可知、可见、可控。关键技术架构如图 5-21 所示。

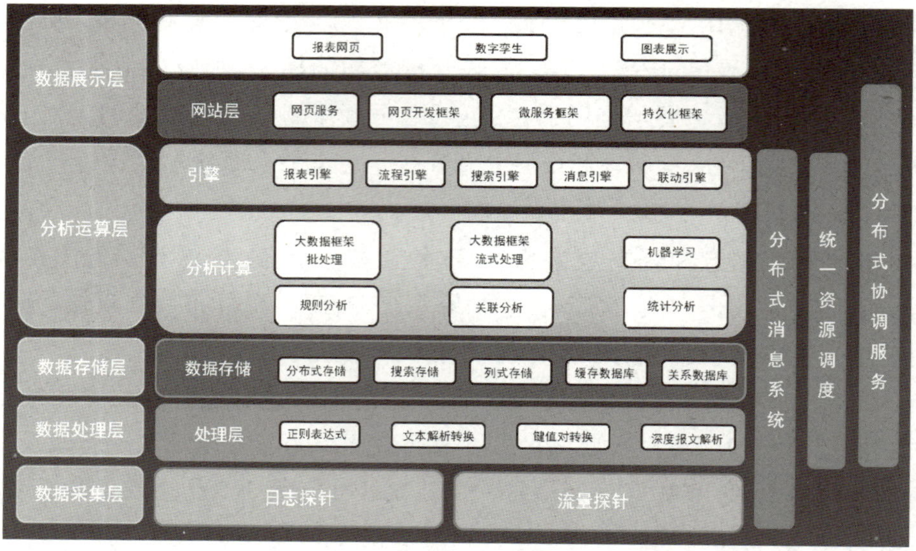


图 5-21　关键技术架构

① 依托 Hadoop 大数据平台，将机器学习算法和 MapReduce 分布式计算模型结合在 Hadoop 平台上进行并行化处理，将存储在 HDFS 分布式文件系统中网络采集数据、日志和告警信息，采用 MapReduce 和 Flume 等分布式计算技术完成分布式异常检查。

② 基于分布式的网络异常检测研究，提供基础数据建模算法，可配置的数据模型、归并算法模型、偏离算法模型、聚类算法模型，实现海量日志存储、索引和建模分析。

③ 采用“采集器＋ElasticSearch＋Spark”的分布式架构，建立了数据采集引擎日志收集器、大数据安全配置管理平台、大数据安全存储查询模块 ElasticSearch、实时检索技术模块、Spark 安全异常行为和未知威胁分析技术模块。

④ 实现了对企业的安全风险监控、安全风险定位、安全风险回溯、威胁态势的分析和呈现，实现安全信息的长期全量存储、全文检索分析、异常行为检测和安全合规要求。

⑤ 创新性的采用搜索引擎技术作为本地数据存储和检索核心技术，采用 json 格式作为引擎的输入输出格式，这样可极大提高检索性能，可提供

TB级的数据快速搜索能力。

(5) 人员培训

人员培训作为工程建设一个重要环节,对整个项目的实施至关重要,通过系统培训,使得项目人员可以得到日常工作需要的专业技术知识和经验,从而保障整个项目顺利开展和系统的平稳上线。培训采用“线上+线下”方式,设计了法律法规、等级保护管理、实时监测、态势感知、通报预警、应急指挥、情报管理、追踪溯源等课程,培训的90余人具备掌握了综合安全事件的分析能力,达到了预期培训效果。

(6) 标准规范

根据相关国家标准和规范要求,通过项目实施经验,制定了一套企业级网络安全态势平台接入数据规范——《淄矿集团网络安全监测及态势感知系统 数据接入及日志解析规范》,为实施煤炭企业今后的网络安全类项目起到了引领作用,也为淄矿集团科学规范的建设网络安全类项目起到了积极推动作用。

(7) 信息共享与集成

平台信息共享与业务集成主要涉及内部安全设备、网络设备流量、主机杀毒、应用系统流量、外部情报之间的数据集成等与能力提供有关的集成,如图5-22所示。

(8) 协调配合

为确保项目顺利推进,公司成立了项目领导小组和工作小组,明确了项目成员和工作责任制,通过引入CMMI(能力成熟度模型集成)、PMP(项目管理专业人员资质认证)模型,建立了一套可以自我持续改进的研究和应用流程管理体系,并成功达到项目目标。一是建立联合项目管理办公室机制,加强项目管理,为项目成功实施提供有力的组织保障。二是在业务需求调研阶段全面分析项目需求,对安全需求、业务功能、技术标准、数据规范进行标准化和规范化设计。三是充分考虑先后顺序及依赖关系,分批次、分阶段地逐步予以实施,然后再进行功能的细化、补充及完善。

### 5.15.3 案例亮点及应用价值

① 在能源行业引领性建立了一套网络安全应急处置体系。当前信息架

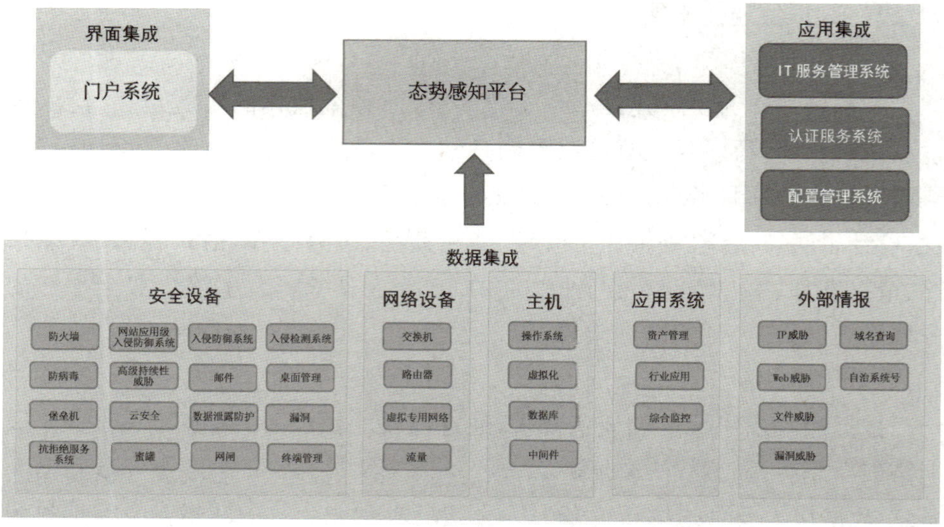


图 5-22　态势感知平台信息共享与业务集成架构

构日趋复杂，各种安全设备、安全数据越来越多，传统的分析能力明显力不从心。通过借助大数据安全分析技术，解决海量安全要素信息的采集、存储问题，更加智能地洞悉信息与网络安全的态势，为更加主动、弹性地去应对新型复杂的威胁和未知多变的风险。

② 示范性地形成一套以网络安全为标准的量化考核指标体系。通过数据汇集和分析，了解各单位日常对安全事件的分析和处理流程，分析过程效率、研判处置能力，转化为高效、有指导意义的量化考核指标，促进了各分支机构、公司员工安全意识提升，为能源行业网络安全建设工作摸索出一条管理实践之路。

③ 创新性地建立了安全事件实时报警、及时响应的集团公司级平台。通过实时分析、发现海量网络流量和系统日志中的攻击行为和未知威胁，针对运维和业务操作过程中的高危操作，及时预报预警并加强风险管控，实现数据风险和整治同步处置能力，强化了业务和运维过程中的操作安全，发挥了平台的安全保障能力。

# 5.16 中国平煤神马集团十矿工业安全防护系统建设*

## 5.16.1 案例概述

### 5.16.1.1 项目背景

中国平煤神马集团十矿(以下简称“十矿”)在2012年开始开展信息化建设,建设了千兆工业环网和综合自动化管控平台。由于当初技术不成熟,很多井下工业控制系统功能不完善,投入使用的并不多。2019年,十矿开始智能化煤矿建设工作,建成了智能化采煤工作面、智能化掘进工作面、安全生产信息共享平台、万兆工业环网、安全生产可视化系统以及机电运输中的各个自动化集控子系统。各类工业控制系统在十矿呈现出井喷式的建设高潮,只有工业控制安全防护配套完善,才能保障各个系统的安全平稳运行。因此,十矿在2020年对全矿井的工业控制系统进行了全面细致的分析调研,制定了工业控制系统安全防护方案,在2021年进行了实施并取得了良好的应用效果。

### 5.16.1.2 实施目标

原有工业控制系统大部分是由第三方厂商进行承建的,各个厂家的技术能力良莠不齐,导致十矿工业控制系统的安全防护等级较低,达不到等级保护的备案标准。因此,建设工业控制系统首先是为了保障全部工业控制系统得到安全防护,避免受到网络攻击对安全生产造成影响;其次,通过工业安全防护系统的建设,也使十矿能建立一套工业控制系统的安全防护管理规范,使工业控制系统的各项工作都能够依规进行;第三,建成工业安全管理工作体系,增强全矿职工的工控安全意识,培养一批工控安全领域的技术人才,带动全矿井工控安全系统的持续创新发展。

---

* 本案例具体内容由冀伟朋、苏阳、李昕、代大鹏、姬兆良、沈洋洋等人于2021年12月完成。

### 5.16.2 项目实施

#### 5.16.2.1 场景特征

（1）十矿工业控制系统建设背景

十矿在2003年成立了计算机中心，当时传输介质为同轴电缆，而后改造敷设了地面办公局域网，仅局限于机关科室办公需求，井下仅局限于主副井提升、部分电力、瓦斯监测有数据监控，生产处于机械化与简单控制信息处理状况。2012年，十矿根据《中国平煤神马集团信息化“十二五”发展指导意见》《中国平煤神马集团煤矿综合自动化建设指导意见（试行）》《平煤股份十矿综合自动化系统规划方案论证会会议纪要》，于2012年3月组建信息化矿山建设队伍，并下发了《十矿综合自动化建设专业技术小组管理办法》。参照集团“两化融合”与综合自动化系统建设的指导方针，积极创新引进技术，联合华洋通信科技股份有限公司初步制定了十矿综合自动化规划方案。

（2）十矿工业系统建设现状

2012年前，十矿有部分厂家帮助建设几个控制子系统，相互独立，信息不互通。一期建设工程涵盖有千兆工业以太网环网、综合自动化控制平台，包含有主副井提升系统、洗煤厂集控系统、钢缆胶带集控系统等。但是由于初期系统功能不完善，未能推广应用。2019年初，十矿被列为“河南省首家智能矿山建设示范单位”。在集团大力支持下，立即响应推动项目建设，在工业控制领域建成了万兆工业以太网环网、安全生产可视化系统、主排水自动化系统、主副井提升自动化系统、变电所监控系统、胶带自动化系统、洗煤厂自动化系统和胶带巡检机器人系统等。

（3）十矿工业控制系统安全防护分析

2019年以来，十矿虽然在智能化煤矿建设上投入了大量的人力和物力，但是在网络安全和工业控制系统安全方面的投入比较有限，导致十矿的工业系统安全防护建设相对滞后。在2020年初，十矿还只有一台商业级的防火墙作业全矿井网络安全防护设备，没有工业级别的安全防护设备。

#### 5.16.2.2 需求分析

（1）实时监测工业控制系统设备在线状态

目前，十矿工业以太环网内数据流量十分庞大，包含有500多路摄像头，工业设备600余个，工业电脑100余台，上位控制系统主要采用西门子WinCC系统，下位PLC设备主要采用西门子S7-300、S7-1500，仅在生产网与办公网区域边界部署传统防火墙设备，生产网内主机侧安全建设尚属空白，存在较大的安全隐患。因生产网络中工控设备类型丰富，且采用S7等工业控制协议进行通信，但已部署的传统防火墙无法识别现场工业控制协议，存在非法指令下发、恶意指令下发等风险，迫切需要提升对S7等工业控制协议深度解析能力。如此庞杂的设备，对管理人员提出了巨大的挑战，各个设备的在线情况、整个工业控制系统的拓扑结构也成为管理的痛点和难点，可能井下一个汇聚设备的中断，都会影响一个甚至多个工业控制系统的稳定运行。因此，对全部工业环网内设备的在线状态监测，就成为一个重要的管理手段，当某个设备离线时能及时发出预警信号，管理人员在接到预警信号后及时查看该设备在网络拓扑中的位置，判断受影响的范围，并组织及时修复断线设备。

(2) 对工业主机进行实时防护

目前，十矿全矿井拥有的工业主机有100余台，生产网内工控主机通过USB移动存储等介质在办公网和生产网之间交叉使用，极易感染恶意代码程序，进而导致工控主机被攻击，引发安全风险，迫切需要提升外设管控能力。另外，各个主机分布在调度中心、远控室、作业现场等几处，比较分散，对各个工业主机的管理也是一项非常烦琐的工作。因此，需要建设一套工业主机安全防护系统，实现对全部工业主机的实时在线集中管理。要求能够实现对光驱、USB接口、无线网卡等设备远程关闭；具有工业白名单，能阻止白名单以外的程序与操作；能够发现、报告并处置网络攻击或者异常行为等。生产网内工控主机多数使用Windows 7、Windows 10等微软操作系统，由于生产控制网络的封闭及控制系统要求极高的稳定性，所以无法进行正常的操作系统补丁升级，导致存在大量的安全漏洞，迫切需要提升漏洞防护能力。

(3) 工业控制系统日志审计

出现问题后的溯源十分重要，因此工业控制日志审计系统必不可少。

一要具有日志监控能力，支持对工业系统资产的实时运行状态进行监控；二要有日志采集能力，支持通过 IPv4、IPv6 以及工业协议对工业设备的运行日志进行采集；三要能够对采集到的日志进行分析与告警，支持对日志进行分组、分组查询以及从叶子节点可直接查询分析日志，内置丰富的单源、多源事件关联分析规则，支持自定义事件规则，可按照日志、字段布尔逻辑关系等方式自定义规则；支持时间的查询、查询结果统计以及统计结果的展示等；支持对告警规则的自定义，可设置针对工业控制系统安全事件的各种筛选规则、告警等级等。

5.16.2.3 对策与措施

(1) 区域边界访问控制

在生产网与办公网区域边界部署工业互联防火墙，实现 S7 等工业控制协议的识别与深度解析，实时拦截非法指令下发、恶意指令下发等违规行为；强化对 WinCC 工业控制系统的边界隔离与防护，确保控制系统的持续稳定运行。

(2) 工业主机安全防护及加固

在各生产网络中的工控主机上部署工控主机卫士，通过“白名单”技术、漏洞防御、安全基线及外设管控等技术措施实现对工控主机的安全防护与加固，提高工控主机的安全防护能力与安全防护等级。

(3) 生产网络流量监测及预警

在生产网核心交换机旁路部署工控安全监测与审计系统和入侵检测系统，实时收集生产控制、下发指令、收集数据等相关工业镜像流量，对流量中网络连接、网络协议、网络会话、工业控制协议指令等内容进行翔实审计，实时检测出针对工业控制协议的网络攻击、用户误操作、用户违规操作、非法设备接入以及蠕虫、病毒等恶意软件的传播等行为并实时告警，快速发现安全问题并进行相应处置。

(4) 统一安全管控

在安全管理中心部署统一安全管理平台，对生产网络中部署的工业互联防火墙、工控主机卫士、工控安全监测与审计系统、入侵检测系统等进行集中管控；同时统一安全管理平台兼备基于资产的集中管理功能，有效提升网络安全运维工作效率，降低安全运维成本。

### 5.16.3 案例亮点及应用价值

（1）全面提升了工业控制系统整体安全性

针对工业控制系统的网络攻击日益增加，且直接损害了企业的经济利益，在当前的大环境下工控安全建设尤为重要，建设完成后可全面提升工业控制系统的整体安全性，确保设备、系统、网络的可靠性、稳定性，全面提升安全生产管理水平、工作效率和管理效率，避免出现矿井生产系统遭受网络攻击的安全事件。

（2）构建了网络安全纵深防御体系

以"白名单"技术机制为核心，构建覆盖生产网络边界、主机、PLC设备、工控组态软件等全方位的网络安全纵深防御体系。无须改造现有生产网络架构和升级工业控制系统，无须频繁升级病毒特征库，安全设备硬件平台满足工业控制环境标准要求，且可持续稳定运行。

## 5.17 中国平煤神马集团十一矿智能矿山工业控制系统全生命周期网络安全防护应用*

### 5.17.1 案例概述

#### 5.17.1.1 项目背景

我国煤炭工控领域的安全可靠性问题突出，工控系统的复杂化、IT化和通用化加大了系统的安全隐患，潜在的更大威胁是我国工控产业综合竞争力不强，嵌入式软件、总线协议、工控软件等核心技术受制于国外，缺乏自主的通信安全、信息安全、安全可靠性测试等标准。越来越多的计算机和网络技术应用于工业控制系统，在为工业生产带来极大推动作用的同时，也给工业控制系统带来了大量的安全隐患：系统配置和软件安全漏洞、工控协议安

* 本案例具体内容由杨坤、徐帅军、闫晓岚、周建、许东东、王雅婷等人于2021年10月完成。

全问题、私有协议的安全问题以及隐藏的后门和未知漏洞、TCP/IP 自身的安全问题，用户权限控制的接入，网络安全边界防护以及内部非法人员，密钥管理等各种信息安全风险和漏洞。

受 2020 年全球新冠肺炎疫情的影响，煤炭企业数字化转型加速，导致外部非法入侵者更加关注工业控制系统存在的安全隐患，进一步提升煤炭企业工控系统安全对抗技术迫在眉睫。

#### 5.17.1.2 实施目标

中国平煤神马集团十一矿（以下简称“十一矿”）智慧矿山工控网络安全防护覆盖控制系统整个生命周期。主要包括：

① 针对工控设备特点的、覆盖主要工控协议和丰富检测方法并支持未知协议的检测工具。

② 具备自动学习、自动适应、自动生成防御策略的工业级全网安全监控保护系统。

③ 覆盖西门子、施耐德等全球主流厂商设备的安全数据库（包括设备漏洞库、网络模型库、设备风险统计库）。

④ 向煤炭关键工业基础设施提供漏洞挖掘、渗透攻击、安全策略、技术培训的全面完整的安全服务。

### 5.17.2 项目实施

#### 5.17.2.1 场景特征

本次设计涵盖十一矿工控网络安全规划，主要从边界防护、主机防护、安全监测等多个风险管理角度进行方案结构的设计。从防护、监测等技术手段进行规划，解决井工矿场井下区域隔离、恶意代码防范、行为审计等多个方面的风险。

（1）工控安全设计

工业网络安全防护主要从边界防护、主机防护、安全审计、安全管理、网络通信防护等方面进行设计。

（2）边界防护

部署工业防火墙设备，用于控制操作员站、数据采集与监视控制系统与控制设备之间的访问流量，仅允许生产运行相关的访问流量通过。工业防火墙系统采用四重白名单的深度防御和一体化引擎机制，既满足工业安全的深度安全要求，又满足工业安全的低时延要求。

(3) 主机防护

部署主机安全防护系统，在操作员站、工程师站通过病毒防护、白名单、移动存储管控等技术措施，能够防范恶意程序的运行、非法外设接入、全面集中管理和安全风险管理等，实现对工业主机全面的安全防护。

(4) 安全审计

部署工业安全监测审计系统，采用接入旁路镜像流量的方式部署，这种采集方式对工控系统网络不会造成任何影响。通过对工控网络流量的采集与分析，实现工控网络信息资产自动识别、漏洞无损发现、威胁实时检测、行为异常分析、工业协议审计等功能。

(5) 工业日志设计

部署工业日志审计设备，能够实时不间断地将工控网络中来自不同厂商的安全设备、网络设备、主机、操作系统、数据库系统、用户业务系统的日志、警报等信息汇集到审计中心，实现全网综合安全审计。同时满足网络安全法对网络运行日志留存 180 天的要求。

(6) 工业运维安全审计

部署工业运维安全审计，支持对网络设备、数据库、安全设备、主机系统等资源的运维与审计，通过集中化运维管控、运维过程实时监管、运维访问合规性控制、运维过程图形化审计等功能，为运维构建一套完善的事前预防、事中监控、事后审计安全管理体系。

(7) 工业准入控制

部署工业准入控制系统，应对工业互联网终端等各类型 IoT 设备大量使用场景下，可解决网内 IoT 设备安全接入管理难题，实现 IoT 设备的发现和识别、接入感知与用户识别、多类型设备的统一准入控制、仿冒检测和处置、安全合规检查、状态监控、IP 地址管理与使用监控等安全管理。

#### 5.17.2.2 需求分析

互联网技术的出现，使得工业控制网络中大量采用通用 TCP/IP 技术，工业控制网络和企业管理网的联系越来越紧密。传统工业控制系统采用专用的硬件、软件和通信协议,设计上基本没有考虑互联互通所必须考虑的通信安全问题。企业管理网与工业控制网的防护功能都很弱或者几乎没有隔离功能。因此,在工厂控制系统开放的同时,也减弱了系统与外界的隔离,工厂控制系统的安全隐患问题日益严峻。系统中任何一点受到攻击都有可能导致整个系统的瘫痪。

(1) 工控系统安全漏洞

大多数控制网络中在运行的电脑,没有安装工业版的主机安全防护软件。另外,控制器的设计都以优化实时的输入/输出功能为主,而并不提供加强的网络连接安全防护功能。由于 DCS 等控制系统缺乏安全性设计,所以工控系统都是非常容易受到攻击的对象,一般的黑客初学者就能获取入侵这些系统的工具。目前国家基础设施控制系统基本上被国外厂商垄断,设备都存在漏洞和固件后门。核心技术受制于人,增加了诸多不可控因素。

(2) 工控主机操作系统漏洞

目前在煤炭行业的生产环境中,大多数工业控制系统的工程师站/操作站的操作系统都是 Windows 平台的,为保证过程控制系统的相对独立性,同时考虑到系统的稳定运行,通常现场工程师在系统运行使用后不会对 Windows 平台安装任何补丁,但是存在的问题是,不安装补丁系统就存在被攻击的可能,从而埋下安全隐患。

(3) 工控主机病毒防护漏洞

为了保证煤炭行业工控应用软件的可用性,许多控制系统操作站通常不会安装杀毒软件。即使安装了杀毒软件,在使用过程中也有很大的局限性,原因在于使用杀毒软件很关键的一点是,其病毒库需要不定期更新,这一要求尤其不适合于工业控制环境。而且杀毒软件对新病毒的处理总是滞后的,导致每年都会爆发大规模的病毒攻击,特别是新病毒。

(4) 工业应用软件漏洞

由于煤炭行业的工控应用软件多种多样,很难形成统一的防护规范以应对安全问题;另外当应用软件面向网络应用时,就必须开放其应用端口。

因此常规的IT防火墙等安全设备很难保障其安全性。攻击者很有可能会利用一些大型工程自动化软件的安全漏洞获取设备的控制权，一旦这些控制权被不良意图黑客所掌握，那么后果不堪设想。

(5) 工控环境介质管理漏洞

通过在国内和国外众多的工控网络安全事件可以看到，大部分的安全事件都来源于企业对于多个介质接口疏于安全防护和控制，例如USB方式、笔记本接入等，因此对工业系统的介质安全管控存在漏洞。

(6) 工控安全管理和规划漏洞

煤炭企业的工业系统随着这些年的发展，自动化程度较高，业务运行连续性高，在众多将保生产、促效益为目标的煤炭企业中，对于工控环境的网络安全问题缺乏有效管理，安全需求往往来源于合规性要求，缺乏针对企业工业环境有效的工控安全思考和规划。

#### 5.17.2.3 对策与措施

(1) 建立安全监测监督检查体系

① 建立监测监督组织。负责制定监管工作的目标，执行安全监管工作规划，并为监管工作提供必要的资源支持。对监管工作中出现的问题进行决策，审定重大安全事件的责任划分，监控相关责任方安全问题的处置与反馈。

② 管理监督体系建设。包含组织建设文件、组织架构监管、人员安全监管与制度落实监管。

③ 组织架构监管。衡量与评审工控安全保障体系中管理组织架构的合理性、组织运转顺畅性以及职责履行情况。

④ 人员安全监管。对工控安全保障体系中涉及的相关人员的管理情况进行监督；分析人员岗位职责及履行情况、安全意识及技术能力状况等。

⑤ 制度落实监督。定期检查安全管理制度的落实情况，查阅相关记录与文件，分析制度落实环节的薄弱点，提供执行整改的建议。

⑥ 技术监管体系设计。矿端工控安全监测体系，各监管体系针对监管范围不同，结合现有技术条件，充分发挥监督监管职能，采集并获取不同的监管数据，从而及时发现并通报安全事件与安全隐患，实时分析与掌握工控

安全运行态势，督促并推进矿端提高安全保障能力。

（2）确定安全监督检查方式

① 自查。定期对自身工控安全防护进行自查，对不满足项及时进行整改，并将自查报告上报至集团端，以便集团了解矿端工控运行状况、安全状况和运维状况。

② 抽查。通过对矿端工控网络的数据采集、监控、分析发现异常的情况或是重要保障时间而进行的不定时检查方式，如新上线业务流程合规性检查、异常事件的重点检查等。旨在监督检查矿端对业务上线流程、事件处理流程、重要业务系统合规性等方面是否已开展自查，工控安全管理基本措施落实情况，关键领域或关键点是否存在重大安全隐患，以及其工控信息安全风险是否在可接受的范围内。

③ 现场检查。自行或委托第三方测评机构开展标准符合性评测和风险评估；对评估评测发现的重大安全风险制定整改方案，落实整改措施。

组织人员或委托第三方对工控安全进行定期安全评估。检测方法包括：

a. 人员访谈。监督检查人员通过引导工控安全管理相关人员进行有目的和有针对性的交流以帮助其理解、分析和获取检查证据或结果。

b. 制度检查。监督检查人员在监督检查过程中采取文档查阅、现场观察、实地查验、设备配置核查等方式分析、评估和掌握政务工控网络安全属性。

c. 技术测试。监督检查人员使用专业成熟的测试工具（漏洞扫描、工控安全检查工具箱等）、技术手段和操作方法，在检修期间对工控网络进行扫描、测试以验证其安全状况。

d. 策略审核。通过监督检查人员实地审核工控网络安全策略是否按合规性要求而配置，从而验证制度与访谈的结果。

④ 远程数据采集与监测。企业建立网络安全监测预警和信息通报机制；建设完善安全技术监测手段。

由专人组织负责本矿的工控安全监测预警，实时关注工控网络中的威胁事件并及时处置。同时，矿端应将监测数据上传至集团端工业安全态势感知与安全管理平台，组织人员对平台的工控安全告警事件进行分析研判。

⑤ 监督检查流程。流程如图 5-23 所示。

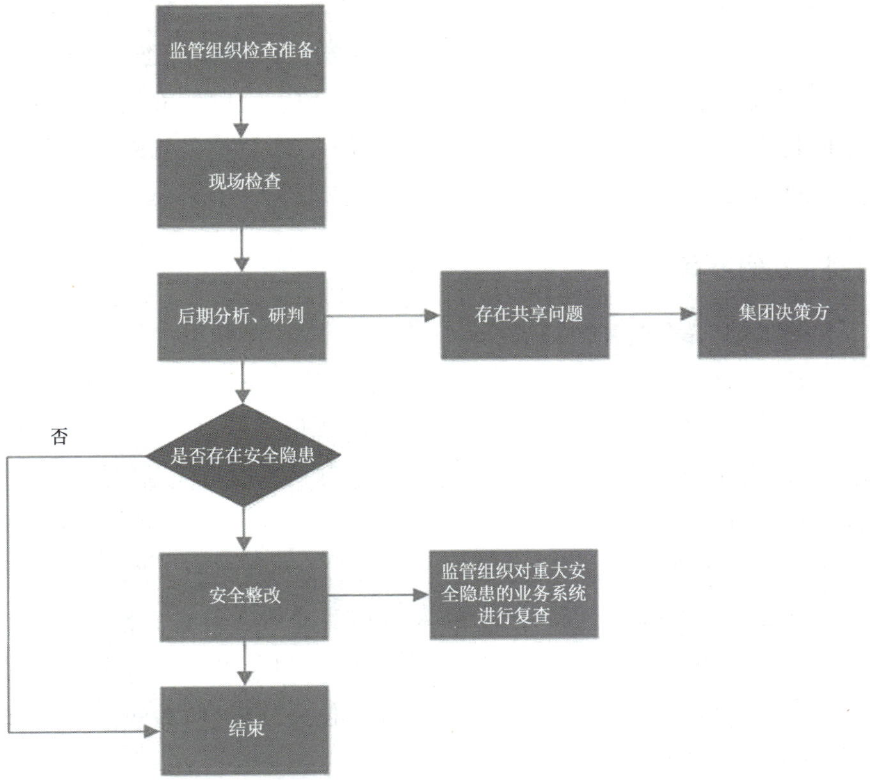


图 5-23　监督检查流程

⑥ 监督检查范围。依据法律法规以及等级保护要求和行业要求，对矿端单位进行组织制度管理检查，包括组织管理、人员管理、资产管理、应急管理、工控网络建设规范和实施规范、业务上线规范、安全事件处置规范等合规性检查。

⑦ 后期分析。检查组织应根据现场收集获取的信息和检查结果原始记录，对被检查系统的实际安全管理情况进行梳理和汇总，分析被检查系统面临的安全威胁和安全风险情况，评估其是否存在严重安全隐患，根据检查分析评估结果形成检查结论。

⑧ 安全整改。经检查发现存在安全隐患的,矿端单位应尽快组织实施安全整改工作,并及时向集团主管部门报告整改情况。

对存在重大安全隐患的重点领域系统,通知矿端单位立即采取防护措施实施安全整改。监督检查组织应及时对其安全整改情况进行复查,对已采取的安全整改措施应进一步考虑是否引入新的安全问题并进行检查和分析,督促其改进和完善信息安全管理技术措施。对于安全整改实施不到位的业务系统,要求矿端单位继续进行安全整改。

### 5.17.3 案例亮点及应用价值

(1) 扩大了安全监控的范围

平台可以实现对不同工业安全场景下的网络安全监控,可以更细致、更全面地采集原始日志信息,即使出现存储空间或计算性能不足的情况,仍然可以通过水平扩展的方式快速地线性提升能力。能够更及时、更准确地发现威胁,相关日志的存储也可以帮助企业客户应对日志审计的合规检查。

(2) 提升了威胁发现及时性

可对国际上 30 多个 APT 组织的入侵和活动行为进行跟踪,在被上级通报前主动发现问题。及早地发现威胁一方面可以帮助企业或单位在安全管理上更为从容,另一方面可以留下更多挽回损失的机会,为快速地弥补安全问题提供宝贵的时间窗口。

(3) 提升了安全管理效率

在技术层面能够发现那些确认度更高的威胁。对于那些确实已经造成恶劣影响的、绕过安全防御体系的威胁,可以采取更有针对性的处置动作,而对于那些失败了的攻击企图,完全无须耗费过多精力。通过告警确认度的提升,安全管理效率相应地也会得到提升。

(4) 降低了安全运营成本

可以直接通过工业安全态势感知系统直观地查看企业内部不同资产组的风险分布,相关风险值会在逻辑拓扑上直接映射,可以将风险以可视化的形式呈现在大屏幕上。外部威胁的攻击态势则能直接以地图展示的方式帮助管理者了解外部攻击的主要来源地、主要的外部攻击分类、本地最容易被攻击的资产等信息。

（5）满足了合规性需求

通过统一的日志采集、日志查询、日志存储和日志管理等可以满足网络安全法律法规中设备日志存储6个月的要求。通过日志查询系统用户可以方便地查询使用原始日志和解析日志，对安全事件进行追踪回溯或通过关联分析发现新的信息安全事件。

（6）实现了监测预警通报

在企业安全方面，一方面可通过可视化技术的利用，将原本碎片化的威胁告警、异常行为告警、资产管理等数据结构化，形成高维度的可视化方案，以便于用户理解；另一方面可以通过可视化技术将威胁事件与企业业务进行有机结合，通过产品及平台手段将全局的安全态势以图形化的方式直观呈现，将安全由不可见变为可见。

## 5.18 河南永煤新桥煤矿智慧矿山工控安全纵深防御体系建设*

### 5.18.1 案例概述

#### 5.18.1.1 项目背景

工业控制系统滞后的系统运行环境以及难以实施的更新，导致传统信息系统面临更为严峻的网络安全问题。工业控制网络与传统办公信息网有着本质上的区别，其通信协议为专有的工业控制协议，对系统及网络环境的稳定性要求也极高。

随着河南能源永煤公司新桥煤矿（以下简称“新桥煤矿”）智慧矿山项目的建设推进，工控网络与其他网络的互联打破了系统原有的相对封闭性，智慧管控平台需要采集工控自动化系统的各项数据，自动化控制系统面临各种信息安全被攻击风险的。

---

* 本案例具体内容由王中华、何敏、张化乾、马迅、余安东、夏伟等人于2021年12月完成。

#### 5.18.1.2 实施目标

通过项目建设，能够全面提升新桥煤矿工控系统整体安全性，确保设备、系统、网络的可靠性和稳定性，减少安全运维人员的工作量，提高安全生产管理水平、工作效率和管理效率。完成并实现以下目标：

① 实现生产监控层、过程监控层之间，服务器区域其他系统之间，井上工业环网、井下工业环网、井下无线网络通信区域、安全监控专网之间实现逻辑隔离，做到端口级、值域级的细粒度访问控制，做到三重固化，实现防护规则自学习及优化，从而守好各个区域的“大门”。

② 实现对工控主机的安全防护，通过白名单机制构建主机安全基线，防止病毒木马、恶意软件对操作系统的破坏。

③ 通过统一安全管理平台对所有工控安全防护设备及系统的统一管理，降低运维管理成本。

④ 通过准入控制系统，只允许合法的、安全的、值得信任的设备（如 PC、摄像头、IoT 等）接入网络，而不允许其他设备接入。

⑤ 实现工控漏洞扫描设备对内部的主机设备、业务服务器等进行漏洞的定期扫描，实现内部漏洞全生命周期管理。

⑥ 内部对服务器数据库进行保护，实时地解析对数据库服务器的各种操作，实现对目标数据库系统的用户操作的监控和审计。

⑦ 提高工控网络整体防护能力，通过工控网络的安全体系建设，使工控系统可以有效防护内部、外部、恶意代码、APT 等攻击，安全风险降低到可控范围内，减少安全事件的发生，保护工控系统能够高效、稳定运行，减少因为系统停机带来的生产损失。

### 5.18.2 项目实施

#### 5.18.2.1 场景特征

（1）基础硬件存在隐患

新桥煤矿主要业务系统包括：综合信息化系统，培训系统，精益管理系统，培训 e 课堂系统，双重预控系统，调度信息化系统，矿压监测系统，水文系统，调度机、行政机维护系统，设备检修管理系统，视频点播系统，压风、供水在线监测系统等近25个应用系统。

现有IT架构采用传统单一服务器叠加模式。现有服务器为前时期采购,设备老化,故障率高,维护成本高。且服务器硬件资源分配不平衡,关键服务器资源紧张时,部分服务器使用率只有20%,但剩余的服务器资源不能移为他用,造成服务器资源浪费和机房空间浪费。机房内设备分散,管理相对独立,无法对数据中心内的基础设施进行监控、管理、报告和远程访问。提交变更请求与进行运营变更之间存在较长延迟,影响各业务系统的工作效率。

(2) 数据缺乏有效备份机制

现有的生产经营类系统,缺乏有效数据备份机制,现有的备份手段主要依赖人工手动备份,依赖于共享存储的RAID(独立磁盘冗余阵列)机制保障数据安全,有数据丢失的风险。当硬盘、主机发生故障时会导致数据丢失和业务宕机。

(3) 缺乏统一规划,运维复杂

现有的数据中心业务环境比较独立,运维管理的复杂度大。随着服务器数量的增多,给数据中心运维和业务上线带来管理难度大的问题。

#### 5.18.2.2 需求分析

通过对新桥煤矿工控系统网络设计情况进行分析,存在许多由系统本身脆弱性结合内外部导入的威胁所带来的安全风险,控制网络内缺少入侵检测技术手段,如果出现黑客入侵、病毒攻击等行为无法及时报警,攻击行为发生后无法定位等问题。操作员站、工程师站等服务器没有病毒防护软件、USB接口没有进行相应管控,整网内部无漏洞扫描设备;且统一安全管理及安全运维措施缺失,与等级保护标准还存在一定差距。具体安全风险如下:

① 上位工控。调度室有比较多的工程师站,工程师站是工程师对控制系统进行组态和管理的窗口,在实际应用中经常使用U盘、光盘等移动介质,但人机交互频率较高的工程师站以及第三方维护单位监督管理困难,使控制系统依然存在感染病毒的风险,因此需要对工程师站进行管理和保护。

② 网间隔离。生产控制网络内部缺乏纵深防御技术措施。工业网及生

产内部目前采用网闸及下一代防火墙隔离，但生产控制网内部普遍通过划分不同的网段来隔离不同的工业控制系统，在生产控制网内部各区域的边界上缺乏必要的安全保护措施。

③ 工业视频。工控网络中摄像头、现场 PLC 设备都接入网络中，设备越来越多，非法用户可以随意接入工控网络，仿冒接入，非法攻击设备、通信网关、网络、应用等；其次现场设备基数大、类型多，缺乏集中管理工具，设备出现故障时，不能及时定位和解决。同时工业控制系统内资产清单缺乏，资产责任人不清晰。

④ 业务新增。目前新上线的业务系统比较多，数据资产通常都存放在数据库里，数据库出现不良行为操作导致敏感数据泄露时，无法通过审计日志追查到相关责任人。

⑤ 漏洞扫描。由于工控网络相对比较封闭，在系统正式运行前几乎不会进行安全漏洞检测，在投入生产后为了保障系统稳定运行，也很少对系统和软件进行升级或打补丁，目前无法掌握现有工业网络中业务系统漏洞情况及安全基线情况。

结合煤矿实际情况，依据《中华人民共和国网络安全法》《信息安全技术 网络安全等级保护测评要求》《工业控制系统信息安全防护指南》等相关规定要求，应部署恶意代码防范软件、网络边界防护设备、基线核查设备、准入设备等。通过在生产网与核心网之间部署工业互联网防火墙，保证业务系统间网络安全。通过在操作站上部署工控安全防护等软件，构建新桥煤矿工控系统安全防护的第一道防线；通过在网络部署准入系统，实现对入网设备进行接入认证和最小访问控制，杜绝非授权用户及设备接入。通过部署数据库审计设备，实时地解析对数据库服务器的各种操作，实现对目标数据库系统的用户操作的监控和审计。通过基线核查设备对工控网络中的漏洞进行检测和分析，及时发现工控网络中存在的问题，加强对关键工控服务器、网络设备等安全基线的管理，使其符合内部安全管理的要求，进而提升的网络安全防护等级，降低内部人员带来的安全风险。

#### 5.18.2.3 对策与措施

根据智慧矿山的网络安全现状，并结合工控系统运行环境相对稳定、系统更新频率较低的特点，结合《工业控制系统信息安全防护指南》关于工控主机安全软件的选择与管理要求，提出基于“白名单”机制的工业控制系统网络安全“白环境”解决方案。通过对工控网络流量、工控主机状态等进行监控，收集并分析工控网络数据及软件运行状态，建立工控系统正常工作环境下的安全状态基线和模型，进而构筑工控安全“白环境”。确保只有可信任的设备，才能接入工控网络；只有可信任的消息，才能在工控网络上传输；只有可信任的软件，才允许被执行。安全建设依据“安全分区、纵深防护、统一监控”的原则进行建设。

① 安全分区。根据生产过程，将生产相关配套工业控制系统按照板块进行安全分区。板块内部再根据不同控制系统进行安全分域。根据划分的安全区、安全域制定区间、域间防护措施。

② 纵深防护。结合安全区、安全域划分结果，在制定区、域边界防护措施的同时，也要在安全区、安全域内部部署异常行为、恶意代码的检测和防护措施。

③ 统一监控。针对各安全区、安全域的防护措施、检测及审计措施建立统一的、分级的监控系统，统一监控工业控制系统的安全状况。将各业务板块的工业控制系统安全风险进行集中展示，以风险等级的方式给出不同工业控制系统的安全风险级别，全面了解并掌握系统动态。工控网络安全建设整体方案设计如图 5-24 所示。

### 5.18.3 案例亮点及应用价值

(1) 深度防御

在工控网络安全防护系统设计、实施过程中，建立等级保护深度防御体系，对计算环境、网络边界、通信网络、用户和数据进行全面加固。以《信息安全技术 网络安全等级保护基本要求》为依据，按照《信息安全技术 网络安全等级保护安全设计技术要求》，建设符合新桥煤矿安全需要的安全计算环境、安全区域边界和安全通信网络。

(2) 集中管理

统一管理是建设工控网络安全等级保护深度防御体系的基本要求，是

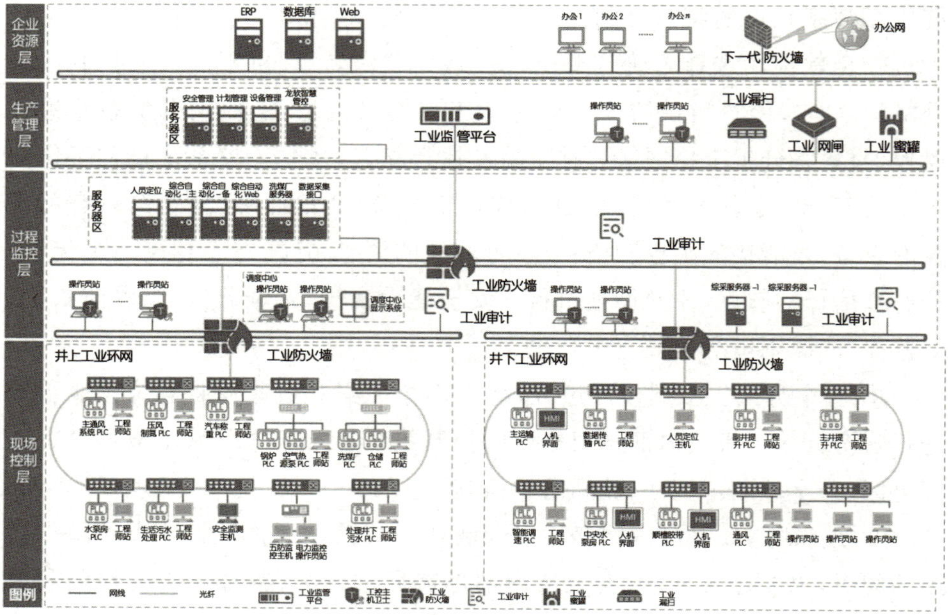


图 5-24　工控网络安全建设整体方案设计

各单位横向集成、纵向贯通、信息共享的前提。同时，在全面推广网络安全等级保护深度防御工程时，按照统一信息系统安全管理的规范进行规划和设计，确保网络安全防护水平的一致。

对业务系统范围内的资源和用户进行统一标记，按照访问控制策略来实施，对于各个终端、服务器和边界的事件应统一由审计中心进行分析和响应。另外，应建立全系统范围的网络管理和监控系统，做到管理全局统一，监控严密，响应及时。

（3）适度防护

作为专用网络内部工控系统，其防护重点和其他与互联网有连接的信息系统有着较大的不同，在网络安全防御体系建设过程中，需要考虑对内部的防护，突出适度防护的原则。在考虑可用性和建设成本的前提下，对现有系统进行改造升级，建立满足高安全等级要求的信息系统。

（4）技术与管理并重

把技术措施和管理措施结合起来，在一定情况下，依靠管理措施来弥补技术措施的不足，保障安全技术措施的正确实施，更有效地保障煤炭开采业务系统的整体安全性。

(5) 动态调整

网络安全问题不是静态的，它会随着管理相关的组织结构、组织策略、信息系统和操作流程的改变而变化，因此必须跟踪业务信息系统的变化情况，及时调整安全保护措施。

# 参考文献

[1] 陈龙.煤炭企业网络安全建设与管理探究[J].煤炭技术,2013,32(2):220-222.

[2] 成忠庆,唐志斌.面向能源行业的工业互联网综合安全监测系统[J].网络安全技术与应用,2020(12):149-151.

[3] 丁剑明.煤矿工业控制系统安全现状和解决方案[J].信息安全研究,2019,5(8):656-662.

[4] 杜淼.基于博弈论的工业控制网络入侵防御技术研究[D].镇江:江苏科技大学,2018.

[5] 韩晓樱.浅谈网络安全态势感知系统及其关键技术[J].电子世界,2019(11):206.

[6] 郝雪梅.基于云计算的煤炭企业信息化研究[D].太原:山西财经大学,2011.

[7] 姜宝刚,曾鲲.基于MES和SCADA的制药行业工控安全相关技术研究[J].信息安全研究,2019,5(8):685-690.

[8] 姜伟伟,刘光杰,戴跃伟.基于Snort的Modbus TCP工控协议异常数据检测规则设计[J].计算机科学,2015,42(11):212-216,247.

[9] 蒋兴,李阳,张群,等.智慧城市建设下的网络安全设计思路[J].保密科学技术,2020(11):28-33.

[10] 金江军.网络安全和信息化党政领导干部一本通[M].北京:中信出版集团,2017.

[11] 赖英旭,刘增辉,蔡晓田,等.工业控制系统入侵检测研究综述[J].通信学报,2017,38(2):143-156.

[12] 李首滨.煤炭工业互联网及其关键技术[J].煤炭科学技术,2020,48

(7):98-108.

[13] 李涛.煤矿工控系统安全防护方案研究[J].化工管理,2019(22):110-111.

[14] 梁雨锋,汪萌,赵军凯,等.有色金属行业典型工业控制系统通信协议安全性分析[J].信息网络安全,2016(增刊):89-95.

[15] 鲁智敏,张磊.基于态势感知的网络安全体系部署与价值分析[C]//公安部第三研究所,江苏省公安厅,无锡市公安局.2019 中国网络安全等级保护和关键信息基础设施保护大会论文集.北京:《信息网络安全》编辑部,2019:112-115.

[16] 马文斌.数据库中常用的加密技术[J].同煤科技,2008(2):9-11.

[17] 马霄.基于行为基线的钢铁行业工业控制系统解决方案[J].信息技术与标准化,2019(9):27-32.

[18] 牛立新.郑州煤炭工业集团信息系统安全保护等级建设[J].信息系统工程,2010(12):68-72.

[19] 彭聪留,訾然.深信服安全运营中心解决方案[J].信息安全与通信保密,2020(增刊):88-92.

[20] 钱勍.网络安全运营与实践初探[J].中国信息安全,2019(8):71-73.

[21] 秦宇,孙宇,邢可佳,等.基于生态环境大数据建设的环境信息安全监管体系研究[J].环境保护,2018,46(21):56-60.

[22] 全国信息安全标准化技术委员会.信息安全技术 网络安全等级保护安全设计技术要求:GB/T 25070—2019[S].北京:中国标准出版社,2019.

[23] 全国信息安全标准化技术委员会.信息安全技术 网络安全等级保护测评要求:GB/T 28448—2019[S].北京:中国标准出版社,2019.

[24] 全国信息安全标准化技术委员会.信息安全技术 网络安全等级保护定级指南:GB/T 22240—2020[S].北京:中国标准出版社,2020.

[25] 全国信息安全标准化技术委员会.信息安全技术 网络安全等级保护基本要求:GB/T 22239—2019[S].北京:中国标准出版社,2019.

[26] 舒志勇.技术转移中的信息安全保障研究[J].科技创业月刊,2019,32

(10):80-82.

[27] 宋雨倩.工业控制系统信息安全现状及发展趋势[J].计算机产品与流通,2017(11):120.

[28] 唐玮杰,黄文明.大数据时代下的数据安全管理体系讨论[J].网络空间安全,2016,7(7):58-61.

[29] 王保庆.油气管道工控系统网络安全问题探讨[J].中国石油和化工标准与质量,2020,40(8):82-84.

[30] 王锋.信号安全数据网信息安全防御方案研究[D].北京:北京交通大学,2018.

[31] 王国法,刘峰,孟祥军,等.煤矿智能化(初级阶段)研究与实践[J].煤炭科学技术,2019,47(8):1-36.

[32] 王秀军.新形势下国家网络安全需创新防护理念[J].信息安全与通信保密,2015(12):20.

[33] 王志强,王红凯,张旭东,等.工业控制系统安全隐患及应对措施研究[J].信息网络安全,2014(9):203-206.

[34] 肖丽辉,张利明.网络安全防护问题及措施应用[J].电子技术与软件工程,2019(22):199-200.

[35] 新华社.习近平在网络安全和信息化工作座谈会上的讲话[J].中国信息安全,2016(5):23-31.

[36] 杨道平,简岩.数据可用性的评估方法分析[J].企业技术开发,2015,34(15):62-63.

[37] 杨睿超,岳剑晖,杭肖.浅谈工业互联网环境下的工业控制系统安全防护[J].网络安全技术与应用,2020(5):108-109.

[38] 张绅骐.我国互联网安全现状及对策[J].电子世界,2014(13):160-161.

[39] 赵俊.工业 4.0 时代企业网络安全系统的研究与设计[D].徐州:中国矿业大学,2019.

[40] 中共中央党史和文献研究院.习近平关于网络强国论述摘编[M].北京:中央文献出版社,2021.

[41] 周铁.电力行业安全事件处理系统的设计与实现[D].成都:电子科技大学,2014.

[42] 左卫,程永新.Modbus协议原理及安全性分析[J].通信技术,2013,46(12):66-69.

# 附录　习近平总书记关于网络安全与信息化重要论述摘编

数据基础制度建设事关国家发展和安全大局，要维护国家数据安全，保护个人信息和商业秘密，促进数据高效流通使用、赋能实体经济，统筹推进数据产权、流通交易、收益分配、安全治理，加快构建数据基础制度体系。

——2022 年 6 月 22 日，习近平总书记在中央全面深化改革委员会第二十六次会议上的讲话

推动数字经济和实体经济融合发展。要把握数字化、网络化、智能化方向，推动制造业、服务业、农业等产业数字化，利用互联网新技术对传统产业进行全方位、全链条的改造，提高全要素生产率，发挥数字技术对经济发展的放大、叠加、倍增作用。

要脚踏实地、因企制宜，不能为数字化而数字化。

——2021 年 10 月 18 日，习近平总书记在十九届中共中央政治局第三十四次集体学习时的讲话

中国愿同世界各国一道，把握信息革命历史机遇，培育创新发展新动能，开创数字合作新局面，打造网络安全新格局，构建网络空间命运共同体，携手创造人类更加美好的未来。

——2020 年 11 月 23 日，习近平总书记致世界互联网大会·互联网发展论坛的贺信

当前，全球新一轮科技革命和产业变革深入推进，信息技术日新月异。5G 与工业互联网的融合将加速数字中国、智慧社会建设，加速中国新型工

业化进程，为中国经济发展注入新动能，为疫情阴霾笼罩下的世界经济创造新的发展机遇。

——2020 年 11 月 20 日，习近平总书记致 2020 中国 5G＋工业互联网大会的贺信

举办网络安全宣传周、提升全民网络安全意识和技能，是国家网络安全工作的重要内容。国家网络安全工作要坚持网络安全为人民、网络安全靠人民，保障个人信息安全，维护公民在网络空间的合法权益。要坚持网络安全教育、技术、产业融合发展，形成人才培养、技术创新、产业发展的良性生态。要坚持促进发展和依法管理相统一，既大力培育人工智能、物联网、下一代通信网络等新技术新应用，又积极利用法律法规和标准规范引导新技术应用。要坚持安全可控和开放创新并重，立足于开放环境维护网络安全，加强国际交流合作，提升广大人民群众在网络空间的获得感、幸福感、安全感。

——2019 年 9 月，习近平总书记对国家网络安全宣传周作出的重要指示

全媒体不断发展，出现了全程媒体、全息媒体、全员媒体、全效媒体，信息无处不在、无所不及、无人不用，导致舆论生态、媒体格局、传播方式发生深刻变化，新闻舆论工作面临新的挑战。

要依法加强新兴媒体管理，使我们的网络空间更加清朗。

——2019 年 1 月 25 日，习近平总书记在十九届中共中央政治局第十二次集体学习时的讲话

世界各国虽然国情不同、互联网发展阶段不同、面临的现实挑战不同，但推动数字经济发展的愿望相同、应对网络安全挑战的利益相同、加强网络空间治理的需求相同。各国应该深化务实合作，以共进为动力、以共赢为目标，走出一条互信共治之路，让网络空间命运共同体更具生机活力。

——2018 年 11 月 7 日，习近平总书记致第五届世界互联网大会的贺信

信息化为中华民族带来了千载难逢的机遇。我们必须敏锐抓住信息化发展的历史机遇，加强网上正面宣传，维护网络安全，推动信息领域核心技术突破，发挥信息化对经济社会发展的引领作用，加强网信领域军民融合，主动参与网络空间国际治理进程，自主创新推进网络强国建设。

各级领导干部特别是高级干部要主动适应信息化要求、强化互联网思维，不断提高对互联网规律的把握能力、对网络舆论的引导能力、对信息化发展的驾驭能力、对网络安全的保障能力。

——2018 年 4 月 20 日，习近平总书记在全国网络安全和信息化工作会议上的讲话

要筑牢网络安全防线，提高网络安全保障水平，强化关键信息基础设施防护，加大核心技术研发力度和市场化引导，加强网络安全预警监测，确保大数据安全，实现全天候全方位感知和有效防护。

——2017 年 2 月 17 日，习近平总书记在国家安全工作座谈会上的讲话

虽然我国网络信息技术和网络安全保障取得了不小成绩，但同世界先进水平相比还有很大差距。我们要统一思想、提高认识，加强战略规划和统筹，加快推进各项工作。

网络信息技术是全球研发投入最集中、创新最活跃、应用最广泛、辐射带动作用最大的技术创新领域，是全球技术创新的竞争高地。我们要顺应这一趋势，大力发展核心技术，加强关键信息基础设施安全保障，完善网络治理体系。

——2016 年 10 月 9 日，习近平总书记在十八届中共中央政治局第三十六次集体学习时的讲话

网络安全为人民，网络安全靠人民，维护网络安全是全社会共同责任，需要政府、企业、社会组织、广大网民共同参与，共筑网络安全防线。

维护网络安全，首先要知道风险在哪里，是什么样的风险，什么时候发生风险，正所谓“聪者听于无声，明者见于未形”。感知网络安全态势是最基

本最基础的工作。要全面加强网络安全检查，摸清家底，认清风险，找出漏洞，通报结果，督促整改。要建立统一高效的网络安全风险报告机制、情报共享机制、研判处置机制，准确把握网络安全风险发生的规律、动向、趋势。要建立政府和企业网络安全信息共享机制，把企业掌握的大量网络安全信息用起来，龙头企业要带头参加这个机制。

增强网络安全防御能力和威慑能力。网络安全的本质在对抗，对抗的本质在攻防两端能力较量。要落实网络安全责任制，制定网络安全标准，明确保护对象、保护层级、保护措施。哪些方面要重兵把守、严防死守，哪些方面由地方政府保障、适度防范，哪些方面由市场力量防护，都要有本清清楚楚的账。

——2016 年 4 月 19 日，习近平总书记在网络安全和信息化工作座谈会上的讲话

安全和发展是一体之两翼、驱动之双轮。安全是发展的保障，发展是安全的目的。网络安全是全球性挑战，没有哪个国家能够置身事外、独善其身，维护网络安全是国际社会的共同责任。

——2015 年 12 月 16 日，习近平总书记在第二届世界互联网大会开幕式上的讲话

中国是网络安全的坚定维护者。中国也是黑客攻击的受害国。中国政府不会以任何形式参与、鼓励或支持任何人从事窃取商业秘密行为。不论是网络商业窃密，还是对政府网络发起黑客攻击，都是违法犯罪行为，都应该根据法律和相关国际公约予以打击。国际社会应该本着相互尊重和相互信任的原则，共同构建和平、安全、开放、合作的网络空间。

——2015 年 9 月 22 日，习近平总书记在华盛顿州当地政府和美国友好团体联合欢迎宴会上的演讲

在信息领域没有双重标准，各国都有权维护自己的信息安全，不能一个国家安全而其他国家不安全，一部分国家安全而另一部分国家不安全，更不

能牺牲别国安全谋求自身所谓绝对安全。国际社会要本着相互尊重和相互信任的原则，通过积极有效的国际合作，共同构建和平、安全、开放、合作的网络空间，建立多边、民主、透明的国际互联网治理体系。

——2014 年 7 月 16 日，习近平总书记在巴西国会发表《弘扬传统友好 共谱合作新篇》的演讲

没有网络安全就没有国家安全，没有信息化就没有现代化。建设网络强国，要有自己的技术，有过硬的技术；要有丰富全面的信息服务，繁荣发展的网络文化；要有良好的信息基础设施，形成实力雄厚的信息经济；要有高素质的网络安全和信息化人才队伍；要积极开展双边、多边的互联网国际交流合作。建设网络强国的战略部署要与“两个一百年”奋斗目标同步推进，向着网络基础设施基本普及、自主创新能力显著增强、信息经济全面发展、网络安全保障有力的目标不断前进。

——2014 年 2 月 27 日，习近平总书记在中央网络安全和信息化领导小组第一次会议上的讲话